Annemarie Miesbauer

Wenn die Verpackungshüllen fallen ...

Wie du dein Leben in 3 Schritten müllfreier machst

Löwenzahn

mit Fotografien von Sonja Priller
illustriert und gestaltet von Amber Catford

Inhaltsverzeichnis

Von Müll-Problemzonen und ihren Lösungen

Der Müll und ich: der Beginn eines Endes

Ein dunkles Zimmer. Das Einzige, was den Raum etwas erhellt, ist der Fernseher. Gerade sind noch die letzten Namen und Nennungen des Abspanns über den Bildschirm gelaufen. Jetzt gibt er nur noch schwarzes, unscheinbares Licht von sich. Ich sitze mit meinem Mann auf unserem Sofa im Wohnzimmer unserer Altbauwohnung und uns beiden hat es die Sprache verschlagen. Uns steckt ein Knoten im Hals, liegt ein Stein im Magen, wir fühlen uns sprichwörtlich erschlagen. Wie kann es sein, dass wir von alldem nichts wussten? Waren wir zu ignorant? Fehlten uns die Informationen? Warum waren wir uns dessen nicht bewusst? Gerade in der Welt, in der wir leben, wo es Schulbildung, Nachrichten und unzählige Medienkanäle gibt, über die man informiert wird – wie konnte uns das entgehen? Tausende Fragen und keine Aussicht auf Antworten.

So ging es uns, nachdem wir den Dokumentarfilm „Weggeworfen" (Originaltitel: „Trashed") gesehen hatten. Ich hätte mir nie gedacht, dass eine einzige Dokumentation, die nicht einmal zwei Stunden dauert, mein ganzes Leben so auf den Kopf stellen kann, mein Weltbild so komplett verändert und mir so viel Bewusstsein verschafft. Mir wurde plötzlich klar, was wir mit unserem Konsum und dem daraus entstehenden Müll, unserem Müll, anrichten. Natürlich ist allgemein bekannt, dass Müll ein globales Problem ist. Aber weiß jede*r, dass es Länder gibt, in denen es keine Müllabfuhr gibt? Weiß jede*r, dass durch die Verbrennung von Plastik Schadstoffe freigesetzt werden? Weiß jede*r, welche Folgen der Konsum von Plastikprodukten wirklich hat? Nein. Denn dieses Thema ist nicht eines, über das in der Öffentlichkeit ausreichend gesprochen wird. Es geht gegen die Konsumlogik in unserer Gesellschaft. Kaum jemand weiß genau über die Problematik im Zusammenhang mit Müll Bescheid – ob nun in gesundheitlicher oder ökologischer Hinsicht. In unserem Alltag begegnet sie uns einfach nicht. So ging es auch mir – bis zu diesem lebensverändernden Augenblick. Und mit einem Schlag hat sich das ein für alle Mal geändert.

Der Bann war gebrochen

Das Thema „Müll" ließ mich fortan nicht mehr los. Ich konnte gar nicht anders, als noch mehr Informationen zu beschaffen, Bücher zu wälzen, weitere Dokumentationen anzuschauen und das Internet zu durchforsten. Ich wollte noch mehr Wissen anhäufen, wollte Lösungen und Alternativen zu unserem Müllproblem ausfindig machen. Ich begriff, dass jede*r einen Teil zu dieser Lösung beitragen muss, dass jeder Beitrag zählt – wie groß auch immer dieser sein möge. Denn es ist unser Problem, hier stehen wir als ganze Welt gemeinsam da. Hier können wir uns die Hand reichen und gemeinsam etwas unternehmen. Denn wir alle müssen etwas dafür tun, die Welt wieder lebenswerter zu machen und als lebensfähig zu erhalten. Der Schlüssel dazu: das Einschränken unserer Müllproduktion.

Natürlich können wir das nicht allein schaffen. Die großen Konzerne sowie die Politiker*innen und die Industrie müssen endlich umdenken und klimafreundliche und verpackungsarme Entscheidungen treffen. Müssen sich an die Klimaziele halten und darauf hinarbeiten, dass unsere Welt nicht noch heißer, verschmutzter und kranker wird. Was bringt dann unser Beitrag? Trotzdem jede Menge!

Die Forderungen von uns Nutzer*innen und Konsument*innen werden gehört. Indem wir gewisse Dinge nicht mehr oder unter unseren eigenen Bedingungen (mit unseren eigenen Verpackungen) kaufen, setzen wir ein Zeichen, das selbst die Leute in den Chef*innenetagen mitbekommen. Zwar müssen die Großen in jedem Fall anpacken und dürfen die Verantwortung nicht auf uns abwälzen. Aber wenn sie von sich aus nichts tun, dann fangen eben wir damit an – und zwar genau dort, wo wir unsere größte Wirkmacht haben: bei uns selbst. Denn im Endeffekt ist dein Kassenbon jedes Mal

Kaum zu glauben, dass in diesem Glas der Müll eines ganzen Jahres steckt, oder?

ein Stimmzettel. Was möchtest du wählen, wofür entscheidest du dich? Ich bin mir sicher, dass auch dir eine saubere und gesunde Umwelt am Herzen liegt. Als Einzelne*r mag dir dein Beitrag vielleicht nicht weltbewegend erscheinen, aber gemeinsam können wir so vieles schaffen. Also stimme mit ab. Gemeinsam wird unsere Stimme erst so richtig laut. Außerdem versichere ich dir: Wenn du erst einmal mit deiner eigenen Reise in ein umweltbewusstes Leben begonnen hast, wirst du schnell feststellen, wie gut es tut, sich von all dem Ballast loszulösen. Du wirst leichter, freier, unbeschwerter.

Nachdem ich selbst damals nach und nach um Informationen reicher wurde, festigte sich ein Gedanke in mir: So geht es nicht mehr weiter. Da mache ich nicht mehr mit. Das unterstütze ich nicht mehr. Ich muss mich und meinen Lebenswandel ändern. Für unseren Planeten. Für unsere Gesundheit. Für unsere Zukunft. Denn: Wenn unser Planet krank ist, dann werden wir es über kurz oder lang auch. Wir, das sind wir Menschen. Das sind wir beide, du und ich. Ja, auch du! Da stecken wir alle gleichsam mit drin, egal, woher wir kommen oder wohin wir gehen, welche Sprache wir sprechen oder in welchem Land wir leben. Überleg mal: Welche Zukunft haben wir denn noch, wenn wir uns nicht dafür einsetzen?

Also habe ich allmählich, Schritt für Schritt, mein Leben umgekrempelt, mich in Geduld, Verzicht und Experimenten geübt. So konnte ich langsam, aber gewissenhaft meinem Ziel, weniger Müll zu produzieren, näher rücken. Tag für Tag, Information für Information, Rezept für Rezept und auch Rückschlag für Rückschlag – gefolgt von Erfolg. Ich habe es mir zur Mission gemacht, die für mich und mein Leben passenden Alternativen und Handlungsweisen zu finden. Damit ich noch eine Plastikverpackung mehr aus meinem Alltag verbannen kann. Mein Mülleimer wurde nicht mehr so schnell voll wie noch vor ein paar Monaten. Aus „ein Mal die Woche den Müll rausbringen" wurde „ein Mal im Monat den Müll rausbringen". So hat sich für mich nach einer Weile deutlich gezeigt, dass ich auf dem richtigen Weg bin. Knapp ein Jahr nach dem Beginn meines „neuen" Lebens wollte ich es dann ganz genau wissen: Wie viel – und vor allem welchen – Müll produziere ich noch? Und ich habe mich der ultimativen Herausforderung gestellt: Passen meine Abfälle aus einem Jahr in ein Einmachglas?

Lass uns gemeinsam Müllberge versetzen!

Leider gab es zu Beginn meines Experiments noch nicht allzu viele Informationen dazu, wie man Müllvermeidung in unseren Breitengraden und auch ganz allgemein schaffen kann. Das öffentliche Bewusstsein dafür stellte sich erst langsam ein und war damals, wie es schien, bei uns noch nicht recht angekommen. Es gab nur wenige alternative Läden, Märkte oder andere Einkaufsmöglichkeiten. Man musste schon gezielt und geduldig suchen, um auf Ideen zu stoßen, wie man sein Leben so verpackungsarm wie möglich gestalten kann.

Das wollte und musste ich ändern, wenn ich ein Leben ohne Müll führen wollte. Als ich beschlossen hatte, dieses Experiment von „Ein Jahr im Glas" zu starten, war für mich eines ganz klar:

Das wird dokumentiert. Ich wollte auch anderen Menschen all die Informationen, die ich im Laufe der Zeit aufstöbere und erarbeite, weitergeben. Damit nicht nur meine Familie und Freunde von diesem Wissen und den Alternativen profitieren, sondern auch andere, die unserem Müllproblem den Kampf ansagen wollen. Außerdem wollte ich aufzeichnen, wie es mir in diesem Jahr des „Müllfastens" wirklich ergeht, welche Verpackungen Monat für Monat mein Glas befüllen und so festhalten, welcher Müll sich (zumindest in meinem Leben) wirklich nicht vermeiden lässt. Mein Blog „Ein Jahr im Glas" war geboren. Ich hätte mir nie gedacht, welche Türen und Tore mir dieser Selbstversuch öffnet, wie viele Menschen ich erreichen kann und wie viele inspiriert werden, ihr Konsumverhalten und ihre Müllproduktion zu überdenken. Genau so wie ich damals dazu bewegt wurde, durch eine simple Dokumentation, die ich leichthin an einem Donnerstagabend mit meinem Mann angesehen hatte.

Ich fühle mich geehrt, dass ich in diesem Buch nun all mein geballtes Wissen an dich weitergeben darf. Ich hoffe, du findest darin viele Informationen, Ideen und Umsetzungsmöglichkeiten dafür, wie du deinen Teil dazu beitragen kannst, dass die Müllberge (Seite 34) und Müllinseln (Seite 44) nicht noch größer werden. Ebenso hoffe ich, dass du dazu motiviert wirst, dein Konsumverhalten zu verändern und dadurch ein unbeschwerteres und leichteres Leben führen kannst. Ich werde dir Informationen, Gedankenanstöße, Rezepte und einfache Schritte aufzeigen, mit denen auch du es schaffen kannst, dein Leben zu ändern. Ein Leben frei von Verpackungen. Frei von Müll. Frei von all dem Ballast, den unser konsumorientierter Lebensstil mit sich bringt. Für dich, für deine Mitmenschen und vor allem für die Generationen, die nach dir kommen. Ich will, dass mehr von mir bleibt als ein großer Müllhaufen. Und du?

Ich wünsche dir viel Spaß beim Erkunden und Erforschen deiner persönlichen müllreduzierten oder müllfreien Welt – mach sie dir, wie sie dir gefällt. Gemeinsam können wir uns durch die anfänglichen Frustrationen beim Durchforsten deines Mülldschungels kämpfen, genießen das befreiende Entrümpeln und freuen uns umso mehr, wenn du am Ende aufatmest, weil du es geschafft hast, dein Leben müllfreier zu gestalten. Denn schaffen kannst du es, da bin ich mir ganz sicher.

Deine Annemarie Miesbauer

▼
Verpackungsfreiheit beginnt beim Einkaufen (Seite 90). Ich stelle dir hier vor, wie du am besten Verpackungen vermeiden und ein simpleres, zufriedeneres Leben führen kannst.

„Hallo, mein Name ist Annemarie und das ist mein Müllglas."

So oder so ähnlich beginne ich meine Vorträge, in denen ich von meinem Experiment und meinen Erfahrungen im müllreduzierten Leben berichte. Die brennendste Frage lässt für gewöhnlich nicht lange auf sich warten: Was steckt drin? Schauen wir uns das Glas also etwas genauer an. Es umfasst ungefähr 1,5 Liter und ich habe darin meinen gesamten Plastik- und Restmüll eines ganzen Jahres angesammelt. Monat für Monat habe ich in meinem Blog „Ein Jahr im Glas" dokumentiert, welcher Müll angefallen ist, weil ich ihn einfach nicht vermeiden konnte oder wollte.

Angefangen hat es mit Medikamentenpackungen, die sich bei Krankheit nicht vermeiden lassen. Weiter ging es mit allerhand Kleinkram, den man schnell übersieht, der aber am Ende eines Jahres doch ein beträchtliches Volumen ausmacht. Ob es nun eine Rechnung war oder ein Obstaufkleber. Eine kleine Nascherei, ein Eis, die Folie meines neuen Kalenders oder die eines Puzzles. Flugticket und Kofferaufkleber kamen dazu. Kaputt gegangene Haargummis, meine Jahreskarte für die öffentlichen Verkehrsmittel, Kleidungsetiketten und deren Plastikbefestigung. Alles unscheinbare Dinge, die ich früher, ohne darüber nachzudenken, einfach weggeworfen habe. Und vieles darunter zählt nicht unbedingt als Verpackung, produziert aber dennoch Müll.

Ich habe es zwar geschafft, nicht mehr Müll zu produzieren, als in mein Glas passt, dennoch bin ich überrascht, wie viel sich angehäuft hat – in diesem Jahr, in dem ich ein besonderes Augenmerk auf meinen Konsum und meinen Müll gelegt habe. Einmal mehr hat mir dieser Selbstversuch gezeigt, wie viele Gegenstände wir in unserem Leben haben, die wir nicht umgehen können oder die wir achtlos wegwerfen. Mein Glas ist der Beweis dafür.

▶ Mein Glas, mein Jahresabfall. Werfen wir einen Blick darauf, was alles drinsteckt!

Teil 1:

Da liegt der Müll begraben

Mit Sinn, ohne Plastik – weshalb wir dem Müll den Kampf ansagen müssen

◀
Schluss damit: Ich habe keine Lust mehr auf Müllmassen, die den Menschen schaden und unsere Umwelt vergiften.
Und du?

Unsere Meere sind voll davon, tagtäglich belasten wir unsere Gesundheit damit, unser Planet kommt gar nicht mehr zum Durchatmen. Die Rede ist vom Müll. Und mit dem habe ich ein ganz schön großes Problem. Aber da bin ich nicht die Einzige. Auch du hast dir dazu bestimmt schon den einen oder anderen Gedanken gemacht und möchtest gerne wissen, wie du ein müllreduziertes und damit ein einfacheres und unbeschwerteres Leben führen könntest. Super, das ist schon mal der erste Schritt in die richtige Richtung.

Ich hoffe, dir ein paar Ratschläge und Ideen mit auf den Weg geben zu können, wie auch du dein Leben langsam müllfreier machst. Starten wir aber mit einer genaueren Inspektion dieses Müllproblems. Indem wir uns fragen: Was ist Müll überhaupt – und wann wird er zum Problem? Woraus bestehen Verpackungen, was passiert mit unserem Abfall, wenn die Müllabfuhr um die Ecke gefahren ist? Fragen über Fragen. Tauchen wir ein in die Welt des Mülls!

Dem Müll auf der Spur: Was ist das Problem an (unnötigen) Verpackungen?

Die Zeiten vom Tante-Emma-Laden um die Ecke, wo man all das, was man für den Alltag benötigt, schnell und verpackungsfrei bekommt, sind schon lange vorbei. Anstatt der gemütlichen, oft persönlichen Läden gibt es funktionale Supermärkte mit grellem Neonlicht und einem umfassenden Sortiment, das den tatsächlichen Bedarf weitaus übertrifft und uns oft dazu verführt, mehr zu kaufen, als wir brauchen – ganz zu schweigen von den hochproblematischen Produktionsbedingungen der hier feilgebotenen globalen Industrieware, der damit einhergehenden Rationalisierung auf Kosten der Arbeitskonditionen und der Qualität des Produktes.

Online-Shops locken mit ständiger Verfügbarkeit und schippern ihre Ware gerne auch mal um die halbe Welt, bis sie bei den Kund*innen ankommt – in Folie eingeschweißt, in Plastik eingehüllt, in einem viel zu großen Karton verpackt und mit Klebeband umwickelt. Auch die Markttage, die noch vor ein paar Jahrzehnten zum Fixpunkt der Woche gehörten, sind rar geworden und für manche längst passé. Hast, Konsum und Unmengen an Verpackungsmüll sind stattdessen zu den unvermeidlichen Begleiterscheinungen eines Einkaufs geworden.

Lüften wir den Schleier: Warum es Verpackungen überhaupt gibt

Natürlich verläuft nicht jeder Einkauf hektisch, genauso wenig wie früher alles besser war und nicht alle Verpackungen schlecht sind. Wie dankbar können wir zum Beispiel für steril verpackte Spritzen und Medikamente in der Medizin oder für Lebensmittelkonserven als Notfallration sein. Aber seien wir einmal ehrlich: Nicht alles, was verpackt ist, benötigt den Schutz, den die Verpackung bietet – viele der Dinge, die eingewickelt sind, würden auch ohne eine zusätzliche Hülle gut auskommen.

Wurden früher Lebensmittel oder andere Gegenstände zum Schutz vor Verschmutzung oder Beschädigung verpackt, stehen heute andere Gründe für eine Verpackung im Vordergrund. Neben der Werbefläche, die sie ja für die Hersteller*innen bieten, und den durchaus nützlichen Nährwertinformationen und Inhaltsstoffen sollen uns Verpackungen das Leben erleichtern. Das tun sie prinzipiell auch. Einfach das Kilo Nudeln oder den aufgeschnittenen Käse aus dem Regal nehmen. Einfach den vorportionierten Obstsalat in der Plastikschüssel, die separat verpackten Teebeutel, die einzeln eingeschweißten und nochmals in Kunststoff gehüllten Bonbons in den Einkaufswagen legen.

Auch die langen Transportwege diverser Lebensmittel verlangen nach einer schützenden Verpackung. Regionales und saisonales Einkaufen wirkt dem entgegen – leider sind wir es aber schon viel zu gewohnt, dass wir auch im Winter Erdbeeren beziehen können. Und viele exotische Früchte, die in unseren Breitengraden gar nicht wachsen, sind fixer Bestandteil unseres Speiseplans.

Ein Blick in die Regale zeigt: alles ist verpackt

Ob es nun Joghurt, Chips oder Brote sind – alles kommt verpackt, und das meistens in Plastik. Plastik ist ein Material, das für Produzent*innen und Konsument*innen unübertroffene Vorteile bietet. Erstens ist es leicht zu transportieren, weil es nicht viel wiegt. Zudem ist es sehr robust und somit reißfest. Es hält die Lebensmittel lange frisch und ist noch dazu günstig in der Produktion.

Zwar zahlen wir Konsument*innen für die Verpackung extra, aber die paar Cent, die im Ladenpreis inkludiert sind, fallen uns gar nicht auf – vor allem dann nicht, wenn das unverpackte Pendant dazu noch teurer ist (von den Hintergründen dieser Diskrepanz und allgemein von der Preisgestaltung fangen wir besser gar nicht erst zu reden an).

Unverpackte Lebensmittel kommen meist aus der Region und haben oft eine bessere Qualität – dennoch ist es doch frustrierend, mehr zahlen zu müssen, obwohl man umweltfreundlicher handelt. Bei den meisten Produkten kommt man außerdem nicht drum herum, sie verpackt zu beziehen, weil es in den gängigen Lebensmittelgeschäften keine Alternativen gibt.

Also greift man (ob nun bewusst oder unbewusst) zu den eingepackten, vordosierten Lebensmitteln und wirft nach und nach, Mahlzeit für Mahlzeit, die Verpackungen, in denen sie kommen, in den Müll. Alle paar Tage wird der Müll dann noch in den großen Container im Hof oder vor die Haustür gebracht und schon denken wir nicht mehr daran. Vielleicht ärgern wir uns noch, wenn wir mit unserem Auto hinter der Müllabfuhr feststecken oder beobachten diese gespannt mit unseren Kindern, aber weitere Gedanken an unseren Müll verschwenden wir oft nicht. Logisch – aus den Augen, aus dem Sinn. Ging mir ja auch nicht anders. Aber was passiert mit unserem Müll, wenn wir ihn nicht mehr sehen können?

Von guten und schlechten Hüllen: Woraus bestehen Verpackungen?

Bevor wir uns jedoch damit befassen, wo unser Abfall letztendlich landet, beginnen wir mal ganz am Anfang. Nämlich dort, wo die Verpackungen entstehen, und vor allem: woraus sie bestehen. Glas, Papier, Metall und Kunststoff sind die gängigsten Verpackungen. Wir alle kennen sie und benutzen sie fast täglich. Aber was steckt dahinter und woraus und wie werden sie produziert?

▶
… weiter geht's auf
Seite 20.

Faktencheck:

Das Ausmaß unseres Konsums

Verpackungen haben im Wesentlichen nur eine Bestimmung: verbraucht zu werden. Kaum haben wir den Kaffee ausgetrunken, landet der To-Go-Becher im nächsten Mülleimer, kaum sind die Einkäufe verstaut, türmt sich ein riesiger, nunmehr unbrauchbarer Berg an Verpackungen auf dem Küchentisch. Darüber hinaus werden die hier vorgestellten Materialien für vielerlei andere Gegenstände in einem unvorstellbaren Ausmaß verwendet. Führen wir uns also mal vor Augen, wie viele dieser Ressourcen wir tagtäglich benutzen und verbrauchen:

- In Deutschland wird täglich so viel Zeitungspapier bedruckt, dass man damit die gesamte Fläche von Paris auslegen könnte.
- Knapp die Hälfte des produzierten Papiers wird für Verpackungen verwendet. Bei den Kunststoffen ist der Anteil fast gleich hoch, hier liegt er bei 40 %.
- Eine Plastiktasche wird im Durchschnitt nur zwölf Minuten lang verwendet, bevor sie entsorgt wird.
- Jede*r Deutsche verbraucht in einem Jahr rund 251 kg Papier. Würde man die gesamte jährlich in Deutschland verbrauchte Papiermenge aufeinanderstapeln, wäre das ein Papierberg, der bis zum Mond (und darüber hinaus!) reichen würde.
- In Deutschland werden pro Stunde etwa 320.000 Coffee-to-go-Becher verbraucht.
- Weltweit werden pro Minute etwa eine Million Getränkeflaschen aus Plastik verkauft.
- Müll an Stränden besteht zu 73 % aus Plastik: darunter Flaschen, Verschlüsse, Zigarettenfilter, Verpackungen, Taschen und Styropor.
- Würde man die in Berlin weggeworfenen Coffee-to-go-Becher aufeinanderstapeln, würde ein Gebilde entstehen, das 16-mal so groß ist wie der Berliner Fernsehturm.
- Wenn du nach drei Jahren des Wickelns die Windeln deines Kindes stapelst, könntest du die Spitze des Eiffelturms berühren.
- Im Jahr 2015 wurden 406 Millionen Tonnen Plastik produziert. Zum Vergleich: Im Jahr 1950 waren es noch knapp 2,1 Millionen Tonnen.

▶
Für mehr Infos, Facts und Quellen schau auf Seite 204.

Ist doch klar: Glas

Glas besteht aus drei Hauptkomponenten: Quarzsand, Kalk und Soda. Dies sind natürliche Materialien, die uns unser Planet in Hülle und Fülle zur Verfügung stellt – so scheint es zumindest. Denn auch der Abbau von Sand ist oftmals problematisch, die Hintergründe dazu sind großteils unbekannt und seine Folgen für Ökosysteme unklar. Diese Stoffe werden, einfach gesagt, bei knapp 1500 °C geschmolzen und anschließend in Form gebracht. Glas ist die einzige Verpackung, die ihre Inhaltsstoffe nicht an die Lebensmittel oder die Umwelt abgibt. Und hat einen zusätzlichen Bonus: Es kann zu 100 % recycelt werden. (Übrigens: Glasrecycling soll laut archäologischen Ausgrabungen bereits im alten Rom stattgefunden haben!)

In Österreich werden 80 % der verbrauchten Glasverpackungen recycelt, in Deutschland sind es 83 % und in der Schweiz sogar bis zu 94 %. Altglas wiederzuverwerten benötigt außerdem rund 10 bis 20 % weniger Energie, als neues Glas zu produzieren. Ein anderer Pluspunkt ist, dass durch Glasrecycling kein Abfall entsteht, weil das Material durch das Recyclingverfahren keinen Qualitätsverlust erleidet und somit keine Rohstoffe verschwendet werden.

Leider ist der Energieaufwand beim Einschmelzungsprozess dennoch sehr hoch und auch die Transportstrecken zu den Glaswerken sind oft sehr weit. Deshalb stehen viele Konsument*innen Glas als Einwegverpackung etwas kritisch gegenüber.

Um den Energieaufwand so gering wie möglich zu halten, sollte in jedem Fall auf Mehrweggebinde gesetzt werden – auf welche zum Glück immer mehr und mehr Firmen umstellen. Mehrwegflaschen können bis zu 50- oder sogar 60-mal wieder verwendet werden, also: gereinigt und neu befüllt werden. Erst dann werden sie eingeschmolzen und in neue Glasflaschen umgewandelt. Um lange Transportwege einzusparen, ist es zudem empfehlenswert, auf regional produzierte Getränke zurückzugreifen.

Der Recyclingprozess funktioniert bei Glas sehr gut. Würde man lediglich neues Glas herstellen und immer wieder neue Rohstoffe gewinnen, wäre der Aufwand noch höher – und das Müllproblem ein weitaus größeres. Mit Blick auf Nachhaltigkeit und Ökobilanz schneidet (Mehrweg-)Glas als Verpackung am besten ab. Du kannst selbst noch mehr dazu beitragen, indem du Gläser lange verwendest – zum Beispiel zur Lagerung (Seite 128) oder für den unverpackten Einkauf (Seite 118). Da das Material so robust ist, steht einem langen Glasleben eigentlich nichts im Wege.

▲
Glas lässt sich sehr gut wiederverwenden und -verwerten – wie hier ein altes Marmeladenglas.

Unscheinbares Schnipsel mit großem Fußabdruck: Papier

Es begegnet dir jeden Tag, meistens wahrscheinlich schon im Bad, bevor du überhaupt erst die Zähne geputzt hast: Papier. Nicht nur als Gebrauchsgegenstand, sondern auch als Verpackung ist es vielerorts im Einsatz. Papier scheint auf den ersten Blick eine sehr natürliche und somit auch unbedenkliche Verpackungsmöglichkeit zu sein.

Um Papier herzustellen, braucht man Zellstoff – welcher in Holz zu finden ist. Daneben werden Wasser und diverse Chemikalien, unter anderen Chlordioxid, benötigt. Die Herstellung ist insgesamt sehr wasser- und energieintensiv, das Abwasser ist meist stark belastet. In Österreich, Deutschland und der Schweiz wird vorwiegend auf europäisches Holz zurückgegriffen. Insgesamt ist die Herkunft und die Anbauweise des für Papier benötigten Holzes oftmals problematisch. Zu den größten Zellstoff- und Papierlieferanten weltweit zählen China, Nordamerika, Brasilien, Nordeuropa und Indonesien. Da Holz ein sehr langsam nachwachsender Rohstoff ist, greift die Industrie vielerorts auf schnellwachsende Baumarten zurück, unter anderem Eukalyptus. Diese Bäume werden in Monokulturen angebaut, um rasch und viel Ertrag zu gewinnen. Die Schäden für die Umwelt (durch hohen Wasserverbrauch und Pestizideinsatz), für Einheimische (gesundheitliche wie soziale, etwa durch Verdrängung) und für die Biodiversität sind verheerend. Für solche Kulturen wird zudem unter anderem auch Regenwald gerodet. Überhaupt ist der Einsatz von geschütztem Tropenholz in der Papierproduktion ungewiss.

Du solltest aus diesen Gründen auf jeden Fall auf recyceltes Papier zurückgreifen. Dieses wird inzwischen für vielerlei Produkte verwendet, ob es sich nun um Toilettenpapier, Taschentücher oder Schulhefte handelt – sogar unsere Tageszeitungen bestehen aus Recyclingpapier. Auch Verpackungen werden immer häufiger aus recyceltem Papier hergestellt. Damit wird das Papier als Verpackungsmöglichkeit im Sinne der Nachhaltigkeit wieder etwas aufgewertet. Inzwischen werden weltweit 50 % des Altpapiers recycelt. Die Papierfasern können insgesamt sechs Mal recycelt werden. So entsteht aus Müll ein Rohstoff, der wiederum zu einem neuen Produkt wird – eben zum Beispiel deiner Tageszeitung.

Zwei Haken gibt es leider dennoch: Teilweise werden in Papierverpackungen Klebstoffe verwendet, deren genaue Inhaltsstoffe und Zusammensetzung unbekannt und somit potenziell problematisch sind. Dementsprechend ungewiss ist es, inwieweit diese negative Auswirkungen auf die Gesundheit haben können. Außerdem bekommt Papier, wenn es als Lebensmittelverpackung verwendet wird, oftmals eine Plastikschicht im Inneren verpasst. So können die Herstellerfirmen verhindern, dass die Verpackung, wenn sie von außen mit Feuchtigkeit in Berührung kommt, Nässe an die Lebensmittel abgibt – oder umgekehrt, dass feuchte Lebensmittel die Papierverpackung aufweichen. Solche Papierverpackungen sind sehr schwer zu recyceln und werden häufig mit dem Restmüll verbrannt.

▶ Papier und Karton werden aus Holzfasern hergestellt. Klingt ganz natürlich? Ganz so ist es leider nicht.

Verführerisch glänzend: Metall

Ob als Deckel vom Gurkenglas oder als Coladose: Auch Metall gehört zu den geläufigsten Verpackungsmaterialien. Für Lebensmittelverpackungen kommen dabei am häufigsten Weißblech (primär für Getränke- und Konservendosen) und das Leichtmetall Aluminium zum Einsatz. Vor allem Aluminium weist bestimmte Eigenschaften auf, die es als Verpackungsmaterial sehr nützlich machen. Zwar ist die Herstellung sehr energieintensiv, dafür eignet es sich ausgezeichnet als Barriere für Sauerstoff und Feuchtigkeit, es ist hitze- und kältebeständig, außerdem leicht wiederverwertbar und federleicht. Hervorragende Bedingungen also, um als Verpackung verwendet zu werden.

Konservendosen bestehen meist aus Weißblech oder Aluminium. Innen versteckt sich oft noch eine Plastikschicht.

Stellt sich die Frage: Hat Aluminium auch einen Haken? Es ist mittlerweile allgemein bekannt, dass dieses Metall (wie alle anderen Metalle auch) von unserem Organismus nicht abgebaut werden kann und sich somit im Körper anreichert. Für den menschlichen Körper liegt die maximal tolerierbare Aufnahmemenge pro Woche bei 1 Milligramm pro Kilogramm Körpergewicht. Wie schwerwiegend die Auswirkungen auf die Gesundheit sind, ist dabei nicht absehbar. Es steht im Verdacht, das Nervensystem, die Knochenentwicklung und Fruchtbarkeit zu beeinflussen. Inzwischen ist es zu einem regelrechten Feindbild mutiert, dem viele verschiedene gesundheitsschädigende Wirkungen nachgesagt werden. Einer Studie des Österreichischen Bundesministeriums (2014) zufolge ist dies allerdings nicht erwiesen. Weil eine Belastung durch langjährigen Kontakt aber nicht ausgeschlossen werden kann, wird empfohlen, ebendiesen zu reduzieren – insbesondere bei „körpernahen Anwendungen" von Lebensmitteln, Kosmetika oder Medikamenten.

Damit die Lebensmittel in den Konservendosen auch noch nach längerem Kontakt mit der Verpackung genießbar bleiben, werden Lebensmittelverpackungen aus Aluminium meist mit meiner Kunststoffschicht im Inneren ausgestattet. So wird verhindert, dass der Inhalt der Dose die Lebensmittel angreift und in das Lebensmittel und somit nicht in unseren Körper übergehen – Vorsicht geboten ist allerdings bei Verpackungen, deren Innenbeschichtung beschädigt ist, oder solchen, die gar keine Beschichtung aufweisen. Zwar scheinen hier die Vorteile der Kunststoffbeschichtung zu überwiegen, jedoch erschwert das zusätzliche Material den Recyclingvorgang. Ganz abgesehen davon, dass ja auch Plastik für unsere Gesundheit schädlich ist. (Mehr dazu ab Seite 49.)

Die Plastikschicht ausgenommen haben Metalle den großen Vorteil, dass sie sehr gut recycelt werden können. Ähnlich wie bei Glas verändert sich die Qualität des Materials durch den Recyclingprozess nicht und es kann somit problemlos wiederverwertet werden. Und das mit nur rund 5 % der Energie, die man verbrauchen würde, um ein neues Metall herzustellen. Recycelte Metallverpackungen können zu vielen unterschiedlichen Materialien und Produkten verarbeitet werden. Sie werden z. B. zu Baustahl oder Eisenbahnschienen verschmolzen, in Autos oder Flugzeugen oder zu Folien und Getränkedosen verarbeitet.

Life in plastic is fantastic? Kunststoff

Der Stoff, aus dem unsere Albträume sind. Das klingt zunächst vielleicht etwas drastisch, aber je mehr wir uns im weiteren Verlauf noch mit überquellenden Deponien und schwimmenden Müllinseln beschäftigen werden, desto deutlicher wird es: Wir steuern auf eine regelrechte Umweltkatastrophe zu. Neben Glas, Papier und Metall gibt es nämlich ein Verpackungsmaterial, das alle anderen dominiert, und zwar: Plastik. Dabei handelt es sich um einen Überbegriff für Kunststoffe aller Art. Also für Stoffe, die, wie der Name schon sagt, künstlich hergestellt werden – im Gegensatz zu Glas, Papier und Metall, die auf natürlichen Ressourcen basieren.

Legen wir mal mit den Pluspunkten los – nicht umsonst geben Kunststoffe im Verpackungsgeschehen seit vielen Jahrzehnten den Ton an: Sie sind leicht und lassen sich so angenehmer transportieren, was vor allem für die Konsument*innen vorteilhaft ist. Plastik ist widerstandsfähig, verschließt alles luftdicht und sorgt so dafür, dass vor allem Lebensmittel länger frisch bleiben und nicht verschmutzen. Außerdem ist es durchsichtig – man sieht also gleich, was sich darunter verbirgt. Die Produktion verbraucht weniger CO_2 und dadurch weniger kostbare Ressourcen wie Wasser und Energie als jene so manch anderer Verpackungsmaterialien. Auch ökologisch schneidet Kunststoff gar nicht so schlecht ab: Der CO_2-Verbrauch in der Herstellung einer PET-Einwegflasche (Polyethylenterephthalat) ist mit jenem einer Mehrwegflasche aus Glas ident.

Plastikverpackungen sind seit den 1950er-Jahren immer häufiger im Einsatz und heute aus unseren Supermärkten und Kühlschränken nicht mehr wegzudenken. Entsprechend wird das Recycling für Kunststoffe immer weiter ausgebaut. Mittlerweile werden die gesammelten Kunststoffverpackungen nach Kunststoffarten getrennt und häufig zu Granulat verarbeitet, um so als Rohstoff für die

▲ Es ist überall und wird nicht weniger: Plastik, der größte Feind unserer Umwelt.

Herstellung weiterer Plastikprodukte zu dienen. Vor allem PET-Flaschen liegen im Recyclingschnitt ganz weit oben, denn diese können bis zu 100 % recycelt werden. Das heißt: Aus einer PET-Flasche kann wieder eine PET-Flasche werden. Um die 90 % aller PET-Flaschen werden heutzutage in Deutschland recycelt, um aus ihnen neues Kunststoffmaterial wie Folien, Textilfasern oder eben auch PET-Flaschen zu machen. Der Rest landet in der Verbrennungsanlage und wird dort verbrannt (Seite 31). Von Kunststoffabfällen im Allgemeinen werden in der EU nur 30 % recycelt – obwohl so viel mehr möglich wäre.

Was macht Kunststoffe hinsichtlich ihrer Auswirkungen auf die Umwelt so bedenklich? Plastik ist de facto nicht biologisch abbaubar (Seite 41). Schlimmer noch: Kunststoffprodukte, die in der Umwelt landen, zerfallen in Mikro- bis Nanoplastik (Seite 42), das mittlerweile fast überall vorkommt, in den Ozeanen, in Fischen, Muscheln, durch Reifenabrieb auf den Straßen, im Trinkwasser und im menschlichen Körper. Ungewiss sind seine Auswirkungen auf unseren Organismus – es ist jedoch davon auszugehen, dass es in Nanogröße sogar in die Zellebene gelangt und dort potenziell Veränderungen auslösen kann. Einer WWF-Studie zufolge nimmt jeder Mensch pro Woche fünf Gramm Mikroplastik auf. Zum Vergleich: Das entspricht dem Gewicht einer Kreditkarte.

Einmal um die Welt:

Der Siegeszug der Kunststoffe

Menschen waren schon immer daran interessiert, Lebensmittel und wertvolle Objekte zu schützen. Was einmal Pflanzenblätter oder Tierhäute waren, verwandelte sich im Laufe der Zeit in komplexere Gegenstände wie Tongefäße oder Glas (Seite 20). Kunststoffe wurden erst im 19. Jahrhundert entdeckt. Der erste Kunststoff wurde 1862 in London auf der Weltausstellung vorgestellt, und kurze Zeit später, im Jahr 1884, wurde Kunstseide (Viskose) als Patent angemeldet.

Diese sehr frühen Kunststoffe wurden, anders als jene, die in den Jahrzehnten folgen sollten, aus natürlichen Materialien hergestellt, etwa aus Zellulose oder einer Mischung unterschiedlicher Stoffe wie Kampfer und Alkohol. Das damals noch wertvoll erscheinende Elfenbein, welches heute zum Glück aufgrund des Tierschutzes nicht mehr handelbar ist, damals aber in Billardkugeln oder Kämmen eingesetzt wurde, konnte durch diese neuen und viel günstigeren Stoffe ersetzt werden.

Erst zu Beginn des 20. Jahrhunderts wurde der erste Kunststoff hergestellt, der keine natürlichen Komponenten mehr beinhaltete. Und: der erstmals in Massen produziert und verkauft wurde. Dabei handelte es sich um das nach seinem Erfinder, dem Chemiker Leo Hendrik Baekeland, benannte Bakelit. Es besteht aus Phenol und Formaldehyd, wurde 1907 als Patent angemeldet und in den kommenden Jahrzehnten für die unterschiedlichsten Haushaltsgegenstände verwendet, etwa Telefone, Lichtschalter, Haartrockner oder Pfannengriffe.

Es folgte die Entdeckung von PVC (auch Vinyl genannt) im Jahr 1912, welches aus einem Abfallprodukt der chemischen Industrie gewonnen wurde. Vor allem während des 2. Weltkriegs war PVC ein sehr gefragtes Material und wurde auch in den Jahren und Jahrzehnten danach zum wichtigsten Kunststoff in vielerlei Produkten, ob nun in Haushalts- oder Industrieprodukten. Erschreckend ist: Schon damals wusste man darüber Bescheid, dass die PVC-Produktion sowohl der Umwelt als auch der Gesundheit schadet. Dies dämmte die Produktion jedoch mitnichten ein. Im Gegenteil: Der geringe Kostenaufwand in der Herstellung heizte die Gier und den Profit der Hersteller noch mehr an. Im Laufe der Jahre wurden weitere Kunststoffe entdeckt, die aus unterschiedlichen künstlichen Komponenten zusammengestellt sind.

Die revolutionäre Entdeckung der unterschiedlichen Kunststoffe fand auch bald Eingang in die Verpackungsindustrie. In den 1930er-Jahren wurden Kunststoffe erstmals zur Verpackung von Lebensmitteln und Getränken eingesetzt.

Zu den drei am häufigsten verwendeten Kunststoffen gehören Polyvinylchlorid (PVC), Polyethylen (PE) und Polypropylen (PP). Sie wurden und werden immer noch häufig mit giftigen Zusätzen wie Weichmachern (Seite 50), Flammschutzmitteln oder Farbstoffen „verbessert". Daneben werden bereits bei der Produktion oftmals Schadstoffe freigesetzt – ebenso wie bei der Verbrennung von Kunststoffmüll. Damit gefährden diese Stoffe die Umwelt und unsere Gesundheit, indem sie unseren Planeten verschmutzen, auf unsere Nahrung übergehen und bei der Entsorgung freigesetzt werden. Ist ein Ende in Sicht? Manche dieser bedenklichen Stoffe wurden inzwischen in gewissen Bereichen verboten – etwa das von der WHO als gesundheitsschädlich eingestufte Bisphenol A (BPA) (Seite 50). Für viele Stoffe ist noch lange nicht geklärt, inwiefern sie sich auf die menschliche Gesundheit auswirken können. Umso mehr lautet die Empfehlung für Konsument*innen, gerade im Hinblick auf Lebensmittel: am besten unverpackt einkaufen.

Fluch, Segen oder irgendwo zwischendrin?

Die Sache mit dem Plastik

Wie kann es sein, dass ein Wegwerfprodukt aus einem Material hergestellt wird, das unzerstörbar ist? Kunststoffe wurden ursprünglich mit der Intention hergestellt, ein hochwertiges Produkt zu schaffen. Am Beginn seiner weltumspannenden Karriere wurde es nur selten eingesetzt. Die Menschen gebrauchten es genauso achtsam wie andere Materialien – etwa Seide, Glas oder Metall. Dann kam der Wendepunkt: in Gestalt von Massenproduktion und Massenkonsum.

In den 1950er-Jahren entdeckten die Konsumgüterkonzerne die Vorzüge von Kunststoff für sich. Durch die Plastikverpackung bleiben Lebensmittel länger frisch. Vor allem jene, die Kühlung benötigen, sind dadurch optimal geschützt – für diese gibt es bis heute keine sichere und nachhaltige Alternative zu Kunststoff. Die Folge? Genau: Der Teufelskreis dreht sich weiter. In den letzten 60–70 Jahren hat sich das Bewusstsein der Menschen sehr stark verändert. Denn, überleg mal: Wenn man ein Produkt im Überfluss hat, verliert man die Achtsamkeit ihm gegenüber. Wir sind mittlerweile darauf gepolt, dass alles jederzeit ersetzbar ist und verwenden somit sehr wenige Dinge mit Bedacht und Sorgfalt.

Zu einfach, um gut zu sein

Auch das ist eine Folgeerscheinung unserer zunehmend hektischen Zeit: Wenn etwas leicht ersetzbar ist, erleichtert uns das unser Leben enorm. Kommen wir noch einmal zum CO_2-Vergleich zwischen der Einwegflasche aus Plastik und der Mehrwegflasche aus Glas zurück (Seite 23). Auf den ersten Blick wirkt das praktisch: Wenn die CO_2-Bilanz ohnehin dieselbe ist, nehme ich lieber das Einwegprodukt – dann muss ich die Flasche nicht zurück in den Laden bringen und kann sie einfach entsorgen. Auf diese Weise beruhigen wir unser schlechtes Gewissen und es siegt – wieder einmal – die Bequemlichkeit. Auf den zweiten Blick macht es natürlich wenig Sinn, ein Einwegprodukt mit einem Mehrwegprodukt zu vergleichen. Es stellt sich sogar vielmehr die Frage: Wie ökologisch ist es eigentlich, wenn das Einwegprodukt, das immer wieder neu gekauft und weggeworfen wird, gleich viel CO_2 verbraucht wie eines, das viele Male wiederverwendet werden kann? Schauen wir uns das Beispiel nun anhand zweier Mehrwegflaschen aus unterschiedlichen Materialien an – Glas und Plastik. Das Ergebnis ist eindeutig: Während die Mehrweg-Plastikflasche rund 20-mal wiederbefüllt werden kann, wird eine Mehrweg-Glasflasche bis zu 50-mal wiederverwendet. Das ist mehr als doppelt so viel. Was das alles bedeutet? Es ist, wie es ist: Plastik ist einfach nicht ökologisch. Dies umfasst Verpackungen genauso wie andere Gegenstände.

Wo Plastik Sinn macht – und wo nicht

Was wir auf keinen Fall vergessen dürfen: In manchen Bereichen ist der Einsatz von Plastik sinnvoll und sogar notwendig. Denken wir an Spritzen, Katheter, Infusionsbeutel oder Schläuche in der Medizin. Dass es sich dabei um Einwegprodukte handelt, ist der erforderlichen Sterilität und Effizienz geschuldet. Plastikverpackungen scheinen hier unerlässlich, da sie die nötige Keimfreiheit garantieren. Daneben soll erwähnt sein: Viele Krankenhäuser forschen an nachhaltigen Alternativen, beispielsweise um bisherige Einweg-Instrumente öfter verwenden zu können, auf andere Weise die Sterilität gewährleisten zu können oder einfach um unnötige Plastikprodukte zu vermeiden.

Als weiteres Beispiel lässt sich der Bausektor nennen. Hier wird auf Kunststoffe zurückgegriffen, weil die Materialien langlebig, flexibel und robust sind. Somit müssen seltener Wartungen vorgenommen werden und Gegenstände wie Rohre oder andere Leitungen weniger oft ersetzt werden. In Fahr- und Flugzeugen sowie in der Schiff- und Raumfahrt sind Kunststoffe gar nicht mehr wegzudenken, denn diese Transportmittel bestehen zum Großteil aus Kunststoff – ob nun die Innenverkleidung, die Sitze oder die Elektronik.

Im Gegensatz dazu gibt es auch andere Bereiche, in denen der Einsatz von Plastik problematisch werden kann – in der bereits erwähnten Lebensmittelverpackung etwa. Und genauso im Allgemeinen als Verpackungsmaterial für vielerlei andere Produkte. Rund ein Drittel des produzierten Plastiks wird nämlich genau dafür produziert: um Lebensmittel und andere Waren zu verpacken. Das heißt: Es wird einzig und allein dafür hergestellt, um nach einem einmaligen Gebrauch im Müll zu landen. Zudem versteckt sich Plastik auch in Verpackungen aus anderen Materialien, beispielsweise Metall (Seite 22) oder Papier (Seite 21). Das Resultat: Das Recycling wird erschwert – oder überhaupt unmöglich gemacht. Rechnet man nun die Verwendungsdauer von Plastik zusammen – den kurzlebigen sowie langjährigen Gebrauch – kommt man auf eine erschreckende Zahl. Nach aktuellen Schätzungen werden 40 % der Plastikprodukte nach nur einem Monat Gebrauch zu Abfall.

▶ Plastik über Plastik: Was einst das Symbol für Fortschritt war, ist heute hauptsächlich Ballast für die Umwelt – und wird nach kurzem Gebrauch gleich wieder zu Müll.

Vom Ende zum Anfang: ein Plastikleben

An diesem Punkt beginnt das Problem zwar nicht, aber es nimmt zu. Denn selbst wenn nun die Abfälle fachgerecht entsorgt werden, so wird der Berg an Plastikmüll immer höher und höher und irgendwann nicht mehr bewältigbar sein. Außerdem können Stoffe, die künstlich sind, nur von sehr wenigen Mikroorganismen abgebaut und zersetzt, jedoch nicht vollständig in Biomasse umgewandelt werden. Wenn Plastik in der Umwelt landet, ist es also immer verheerend (Seite 40).

Durch Witterung, Reibung oder UV-Strahlen sowie das Salz in den Meeren wird Plastikmüll immer kleiner und zerfällt in immer winzigere Teilchen (Mikro- und Nanoplastik), die nicht verschwinden, sondern letztendlich in tierischen und menschlichen Organismen landen (Seite 42).

Spulen wir noch einmal zurück an den Anfang: Das Problem beginnt nämlich schon bei der Erzeugung von synthetischen Stoffen. Diese werden hauptsächlich aus Erdöl und Erdgas hergestellt. Damit eröffnet sich noch ein ganz anderes Problemfeld: Eines, in dem wir einen unheimlichen Raubbau an der Natur betreiben, immer noch invasivere Methoden entwickeln, um unserem Planeten auch noch den letzten Tropfen Öl auszusaugen (Stichwort „Fracking") – denn wie wir alle wissen, sind diese Rohstoffe begrenzt und schon in absehbarer Zukunft wohl nicht mehr für unseren Gebrauch vorhanden. Höchste Zeit also, Alternativen zu finden!

The Bigger Picture: Unser Leben in einer Wegwerfgesellschaft

Wir haben also gesehen: Kunststoffe sind gut und schlecht, nützlich und belastend, auf keinen Fall einfach schwarz oder weiß. Ungewissheit besteht auch – und das darf man nicht außer Acht lassen – im Hinblick auf die Zusammensetzung der Kunststoffe. Jede Herstellerfirma hat ihr eigenes „Rezept", das sich für Normalverbraucher*innen nicht nachvollziehen lässt. Kurz: Wir wissen also gar nicht, was wir da unserem Körper zuführen, indem wir Plastikprodukte verwenden oder in Plastik verpackte Lebensmittel konsumieren.

Will ich hier den Teufel an die Wand malen? Oder ist Plastik tatsächlich das Übel der Welt? Fakt ist: Plastik ist maßgeblich an der Entwicklung der modernen Gesellschaft im Verlaufe des letzten Jahrhunderts beteiligt – und steht damit sicherlich in enger Verbindung mit den kapitalistischen Prinzipien, nach denen unsere Wirtschaft und inzwischen auch viele andere Lebensbereiche funktionieren. Inwiefern man diese Entwicklung gesamtgesellschaftlich bewerten möchte, steht hier außen vor. Wir können den allgemein gestiegenen Wohlstand als positiv erachten, andererseits die immer weiter wachsende Kluft zwischen Arm und Reich zutiefst verurteilen. Und auch hier tritt das Plastik wieder auf den Plan: Während der Wohlstand dafür sorgt, dass wir Gebrauchsgegenstände unachtsamer verwenden und damit eine Wegwerfgesellschaft begünstigen, sind es auf der anderen Seite gerade die mittellosen Menschen im globalen Süden, die sich durch ans Ufer angeschwemmte Müllhaufen oder Exportmüll (Seite 35) kämpfen müssen, die keine geeignete Müllwirtschaft haben, um die sich immer weiter potenzierenden Müllberge zu bewältigen.

Eine einfachere Frage wäre – und da kommen wir dem Kern der Sache schon ganz nah: Überwiegen die Vorteile oder die Nachteile von Plastik? Ja, es gibt viele Vorteile. Aber diese werden spätestens nach dem Gebrauch durch sämtliche unsere Umwelt und Gesundheit gefährdenden Nachteile ausgemerzt.

Diese Frage können wir vor allem auch für uns, im Kleinen, beantworten. Indem wir uns fragen: Ist es mir das wert? Oder, wie du später sehen wirst: Brauche ich diesen Gegenstand, diese Verpackung wirklich? (Für mehr Infos dazu schau auf Seite 94.) Und auch wenn wir das Problem nicht direkt erkennen (weil wir eben keinen Müllberg hinter dem Haus haben), wenn es dir vielleicht noch gar nicht so recht bewusst war oder wenn du bisher noch die Scheuklappen aufgesetzt hast: Das Plastikproblem, von der Herstellung bis zum Abfall, ist ein Problem der gesamten Menschheit. Ob nun in Baumkronen oder am Grunde des Ozeans, überall fliegt und schwimmt Plastik. Wer ist schuld? Wir alle. Wer muss etwas dagegen unternehmen? Wir alle! Unser Planet ist die Heimat von uns allen, von dir und mir, und wir müssen alle dafür sorgen, dass es ihm gut geht.

Wo „bio“ draufsteht steckt auch „bio“ drin? Alternatives Plastik

An Alternativen zu den synthetischen Stoffen und Kunststoffen wird schon lange geforscht. Eine Möglichkeit bietet „biologisches Plastik“. Darunter fallen einerseits biobasierte Kunststoffe, die aus natürlichen und nachwachsenden Rohstoffen (wie Bambus, Mais oder Zuckerrohr) hergestellt werden. Andererseits gibt es biologisch abbaubare Kunststoffe, die entweder ebenfalls einen natürlichen Ursprung haben oder, was häufiger der Fall ist, aus fossilen Brennstoffen bestehen. Obwohl solche Bestrebungen im Prinzip gutzuheißen sind: Sie packen das Problem nicht an der Wurzel. Noch dazu sind sie vor allem eines: irreführend.

Überleg mal: Das Wort „bio“ weckt in den meisten von uns ein wohliges Gefühl. „Bio“ ist der Inbegriff des Guten, des Natürlichen, des Gesunden. Indem dieses Label für die Plastik-Alternativen verwendet wird, soll natürlich genau dieses Gefühl in uns ausgelöst werden. Plastik, das biologisch ist, das am Kompost wieder zu Erde wird oder das man in die Biotonne werfen kann – wer sich das darunter vorstellt, liegt leider falsch. Ohne jemandem etwas unterstellen zu wollen: Die Gefahr des Greenwashings ist groß. Nimmt man das biobasierte Plastik, verweist das „bio“ nämlich lediglich auf den natürlichen Ursprung der Rohstoffe. Es gibt keinen Hinweis, unter welchen Bedingungen diese Rohstoffe gepflanzt werden, ein biologischer Anbau ist keine Voraussetzung. Was bedeutet das? Ein biobasierter Kunststoff kann aus genetisch verändertem Mais bestehen und mit Pestiziden behandelt sein. Abgesehen davon bedeutet „nachwachsend“ nicht, dass diese Rohstoffe unbegrenzt sind.

Zwar zersetzen sich biologisch abbaubare Kunststoffe leichter als synthetische, das bedeutet aber nicht, dass man sie einfach in die Biotonne oder den Kompost geben kann. Genau genommen darf und soll man das auch nicht. Sie sind nämlich nur unter besonderen Bedingungen kompostierbar und brauchen eine gewisse Temperatur und Druck, um sich zersetzen zu können.

Fazit: Biobasierte und biologisch abbaubare Kunststoffe erwecken den Anschein, eine nachhaltige Alternative zu synthetischen Kunststoffen darzustellen – das sind sie aber keinesfalls. Die Lösung, um die Plastikmüllmassen einzudämmen, besteht einzig und allein darin, unsere Produktion und – da können wir selbst ansetzen – unseren Konsum zu überdenken (Seite 58).

Was passiert, wenn's passiert: Wohin mit all dem Müll?

*Schwirrt dir jetzt auch der Kopf von all den Materialinfos? Hast du bereits den leisen Verdacht in dir, dass wir viel zu viel davon verbrauchen und produzieren – und dass das Ganze eigentlich einfacher gehen sollte? Stimmt: In erster Linie sollte Müll vermieden werden. Das sagt nicht nur unser Hausverstand, sondern auch die Gesetzeslage in den jeweiligen Ländern: festgehalten durch das Abfallwirtschaftsgesetz in Österreich, das Kreislaufwirtschaftsgesetz (KrWG) in Deutschland sowie die Abfallverordnung (VVEA) in der Schweiz. Diese Verordnungen sollen bewirken, dass alle Konsument*innen und Produzent*innen Müll so weit als möglich vermeiden, um Nachhaltigkeit zu fördern, Menschen und Umwelt zu schützen und die natürlichen Ressourcen zu schonen.*

Leider zeigen die Zahlen der letzten Jahre, dass die Müllproduktion trotz des immer weiter verbreiteten Wissens um den Stand der Müllverschmutzung unseres Planeten exponentiell steigt. Ob es sich nun um Restmüll oder Altstoffe handelt – Fakt ist: Wir erzeugen immer mehr Müll. Und auch wenn die österreichische, deutsche und schweizerische Bevölkerung immer mehr Müll trennt, insgesamt entsteht immer noch viel zu viel. Lassen wir die Zahlen sprechen: Die durchschnittliche Pro-Kopf-Menge an Haushaltsmüll bzw. Siedlungsabfall in der EU lag im Jahr 2019 bei unglaublichen 502 kg (zum Vergleich: 2018 betrug dieser Wert noch 495 kg). Österreich und Deutschland lagen dabei deutlich über dem Durchschnitt. In Österreich wurden pro Kopf ca. 588 kg Müll produziert, in Deutschland lag dieser Wert bei 609 kg. In der Schweiz fielen 2019 sogar 709 kg Haushaltsmüll pro Kopf an. Werfen wir nun einen Blick darauf, was passiert, wenn die Müllabfuhr um die Ecke verschwindet. Für Haushaltsmüll gibt es verschiedene Arten der Bearbeitung: die thermische Behandlung, das Recycling und die Lagerung auf Deponien.

▶ Ein ganz normaler Anblick für uns: Mülltonnen, die bis zum Rand gefüllt sind. Hast du dich schon einmal gefragt, wo dieser Abfall letztendlich landet?

Dafür brennen wir gar nicht: Thermische Abfallbehandlung (Müllverbrennung)

Achtung, jetzt wird's heiß: In der Müllverbrennungsanlage (MVA) wird der Müll verheizt, um sein Volumen zu verringern und neue Energie zu gewinnen. Viele Städte versorgen mit der erzeugten Energie Haushalte und Firmen mit Strom. Wird Müll verbrannt, wird nicht nur die Masse des Abfalls verringert, sondern es entsteht dabei auch Rauch. Der muss wiederum gefiltert werden, da sonst all die freigesetzten Schadstoffe in die Umwelt gelangen. Bei dem Rauch, den wir aus den Kaminen der Anlagen aufsteigen sehen, handelt es sich um gereinigtes Rauchgas. Das ist somit ungiftig. Während der Verbrennung und der Filterung durch Spezialfilter entsteht unter anderem Schlacke und Asche. Das sind quasi die „Überreste" des Mülls, der verbrannt wird und somit Feststoffe, die noch auf irgendeine Weise verwertet werden müssen. Sie werden in Deponien gelagert oder, wie es in Deutschland der Fall ist, zum Teil im Straßenbau verwendet. Die Schlacke wird etwa anstatt Kies als Untergrund unter einer Fahrbahn verwendet. In der Schweiz werden alle Reste aus der Verbrennung deponiert. Dafür wird mehr Kapital in die Schadstofffilterung investiert, sodass im Vergleich mit Deutschland rund ein Drittel mehr an Schadstoffen und Metall herausgefiltert werden kann. Ganz unbedenklich ist die Verwertung dieser Stoffe nicht: In der Schlacke befinden sich Giftstoffe sowie Schwermetalle, welche nicht zur Gänze extrahiert werden können. Aber nicht nur der giftige Sondermüll, der Abfall vom Abfall, der übrig bleibt, ist bei der Müllverbrennung besorgniserregend. Wenn wir den Müll einfach verbrennen, passiert noch etwas: damit vernichten wir auch die Ressourcen, aus denen dieser Müll besteht. Diese Rohstoffe sind somit für immer verloren.

Wie weit die Praxis und die öffentliche Wahrnehmung oft auseinanderklaffen und wie stark die Unvermeidlichkeit, ja fast Notwendigkeit von Müll aufgefasst wird, habe ich vor Kurzem wieder erlebt. Ich wurde nämlich persönlich dafür kritisiert, so wenig Müll zu produzieren. Auf meinen ratlosen Blick folgte die Antwort: „Womit soll denn die Fernwärme dann heizen?" Ich war sprachlos. Auf diesen Gedanken wäre ich nie gekommen. Ganz allgemein ist es natürlich keine schlechte Idee, dem verbrannten Müll noch einen letzten guten Zweck zu verpassen. Es hängt auch mit einer Idee der Kaskadennutzung, also Mehrfachnutzung, eines Rohstoffs zusammen, die in der Kreislaufwirtschaft eine Rolle spielt. Aber geht man einen Schritt zurück, verbirgt sich dahinter letztlich nur die Idee eines „geringeren Übels". Es gilt, weiter vorn anzusetzen und es gar nicht erst dazu kommen zu lassen.

Darüber hinaus gibt es weitaus bessere, umweltschonendere Methoden, um eine Wohnung zu beheizen und Elektrizität zu erzeugen. Stichwort: erneuerbare Energien. Darunter versteht man Energiequellen, die uns zeitlich und materiell unbegrenzt zur Verfügung stehen – im Gegensatz zu fossilen Energiequellen.

Manchmal sind wir geblendet oder sehen nicht das ganze Bild. Natürlich gibt es immer eine gute und eine schlechte Seite, ein Für und ein Wider. Die Frage lautet aber am Ende des Tages immer: Was ist die beste und schonendste Alternative für unseren Planeten?

Alles dreht sich im Kreis: Recycling

Hast du in deiner Küche auch verschiedene Mülleimer für unterschiedlichen Abfall? Trennst du auch fleißig Plastik von Metall, Papier von Biomüll – in dem Glauben, damit der Umwelt einen Gefallen zu tun? Dann muss ich dir jetzt leider schon wieder schlechte Nachrichten überbringen. Es ist nämlich leider bei weitem nicht so effektiv, wie wir annehmen – oder auch: wie uns vermittelt wird. Auf den ersten Blick wirkt es ja wie eine tolle Lösung: Recycling ist eine Art von Müllverwertung, die den Abfall in wiederverwend- oder -verwertbare Materialien umwandelt. Je nachdem, in welchem Land oder auch Bundesland man sich befindet, gibt es unterschiedliche Mülltrennungsmöglichkeiten. In den meisten Fällen werden Papier, Glas, Metall, Plastik, Restmüll und Bioabfall separat gesammelt. Sondermüll (zum Beispiel Batterien, Energiesparlampen, Styropor oder Medikamente sowie Speiseöl) wird getrennt gesammelt und verarbeitet.

◀ Ab in die Tonne damit: Wenn wir recyceln, können wir dafür sorgen, dass die Stoffe wieder zusammengeführt und zu etwas Neuem gemacht werden.

Europäer*innen sind recht beflissen, was das Mülltrennen anbelangt. Daraus resultiert, dass im Durchschnitt 47 % des gesamten Abfalls recycelt werden. Auch die Gesamtmenge an getrenntem Haushaltsmüll in der EU hat sich seit 1995 verdreifacht: von 87 kg pro Kopf auf 237 kg pro Kopf. Klingt doch erstmal ganz okay, oder? Der Haken: Erstens steigt die Gesamtmenge an produziertem Haushaltsmüll weiterhin an (Seite 30). Und zweitens lassen sich die verschiedenen Materialien unterschiedlich gut und somit effektiv recyceln. Wir wissen ja bereits, dass der Wiederverwertbarkeitsfaktor von Glas und Papier recht hoch liegt, weshalb rund 80 % des getrennten Glas- und 90 % des Papiermülls recycelt werden. Sprich: Es entstehen neue Verpackungen oder andere Gegenstände daraus, wie zum Beispiel Toilettenpapier oder Taschentücher.

Die Trennung von Kunststoffen stellt dagegen ein schwieriges Unterfangen dar. Der Grund: Es gibt viele unterschiedliche Arten und Zusammensetzungen von Plastik, die meist eine spezifische Aufarbeitung brauchen. Schaut man also auf die Recyclingquote von Plastik, sieht es ziemlich miserabel aus. Das macht wiederum sehr deutlich, dass es keine sinnvolle Möglichkeit gibt, Plastik jemals wieder loszuwerden. Weil, und das ist wirklich erschreckend: Weltweit wurden lediglich 9 % des jemals hergestellten Plastiks recycelt. Im Moment liegt die globale Plastik-Recyclingquote bei 14 %. Die Frage aller Fragen: Was passiert mit den restlichen Kunststoffabfällen? 40 % werden in Deponien gelagert, 14 % kommen in Verbrennungsanlagen und 32 % landen in unserer Umwelt oder werden unkontrolliert verbrannt.

Werden Kunststoffabfälle recycelt, kann das unterschiedlich aussehen. Entweder wird das Plastik in Öl und Gas zerlegt, also rohstofflich recycelt, oder es entstehen neue Produkte daraus – wie zum Beispiel neue PET-Flaschen oder Verpackungsfolien. Das Problematische am Plastik-Recycling ist jedoch, dass die ursprüngliche Qualität (anders

Kein Heilmittel in Sicht:

Warum Recycling keine Lösung ist

Klar: Etwas wiederzuverwerten ist unbestritten besser, als etwas wegzuwerfen. Vieles spricht für das Recycling: Es ist energiesparender als die Herstellung von neuen Materialien, es spart Rohstoffe ein und es landet weniger Abfall in den Müllverbrennungsanlagen und Deponien.

Die Art und Weise, wie Recycling in der Realität funktionieren kann, ist aber immer nur unzulänglich – es hängt einfach von zu vielen Variablen ab. Somit kann es nicht als Allheilmittel für unser Müllproblem herhalten. Ich verwende deswegen diesen Begriff, weil das Recycling in unseren Köpfen ganz stark als etwas Positives verankert ist. Wir haben das Gefühl: Müll, der recyclingfähig ist, ist gar kein richtiger Müll. Und: Wir tun etwas Gutes, wenn wir recyceln. Falsch gedacht! Denn Recycling macht vor allem eines: es rechtfertigt unser Konsumverhalten und die erhebliche Überproduktion, nicht zuletzt von Verpackungen.

Viele europäische Länder rühmen sich damit, wie gut sie Müll trennen. Ist dieses Eigenlob gerechtfertigt? Nachdem Glas und Metall, und auch Papier bis zu einem gewissen Grad gut und häufig recycelt werden können, ist es natürlich sinnvoll, diese Materialien auch wiederzuverwerten. Aber es gibt einen großen Haken an der Sache: Nicht alles, was in den Recyclingcontainern landet, kann auch recycelt werden. Viele Stoffe, von denen wir annehmen, dass sie leicht recycelbar sind, können gar nicht zu neuen Stoffen verwertet werden. Zum Beispiel sind benutzte Taschentücher oder alte Glühbirnen nicht wiederverwertbar. Wir werfen diese Gegenstände aber dennoch oft in die Altpapiertonne und zum Altglas. Warum? Weil es sich gut anfühlt, zu recyceln. Aufgrund dieser „falschen" Recyclingfreudigkeit wandert der Müll zunächst einmal in eine Sortierungsanlage, wo er wiederum stofflich getrennt wird.

Was überdies noch dazukommt: Die Menge des von uns produzierten Mülls ist für die Recyclingwirtschaft schon lange nicht mehr bewältigbar. Deshalb kommt es zu langen Einlagerungszeiten. Oder dazu, dass Müll, den du in eine Recyclingtonne geworfen hast, einfach verbrannt wird.

als bei Glas oder Metall) nicht mehr oder nur in geringem Maße bestehen bleibt. Das heißt: Aus einigen PET-Flaschen werden zwar wieder PET-Flaschen, aber anderer Plastikmüll kann für deren Herstellung nicht verwendet werden. Der Qualitätsverlust ist bei Plastik so hoch, dass viele Bestandteile gar nicht recycelt werden können.

Das Problem mit dem Plastik macht andererseits viele Hersteller*innen und Künstler*innen kreativ. Sie fertigen Kleidung aus recyceltem Polyester oder Spielzeug aus altem Plastik an. Die Firma Plasticpreneur beispielsweise stellt Maschinen her, die Plastikabfälle in Gebrauchsgegenstände verwandeln können. Unter anderem Lineale, Rechenschieber oder Wäscheklammern.

Man kann sogar Treibstoff (Diesel) aus solchen nicht-recycelbaren Plastikverpackungen herstellen.

Ein großer Haufen Müll: Deponien

Deponien sind bauliche Lagerflächen für Müll, wo dieser meist endgelagert wird. Sie sind die ältesten und weltweit gesehen gängigsten Varianten von Müllbeseitigung. Sie sollten so funktionieren, dass die Umwelt so wenig wie möglich durch den abgelagerten Abfall geschädigt wird. Wie gut dieses Vorhaben umgesetzt wird und was letztendlich auf der Deponie landet, hängt stark von der abfallwirtschaftlichen Infrastruktur des jeweiligen Landes ab. In Österreich, Deutschland, der Schweiz und in anderen europäischen Ländern gibt es Deponieverbote, die eine Lagerung von z. B. Restmüll auf Deponien untersagen. Stattdessen besagen die Deponieverordnungen, dass dieser vor der Einlagerung thermisch oder mechanisch-biologisch behandelt werden muss. So stellt man sicher, dass nur jener Abfall deponiert wird, der für die Gesundheit und Umwelt als ungefährlich gilt.

Außerdem: Deponiebrände können so weitgehend unterbunden werden. Die treten nämlich vor allem bei Deponien auf, welche nicht vorbehandelte Materialien lagern. Diese können sich unter gewissen Umständen entzünden und einen Brand auslösen. Solche Brände bleiben oft für einen gewissen Zeitraum unbemerkt und können sich so auf eine große Fläche ausbreiten. Durch die Verbrennung der nicht verdichteten Abfälle können in ihm enthaltene Schadstoffe hochgiftige Abgase produzieren – die dann ungefiltert in die Atmosphäre aufsteigen.

Aber auch ohne Brände können giftige Substanzen in die Umwelt, insbesondere in das Grundwasser, gelangen. Durch die Lagerung von Schwermetallen, die zum Beispiel in Altöl oder Lackresten enthalten sind, können Kohlenwasserstoffe austreten, die die Umwelt nachhaltig schädigen. Vor allem in alten Deponien ist diese Stofffreigabe ein Problem, denn diese wurden häufig ohne oder mit nicht ausreichender Abdichtung angelegt. Bei neueren Deponien ist (zumindest in der EU) diese Gefahr nicht mehr gegeben. Je nachdem, für welche Art von Abfall die Deponie vorgesehen ist (z. B. Restmüll oder Aushubmaterial von Baustellen), wird diese mit verschiedenen Barrieren versehen, damit der Müll und die darin möglich enthaltenen Schadstoffe nicht in die Umwelt gelangen können. Ist eine Deponie komplett ausgelastet, wird sie geschlossen und oftmals rekultiviert – also in einen nutzbaren Zustand umgewandelt. Alles, was wir dann noch von ihr sehen, ist ein Hügel in der Landschaft oder, wie in den meisten Fällen, eine unscheinbare Wiese, bei der wir nie erahnen würden, dass sich darunter Abfall befindet.

Wie viel Müll landet auf der Halde? Wenn wir den Restmüll der Österreicher*innen anschauen, so werden rund 10 % des anfallenden Mülls deponiert, in Deutschland ist die Zahl ähnlich hoch. Dort wurden im Jahr 2018 11,2 % des Mülls auf die Müllhalde verfrachtet. Ein Blick über die europäischen Grenzen hinaus zeigt ein anderes

Bild: In Ländern des Globalen Südens, in denen es kein fachgerechtes Abfallmanagement gibt, wird oftmals tonnenweise ungetrennter Abfall auf ungesicherte Deponien gekarrt (siehe folgendes Kapitel).

Auf Nimmerwiedersehen: Export von Müll

Ab in den Urlaub? Wenn wir unseren Müll in ein Flugzeug verfrachten, hat dies keine erfreulichen Hintergründe. Die westliche Welt produziert mittlerweile so viel Müll, dass sie trotz ihrer Müllverwertungsmöglichkeiten gar nicht die Kapazitäten hat, ihre Müllberge abzuarbeiten. Die Lösungsstrategie: Um die Müllansammlung im eigenen Land einzudämmen, wird schlicht und einfach Müll in andere Länder exportiert. Im Jahr 2018 waren die größten Müllexporteure die USA, Japan und Deutschland. Dieser Müll landet dann in Nachbarländern oder aber – und das ist leider die Norm – in Südostasien, wo er entweder umweltschädlich verbrannt oder auf Deponien gelagert wird.

Letztere ähneln unseren nicht einmal annähernd. Eine unzureichende Normierung und Infrastruktur führt in Ländern des Globalen Südens dazu, dass Deponien nichts weiter als alte Aushublöcher oder Landflächen sind, auf denen der Müll zu Müllbergen aufgetürmt wird. Es kann kein Zufall sein, dass auch diese Länder jene sind, welche von der größten Müllverschmutzung betroffen sind: Durch baulich nicht abgegrenzte Deponien kann der Müll vom Wind vertragen werden und landet so in Gewässern – und schlussendlich im Meer. Zusätzlich beginnt in der Hitze das Plastik langsam zu schmelzen, was nicht nur stinkenden, sondern auch gesundheitsschädigenden Rauch in die Umwelt freisetzt. Daneben kommt es in solchen Deponien mit ungetrenntem, unkomprimiertem Müll nicht selten zu gefährlichen Deponiebränden, die wiederum giftige Gase in die Luft schleudern. Die Chemikalien, die sich langsam aus den Kunststoffen lösen, sickern zudem nach und nach in das Grundwasser, verschmutzen somit die Umwelt und gefährden die Gesundheit der Menschen und der anderen Lebewesen, die dort wohnen. Aber auch die Schließung solcher Deponien bringt oft desaströse Folgen für die Einwohner*innen in ihrer Nähe mit sich, die sich als Müllsammler*innen verdingen und somit ihre Lebensgrundlage verlieren – wie beispielsweise die Schließung des „Jardim Gramacho" in Rio de Janeiro im Vorfeld der in Brasilien ausgetragenen Fußball-Weltmeisterschaft 2014 zeigt.

▼
Leider kein seltener Anblick: Ein Plastikbeutel mitten auf der Straße … besser gleich in den Mülleimer damit!

Vom Winde verweht: Warum landet so viel Müll in der Umwelt?

Wenn wir nun all unseren Müll trennen, verbrennen oder deponieren, warum landet dann immer noch so viel davon in der Umwelt? Das Problem ist oftmals nicht der Müll, den wir fachgerecht entsorgen. Es ist jener, den wir verschiffen und auch jener, den wir einfach unbedacht auf die Straße werfen, anstatt in den Mülleimer – was viel zu oft passiert. Dieser findet sich dann in unserer Umwelt wieder, wird vom Wind vertragen und wandert so in Flüsse, Seen und Meere. Mit Blick auf die ganze Welt sehen wir sehr rasch, dass es überall ein Problem mit Müll und dessen Entsorgung gibt – in manchen Regionen mehr und in anderen weniger. Länder, die keine Möglichkeit der Verwertung oder sicheren Verbrennung ihres Abfalls haben, haben keine andere Wahl, als diesen in der Natur zu hinterlassen. Auch durch Toiletten gelangt immer wieder Abfall in unsere Umwelt. Das WC wird von vielen als Mülleimer verwendet. So landen Binden und Tampons sowie deren Verpackungen, Wattestäbchen, Zahnseide oder benutzte Kondome und Feuchttücher in der Toilette. Natürlich können Kläranlagen einiges filtern, aber manche Gegenstände schleichen sich an den Filtern vorbei und landen somit in Gewässern und Meeren.

Was wir nämlich oftmals außer Acht oder gar nicht erst in unser Bewusstsein lassen: Wir sind nicht die Einzigen, die Kunststoffe und andere Verpackungen verwenden – die ganze Welt tut das. Und so sammeln sich Tag für Tag Tonnen über Tonnen an Müll an. Vielleicht versteht man in Anbetracht dessen auch, warum es umso wichtiger ist, andere Verpackungsmaterialien zu entwickeln und zu verwenden. Verpackungen, die weniger schädlich sind als Kunststoffverpackungen.

▲ Müll über Müll über Müll. Lasst uns gemeinsam etwas unternehmen, damit nicht mehr so viele Verpackungen in unserer Umwelt landen.

Das erste Ziel muss sein, dass wir unseren Konsum ändern und versuchen, auf Verpackungen zu verzichten. Unser Kassenzettel ist unser Stimmzettel. Damit die großen Firmen etwas ändern, müssen wir abstimmen – Tag für Tag, Einkauf für Einkauf.

Jedoch haben nicht alle Menschen auf dieser Welt die Möglichkeit dazu oder gar die Wahl, welche Produkte sie konsumieren. Geschweige denn die Informationen von der Schädlichkeit dieser verschiedenen Kunststoffe. Denn nicht einmal wir sind uns all der Konsequenzen, die sie bewirken, bewusst.

Wir müssen wieder lernen, in dieser Welt zu leben, nicht nur von ihr. Wir müssen aufhören, gegen sie zu kämpfen – denn was ist es denn sonst als ein Kampf gegen die Natur, wenn wir diese verschmutzen und ausbeuten? Alle anderen Lebewesen, die auf diesem Planeten leben, leisten ihren Beitrag. Wir Menschen sind die Einzigen, deren Beitrag unserem Planeten Schaden zufügt. Ändern wir das: gemeinsam!

Alles im Eimer?

Welche Belastungen durch zu viel Müll entstehen

Mittlerweile wissen wir, dass zu den großen Schwierigkeiten unserer Zeit die Gewinnung und Entsorgung synthetischer Produkte zählen. Aber selbst wenn sie nicht sofort zu Abfall werden, verursachen sie große Probleme – und das nicht nur in fernen Ländern, wo es keine fachgerechte Entsorgungswirtschaft gibt, sondern auch hier bei uns, und auch bei dir, in deinem Zuhause, für deine Familie und deine Freunde.

Wenn du noch nicht motiviert bist, deine Müllproduktion einzuschränken, dann bin ich mir sicher, dass du es nach diesem Kapitel sein wirst. Für mich ist das Wissen um die Auswirkungen unseres Handelns vor allem in Anbetracht dreier Aspekte augenöffnend. Und es motiviert mich tagtäglich, mein Bestes dafür zu geben, auf Verpackungen zu verzichten und Kunststoffe so weit als möglich nicht in mein Leben zu lassen. Diese drei Aspekte sind die Umwelt, meine Gesundheit und die Schonung unserer Ressourcen sowie die unseres Planeten.

Erde, wem Erde gebührt: Auswirkung auf die Umwelt

*Wir alle kennen bestimmt das Bild vom Plastikbeutel, der in der Baumkrone festhängt, ärgern uns vielleicht über die Zigarettenstummel am Boden oder sind empört darüber, wie Festivalflächen nach der Abreise der Teilnehmer*innen aussehen. Wer eine Verbrennungsanlage in der Nähe hat, kennt auch die grauen Rauchschwaden, die aus den Kaminen aufsteigen. Die Wahrheit ist leider, dass Müll, ob verbrannt, auf Mülldeponien gelagert oder in der Umwelt liegend unsere Erde auf die eine oder andere Weise verschmutzt und ihr Überleben – unser Überleben – gefährdet.*

Wenn synthetische Stoffe verrotten

Lass mich zuerst einen weit verbreiteten Irrtum aufklären: Verrotten bedeutet lediglich, dass sich ein Material zersetzt, dass es zerfällt und unbrauchbar wird. Bei Lebensmitteln oder anderen natürlichen Gegenständen, die ab einem gewissen Punkt zu faulen beginnen, kann dadurch wieder etwas Nützliches und Fruchtbares entstehen – beispielsweise, wenn Lebensmittelreste zu Kompost werden. Bei künstlich hergestelltem Abfall ist das jedoch nicht der Fall. Dieser zersetzt sich zwar in immer kleinere Partikel, seine Bestandteile gehen aber nicht wieder ins Organische über. Ganz im Gegenteil: sie machen alles Organische krank.

Zwar wurde herausgefunden, dass winzig kleine Bakterien (*Ideonella sakaiensis*) PET fressen und sich davon auch ernähren können oder dass Mehlkäfer gerne Styropor naschen, der in deren Darm zu umweltfreundlichen Substanzen zerfällt. Das ist aber weder ein Beweis für die Unbedenklichkeit von Kunststoffen, die in der Natur landen, noch eine Rechtfertigung für den übermäßigen Konsum – und auch keine Lösung für die Müllverschmutzung. Der überwiegende Teil biologischer Organismen kann Plastik nämlich nicht zersetzen oder verdauen. Das heißt im Umkehrschluss: Ist einmal eine Plastikverpackung produziert worden, bleibt diese für den Rest der Zeitgeschichte bestehen. Wahnsinn, oder? Das Einzige, was sich verändert, ist der Zustand der Verpackung. Aber egal, wie die Verpackung schlussendlich aussehen mag, sie ist die ganze Zeit über schädlich für die Umwelt.

Das bedeutet: Aus Plastikmüll kann kein organischer Stoff werden, er kann in nichts Natürliches übergehen. Er zersetzt sich durch Witterung, mechanische Reibung und UV-Strahlen in immer kleinere Teile, die wir schlussendlich als „Mikroplastik" und in weiterer Folge als „Nanoplastik" kennen. Aber: Er vergeht nicht.

Mit bloßem Auge nicht erkennbar: Mikroplastik

Als Mikroplastik werden Plastikpartikel bezeichnet, die kleiner als 5 mm sind. Mikroplastik entsteht durch die fortschreitende Zersetzung von Plastik, das in die Umwelt gelangt ist, oder wird Konsumgütern bewusst zugesetzt. Es kommt in den verschiedensten Bereichen vor, häufig auch in Gegenständen, in denen wir es vielleicht gar nicht erwarten würden. Die zwei Arten von Mikroplastik lassen sich weiter spezifizieren:

1. Produziertes Mikroplastik kann in Waschmitteln, Peelings, Duschgels oder Zahnpasta vorkommen. Dieses Mikroplastik wird, wie der Name schon erklärt, speziell dafür hergestellt, um in diversen Körperpflege- und anderen Produkten eingesetzt zu werden Ob nun als Schleifmittel im Peeling oder als Füllstoff und Bindemittel in anderen Produkten. Alternativen zu Mikroplastik wären zum Beispiel Cellulosepartikel aus Weizen, Mais oder Hafer.

2. Andererseits fällt darunter verfallenes Plastik aus kunststoffhaltigen Objekten, das durch UV-Strahlung, Witterung, Reibung oder andere Umwelteinflüsse immer weiter zerkleinert wird. Kleine Teilchen des Kunststoffes können sich so ablösen und als Mikroplastik in die Umwelt gelangen.

Plastikverpackungen, PET-Flaschen und Textilien aus Polyesterfasern können alle Mikroplastik abgeben. Beim Waschen von Stoffen aus Polyester lösen sich kleine Teile aus dem künstlichen Textil und gelangen so in das Grundwasser – also in unsere Umwelt und in lebende Organismen.

Mikroplastik ist sehr problematisch, und das in vielerlei Hinsicht. Kläranlagen können Partikel in dieser Größe nicht filtern, weshalb immer mehr Mikroplastik in die Umwelt gelangt. Gerade seine winzige Größe macht es so tückisch, da es mit bloßem Auge oft nicht wahrgenommen wird. Es ist so klein, dass es bis in die entlegensten Winkel reisen kann und mittlerweile überall zu finden ist – egal ob in Ackerböden, Meeren, Fischen, in von Menschen unbewohnten Gebieten oder in unserem Körper. Die genaue Wirkung auf den menschlichen Körper ist noch nicht erforscht. Was jedoch untersucht wurde und ganz besonders besorgniserregend ist: Mikroplastik zieht aufgrund der Oberflächeneigenschaften Chemikalien an. Und damit auch solche, die schon längst verboten sind (wie zum Beispiel Blei, Arsen oder Quecksilber). Da auch diese Stoffe nicht biologisch abbaubar sind, befinden sie sich immer noch in der Umwelt. Und dort warten sie schon fast darauf, sich jemandem anzuhängen – z. B. eben dem Mikroplastik, das sie bereitwillig an sich bindet. Und ab diesem Zeitpunkt ist es fast unvermeidbar, dass diese „vergifteten" Mikroplastikteilchen früher oder später in lebende Organismen gelangen, beginnend mit Kleinstlebewesen. Vom Plankton, das die kleinen Teilchen zu sich nimmt, gelangen sie in die Fische, die sich von Plankton ernähren und wandern so die Nahrungskette entlang in weitere Fische und andere Lebewesen. Und irgendwann ist dann ein Fisch dabei, der bei uns Menschen auf dem Teller landet. Die traurige Wahrheit: Nicht nur Tiere konsumieren Müll, sondern auch wir. Du und ich. Denn auch wenn wir das Plastik nicht direkt essen, haben die darin enthaltenen Chemikalien genug Zeit, in die Muskelmasse der Fische überzugehen – also genau den Teil der Lebewesen, den wir Menschen gerne essen. So finden sie ihren Weg auch in unsere Körper, wo sie dann freigesetzt werden und uns schaden können.

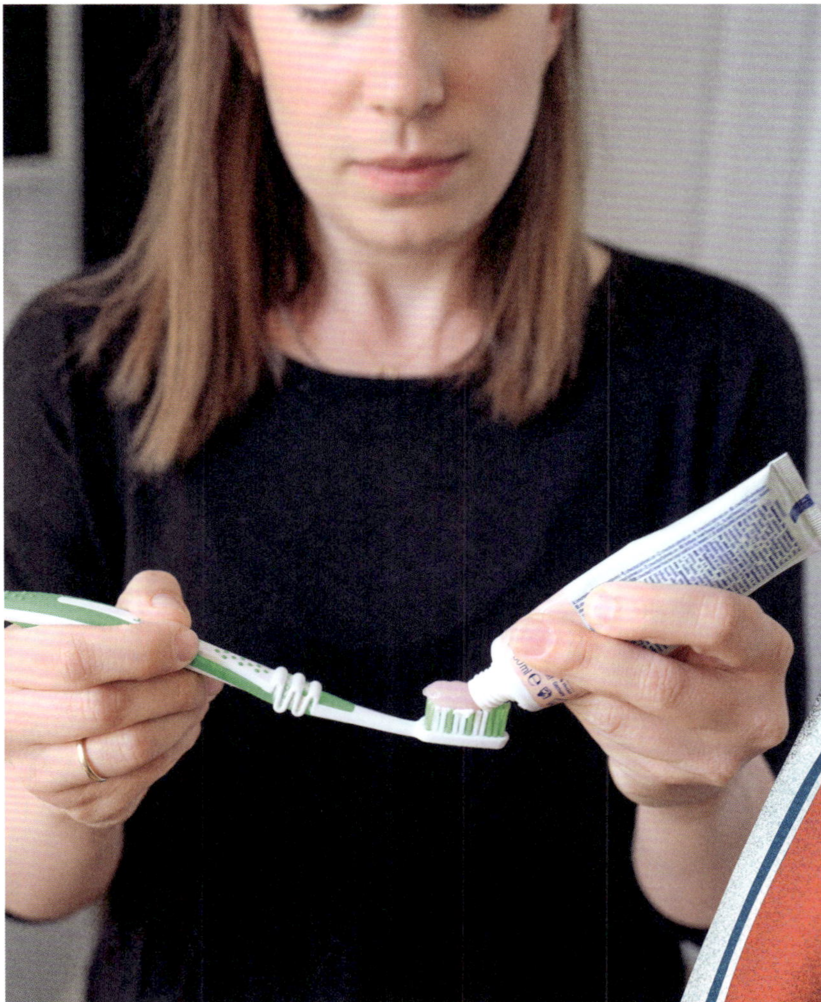

◀
Auch hier steckt Mikroplastik drin: in gewöhnlicher Zahnpasta (aus der Plastiktube).

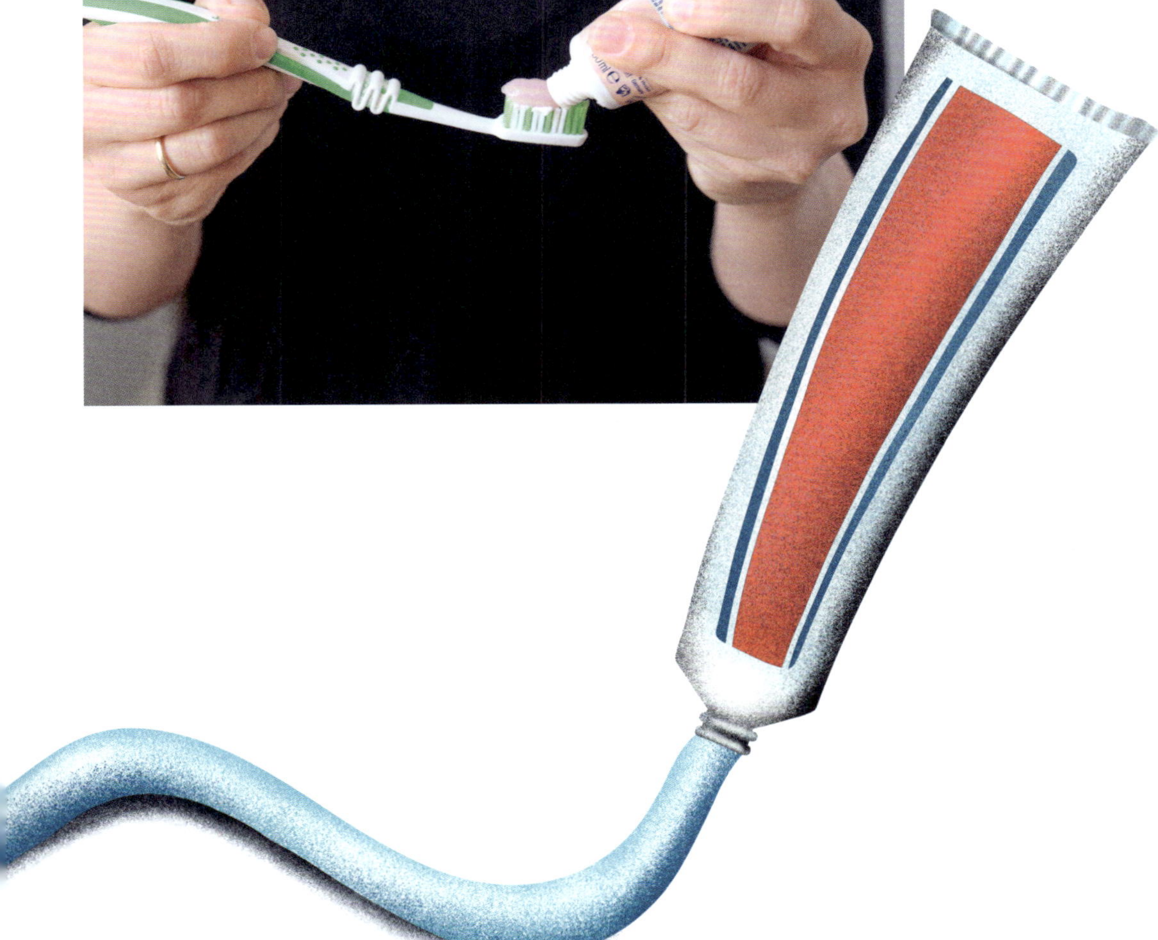

Die größte

Müllinsel im Pazifik …

… hat sogar einen Namen: „Great Pacific Garbage Patch" (deutsch: „Großer Pazifischer Müllstrudel"). Dabei handelt es sich um nicht nur einen, sondern zwei Müllstrudel im nordpazifischen Ozean. Forscher*innen gehen von einer Fläche von rund 1,6 Millionen Quadratkilometern aus. Das entspricht den Landesflächen von Österreich, Deutschland, der Schweiz, Frankreich und Spanien zusammen. Die Müllinseln sind die Heimat von rund 80 000 Tonnen Müll, der zu 99 % aus Plastik, genauer gesagt aus 1,8 Billionen Plastikteilen, besteht. Diese Fläche ist von solch unbegreiflicher Größe – und das, obwohl nur 30 % der 80 000 Tonnen im Meer befindlichen Plastikteile aufschwimmen. Sie sind quasi die Spitze der Eisbergs – die restlichen 70 % tummeln sich unterhalb der Meeresoberfläche und sind auf den ersten Blick gar nicht erkennbar.

Zersetzt oder nicht zersetzt: Plastik hat in der Natur nichts verloren

Wir haben inzwischen herausgefunden: Wird Müll nicht ordnungsgemäß entsorgt, gelangt er zwangsläufig in die Umwelt – in vielen Fällen davon in Gewässer, wo er den Lebensraum der Wassertiere verunreinigt und von ihnen gefressen wird. Oder: sich durch die Strömungen des Meeres mit seinen Gleichgesinnten zusammenrottet. In unseren Weltmeeren schwimmen riesige Inseln aus Müll, die sogar vom Weltraum aus zu sehen sind. Die größten davon sind unter dem Begriff „Great Pacific Garbage Patch" (deutsch: „Großer Pazifischer Müllstrudel") bekannt (schau auf Seite 44).

Gerade im Meer, wo der Müll der Sonneneinstrahlung und dem Meersalz ungeschützt ausgesetzt ist, zerfällt er in immer kleinere Teile, welche die Fische und andere Meereslebewesen dann konsumieren – und in weiterer Folge auch wir Menschen (Seite 42).

Aber nicht nur Mikroplastik ist in den Meeren ein immerzu wachsendes Problem. Auch der (noch) nicht zersetzte Müll stellt ein großes Problem dar – für viele Tiere ist er ein Todesurteil. Denn sie verheddern sich in den Flaschenringen und Plastiktüten, werden so am Fliegen, Fressen oder Schwimmen gehindert. Immer mehr Seelebewesen sterben an Hunger, obwohl ihr Magen reichlich gefüllt ist: mit Plastik. Denn sie verwechseln die bunten Kunststoffteile mit echter organischer Nahrung.

Besonders traurig: Selbst da, wo keine Menschen leben, ist Plastik zu finden. Etwa in der Arktis oder in Schweizer Bergregionen. Wir verunreinigen nicht nur unsere unmittelbare Umgebung, sondern auch menschenleere Regionen.

Nicht einmal eine (mehr oder weniger) fachgerechte Entsorgung schützt die Natur vor den Schadstoffen aus unserem Abfall. Wird der Müll in Deponien gelagert, können (je nach Qualität und Beschaffenheit der Deponie) Weichmacher und andere Chemikalien, die in Verpackungsmaterial und Co. enthalten sind, in die Umwelt freigesetzt werden. So verseuchen sie das Grundwasser, die landwirtschaftlichen Flächen und schlussendlich unser Trinkwasser und unsere Nahrungsmittel. Außerdem: Nicht nur in Gewässern, sondern auch in der Erde ist Mikroplastik nachgewiesen worden.

Es wird immer heißer hier:

Klimakrise

Es ist kein Geheimnis, dass wir Menschen viel mehr CO_2 verbrauchen, als für unser Klima gesund ist. Wir befeuern die Atmosphäre mit schädlichen Gasen und der dadurch entstehende Treibhauseffekt lässt die Erde sich immer weiter aufheizen. Das Klima verändert sich zwar seit der Entstehung unseres Planeten, jedoch wurde in den letzten Jahrzehnten ein rasanter Anstieg der Temperatur aufgezeichnet. Das hat verheerende Folgen: Wenn wir unseren CO_2-Verbrauch nicht drastisch und langfristig reduzieren, werden Naturkatastrophen, Hungersnöte, Ernteausfälle und Infektionskrankheiten weiter zunehmen. Gewisse Regionen werden aufgrund der Hitze, des steigenden Meeresspiegels oder der Lebensmittelknappheit unbewohnbar sein. Denn das ist die eigentliche Gefahr, die wir mit unserem Verhalten heraufbeschwören: Wir schaden der Umwelt, aber noch viel mehr schaden wir uns selbst. Wenn wir so weitermachen, müssen sich zukünftige Generationen auf schwerwiegende humanitäre Katastrophen einstellen. Zyniker*innen behaupten, die Erde kann sich schon irgendwann erholen – wenn der Parasit Mensch sich selbst ausgerottet hat.

Aber: Wir haben unser Schicksal noch nicht besiegelt. Noch können wir den Hebel umlegen und etwas dagegen tun. Es ist gar nicht so schwer, den eigenen CO_2-Verbrauch zu reduzieren. Das sind die effektivsten Schritte dafür:

- Unterwegs – so weit wie möglich Transportmittel vermeiden, die fossile Brennstoffe verbrauchen: Auto und Flugzeug
- Ernährung – den Konsum von Lebensmitteln verringern, die einer CO_2-intensiven Produktion entstammen: Fleisch und tierische Produkte
- Energie – von fossiler Energie auf alternative, erneuerbare Energien umsteigen

▶
Die Temperaturen steigen, unser Planet heizt sich auf. Höchste Zeit, etwas dagegen zu unternehmen!

Die von uns Menschen verursachte Erderwärmung wird vor allem durch die Verbrennung von Kohle, Erdöl und Erdgas, die massiven Waldrodungen und die zunehmende Viehzucht ausgelöst. Letzteres, weil Wiederkäuer wie Kühe bei der Verdauung große Mengen an Methan ausstoßen. Neben Methan ist auch Kohlendioxid ein sehr aggressives Treibhausgas. Beide werden sowohl bei der Gewinnung der benötigten Rohstoffe zur Kunststoffproduktion sowie in allen weiteren Lebenszyklen von Plastik ausgestoßen. Über 99 % der Kunststoffe basieren auf Methan und Kohlendioxid.

Werfen wir noch einmal einen Blick auf die Entsorgungswirtschaft und deren Auswirkungen auf das Klima. Auch bei vermeintlich schadstoffarmen Verfahren wie den sogenannten „Waste to Energy"-Projekten, bei denen eine Umwandlung der Verbrennungsenergie aus der thermischen Müllbeseitigung in z. B. Wärmeenergie stattfindet (Seite 31), werden große Mengen an Treibhausgasen freigesetzt. Verbrennungsanlagen sind teuer in der Wartung, und da besonders die Filter so kostspielig sind, werden sie in einigen Ländern nicht sachgemäß ausgetauscht. Andere Länder haben erst gar keine Verbrennungsanlagen und auch bei der Deponierung oder dem Zerfall von Plastik in der Umwelt werden Kohlendioxid und Methan freigesetzt.

Wie hoch die Emissionen sowohl bei der Gewinnung als auch bei der Zersetzung von Plastik sind, ist nicht bekannt. Für das Anlegen neuer Bohrfelder und Pipelines zur Gewinnung von Erdöl und Erdgas werden zwar immer mehr Wälder gerodet, dennoch ist nicht bekannt, wie viele Anlagen wirklich existieren. Fest steht aber, dass all der Plastikmüll nicht nur bei der Entstehung, sondern auch bei der Entsorgung seinen Beitrag zur Erwärmung des Klimas leistet. Zwar wird uns die Einsparung von Plastiktaschen nicht retten, aber die Änderung unseres Lebensstils, die wir über unseren Plastikverbrauch hinaus ausdehnen, kann einen positiven Beitrag leisten und lässt hoffentlich die Konzerne und die Regierung die Ohren spitzen und auch endlich Hand anlegen.

◀ Becher, Plastikbeutel, Papier auf der Straße. Wie lange brauchen diese Materialien, bis sie verrottet sind?

Simsalabim: Wenn Abfall unsichtbar wird

Hast du dich schon mal gefragt: Wie lange brauchen eigentlich die Lebensmittel, Verpackungen und Co., die wir achtlos in die Natur werfen, um zu verrotten? Klar: Organische Materialien werden schneller von Mikroorganismen zersetzt als künstliche. Logisch ist auch, dass Letztere sowieso nichts in der Natur verloren haben. Aber wie groß fällt der Unterschied letztendlich aus? Hier ein Überblick über die gängigsten, von vielen einfach mir nichts, dir nichts auf den Boden fallen gelassenen Gegenstände:

Apfel	*2–4 Wochen*
Papierverpackung	*6 Wochen*
Zitrusfrucht	*2 Jahre*
Zigarettenstummel	*1–5 Jahre*
Kaugummi	*5 Jahre*
Coffee-to-go-Becher	*50 Jahre*
Getränkedose	*200 Jahre*
PET-Flasche	*450 Jahre*
Wegwerfwindel	*450 Jahre*
Styropor	*6 000 Jahre und mehr*

Keine Lust auf Krankmacher und Chemikalien: Auswirkung auf die Gesundheit

Eine Schildkröte mit einem Strohhalm in der Nase, eine Robbe mit einem Plastikring um den Hals und ein gestrandeter Wal mit einem Magen voller Plastikteilchen. Diese Bilder erschrecken und berühren mich zutiefst, machen mich endlos traurig.

Ein verheerendes Beispiel sind für mich die Midwayinseln, die mitten im pazifischen Ozean liegen, also irgendwo zwischen Kalifornien und Japan. Umschlossen von Wasser leben dort einige wenige Forscher*innen sowie majestätische Albatrosse. Obwohl sich die Inseln so jenseits jeglicher Zivilisation befinden, werden dort Unmengen an Plastikmüll angespült, welchen die Vögel mit Nahrung verwechseln und ihren Küken zum Fressen geben. Den Magen voll mit unverdaulichem Plastik verenden die Tiere dann – weil sie verhungern. Experten schätzen, dass weltweit ca. eine Million Seevögel sowie 100 000 Meeressäuger und unzählige Fische aufgrund von Plastikmüll sterben. Das heißt: Tiere werden unter den Folgen unseres Konsums getötet – und auch die Menschheit spürt dessen Auswirkungen schon lange.

Was haben Salz, Mineralwasser, Fisch, der menschliche Stuhl und sogar eine Plazenta gemeinsam? Alle enthalten Plastik. Ebenso wie Blut, Leitungswasser oder Bier. Es wurde bisweilen überall, wo danach gesucht wurde, Plastik gefunden. Unsere Alarmglocken müssten doch eigentlich schon längst schrillen. Spätestens bei der eigenen Gesundheit und dem eigenen Wohlergehen sind Menschen doch wohl bereit, Änderungen vorzunehmen und Kompromisse einzugehen? Wenn wir von unserer Gesundheit reden, geht es immerhin nicht nur um uns selbst, sondern auch um unsere Nachkommen.

Mittlerweile gibt es immer mehr wissenschaftliche Belege dafür, dass Plastik krank macht. Nicht nur werden durch die Chemikalien Allergien und Unverträglichkeiten ausgelöst. Es wird auch davon ausgegangen, dass unser übermäßiger Plastikkonsum negative Auswirkungen auf unseren Stoffwechsel, unsere Fruchtbarkeit und die Zellerneuerung hat. (Für dich zur Info: Ich benutze dieses Wort „Chemikalien" hier – zugegebenermaßen – alltagssprachlich. Darunter fasse ich (hoch-)industriell gefertigte Inhaltsstoffe in Reinigungsmitteln, Kleidung usw., die sich nachteilig auf Umwelt und Gesundheit auswirken können. Prinzipiell könnte natürlich jedes chemische Element und jede chemische Verbindung damit bezeichnet werden, ich meine damit aber potentiell gefährliche Materialien aus der chemischen Industrie.)

Alles andere als geschmeidig: Weichmacher

Eine Gruppe solcher Chemikalien, die sehr häufig in Kunststoffen eingesetzt werden, sind Weichmacher. Der Grund: Das sonst spröde und statische Material kann so elastischer und biegsamer gemacht werden. Das heißt: Fast alles, was aus Kunststoff besteht, aber nicht steif und hart ist, enthält Weichmacher. Zu den am häufigsten eingesetzten Weichmachern gehören die Phthalsäureester (Phthalate).

Wenn du dich in deiner Wohnung umsiehst, werden dir einige solcher Gegenstände auffallen: dazu gehören unter anderem Duschvorhänge, Bodenbeläge, Lacke, Kunstleder, Regenkleidung, Kinderspielzeug, Lebensmittelverpackungen und -folien. PVC allein besteht zur Hälfte aus Weichmachern, weil dieses sonst besonders spröde ist und leicht bricht. Mit diesem Material kommen wir aber besonders oft in Berührung: Es wird etwa bei der Deckeldichtung für Flaschen oder auch bei Käse- und Fleischfolien eingesetzt. Das Problem mit den Weichmachern? Viele davon lösen sich von dem Kunststoff, an den sie gebunden wurden, ab. Dies geschieht entweder durch Reibung oder schon allein durch den Kontakt mit der Flüssigkeit oder dem fetthaltigen Lebensmittel, das sie schützen sollen. Gehen die Weichmacher in unsere Lebensmittel oder andere Gebrauchsgegenstände über, so sind sie automatisch auch in unserem Körper. Sie bahnen sich ihren Weg in unser Inneres, etwa durch unsere Nase, indem wir giftige Stoffe durch die Ausdunstungen von neuen Autoarmaturen, Möbeln oder PVC-Böden einatmen. Oder durch unsere Haut, wenn wir Kleidung aus Polyester tragen, oder unsere Bettwäsche daraus besteht. Auch von der Luftmatratze, auf der wir im See schwimmen. Ebenso zu finden sind sie in Nagellack, Cremes, Shampoo, Deo und Make-up. Und nicht zuletzt nehmen wir besonders viele dieser Weichmacher durch unseren Mund auf, indem wir zum Beispiel mit Plastikbesteck essen, uns mit einer Plastikzahnbürste die Zähne putzen, Kaugummi kauen, über Antihaftbeschichtungen von Pfannen oder Ofenformen und zu guter Letzt über die Lebensmittel, die wir zu uns nehmen.

Das Problem dabei? Weichmacher sind sogenannte Umwelthormone und können in unser Hormonsystem eingreifen. Wenn wir bedenken, dass jede unserer Körperfunktionen mit Beteiligung von Hormonen abläuft, beginnen wir vielleicht langsam, zu verstehen, welche Auswirkungen das auf unsere Gesundheit hat.

Die gute Nachricht: Einige dieser hormonell wirksamen Weichmacher sind mittlerweile sogar verboten oder ihr Einsatzgebiet ist beschränkt. Vor allem im Hinblick auf Kinder- und Babyartikel bestehen inzwischen zahlreiche Auflagen. So darf seit 2011 in der EU kein Bisphenol A (BPA) mehr in Kinderspielzeug, Flaschen und Schnullern verwendet werden. Auch die Weichmacher Diethylhexylphthalat (DEHP), Dibutylphthalat (DBP) Benzylbutylphthalat (BBP) dürfen seit 2005 nicht mehr zur Herstellung von Produkten für Babys und Kinder verwendet werden. Die Folge: Sie werden durch andere Weichmacher ersetzt, die nicht kennzeichnungspflichtig sind. Ist das Quietsche-Entchen also unbedenklich? Die Antwort ist leider weiterhin unklar (mehr zum Thema findest du auf Seite 80).

Das zeigt einerseits, dass die hormonelle Wirkung einiger dieser Chemikalien bereits derart nachgewiesen wurde, dass sogar Verbote und Handlungsempfehlungen ausgesprochen werden. Andererseits weist es genau auf diese krankmachende Wirkung hin. Und diese Hormonveränderungen können verheerend sein: Nehmen wir das BPA, das zwar in einigen Produkten nicht mehr verwendet werden darf, aber immer noch in vielen Kunststoffprodukten eingesetzt wird: Es greift derart in unser Hormonsystem ein, dass es dieses über viele Jahre und auch Generationen hinweg verändert. Einige dieser Kunststoff-Chemikalien (und deren Wirkung als Umwelthormone) stehen beispielsweise im Verdacht, die Fruchtbarkeit und Spermienqualität negativ zu beeinflussen. Hormonell bedingte Krankheiten nehmen seit der Einführung von Plastik in den alltäglichen Gebrauch stetig zu. Dazu gehören Allergien, östrogenabhängige Tumore oder auch Fettleibigkeit und Verhaltensauffälligkeiten bei Kindern. Die Weichmacher sammeln sich im Körper an und können von unserem Organismus nicht abgebaut werden – viel mehr noch: Sie verstärken sich gegenseitig in ihrer Wirkung. Hört sich fast ein bisschen wie aus einem Horrorfilm an, oder? Ich weiß, es macht keinen Spaß, all das zu lesen, aber es ist sehr wichtig, dass wir Bewusstsein dafür erhalten, was wir unserem Körper zuführen. Denn was könnte uns noch mehr wachrütteln, was könnte ein ausschlaggebenderer Grund sein als unsere eigene Gesundheit?

Es gibt natürliche Grenzen: Auswirkung auf die Ressourcen

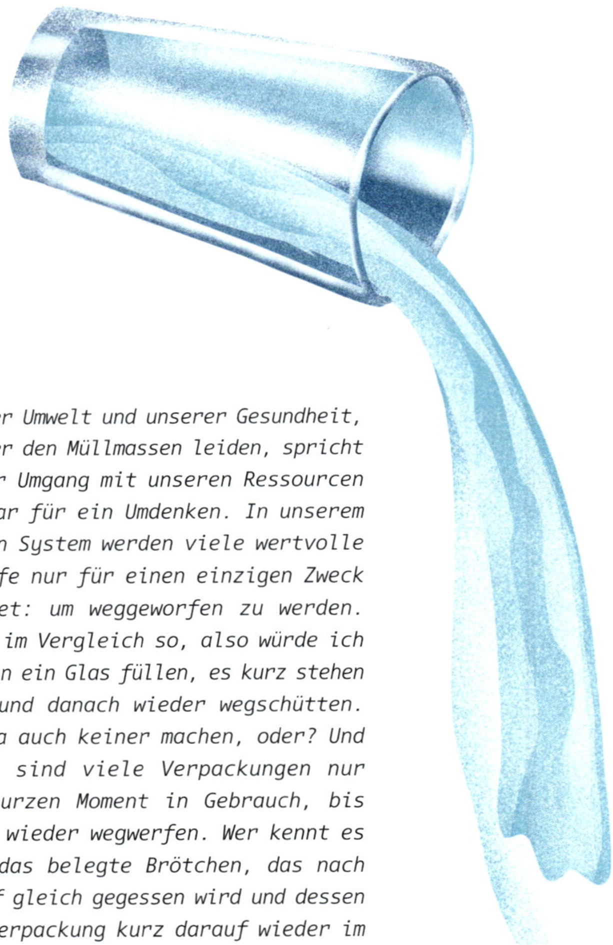

Neben der Umwelt und unserer Gesundheit, die unter den Müllmassen leiden, spricht auch der Umgang mit unseren Ressourcen ganz klar für ein Umdenken. In unserem heutigen System werden viele wertvolle Rohstoffe nur für einen einzigen Zweck verwendet: um weggeworfen zu werden. Das ist im Vergleich so, also würde ich Wasser in ein Glas füllen, es kurz stehen lassen und danach wieder wegschütten. Würde ja auch keiner machen, oder? Und dennoch sind viele Verpackungen nur einen kurzen Moment in Gebrauch, bis wir sie wieder wegwerfen. Wer kennt es nicht: das belegte Brötchen, das nach dem Kauf gleich gegessen wird und dessen Papierverpackung kurz darauf wieder im Müll landet.

Abgesehen von dieser Kurzlebigkeit sind viele Verpackungen außerdem deutlich überdimensioniert im Vergleich zum Inhalt. Warum? Weil die Kund*innen natürlich davon ausgehen, dass in einer größeren Verpackung auch mehr Inhalt steckt. Wirft man dann einen Blick ins Innere, wird man oft von solchen Mogelpackungen enttäuscht. Und damit werden nicht nur Konsument*innen in die Irre geführt, die Verpackung ist zudem noch um vieles ressourcenverschwendender.

Natürlich gibt es auch einige Verpackungen, die länger in Gebrauch sind. Trotzdem werden sie nur mit einer Intention produziert: entsorgt zu werden. Ich wiederhole mich – aber lass dir das mal auf der Zunge zergehen. Überleg dir mal, was das genau bedeutet: Wertvolle Ressourcen werden unter großem Einsatz von Energie zu etwas verarbeitet, dessen Nutzung erstens zeitlich begrenzt und zweitens im Hinblick auf ihren Sinn und Zweck in vielen Fällen ohnehin fragwürdig ist (mehr dazu ab Seite 27). Und mit der Plastikfolie oder dem Einwegrasierer werfen wir niemals nur das Produkt weg, sondern auch all die Zeit, Energie und Ressourcen, die für die Herstellung und den Transport gebraucht wurden. Aber es wird noch viel persönlicher: denn wir werfen damit auch unsere Zeit, Energie und Ressourcen weg. Zeit, die wir darin investiert haben, das Produkt zu kaufen und die wir wieder investieren, indem wir es wegwerfen. Energie, die wir für die Arbeit aufgewendet haben, um uns solche Dinge überhaupt erst kaufen zu können. Ressourcen, die wir in Form von Geld für das Produkt ausgegeben haben, für das wir zudem noch einen Platz in unserem Zuhause geschaffen haben. Ist das nicht absolut wahnsinnig, nach all dem Aufwand – ob nun auf Produktion oder Konsum bezogen –, dieses Produkt einfach wegzuwerfen?

Für mich ist das ziemlich absurd und ein Armutszeugnis für unsere Gesellschaft – die ja nicht ohne Grund „Wegwerfgesellschaft" genannt wird. Aber wollen wir wirklich so in die Menschheitsgeschichte eingehen – als eine Gesellschaft, die durch das Ausmaß, in dem sie verbraucht und wegwirft, definiert wird? Also ich nicht. Deshalb hat es für uns oberste Priorität, die Abfallvermeidung durch ressourcenschonendes Konsumverhalten zu bekämpfen. Dass wir Dinge nutzen, anstatt sie zu verschwenden.

Ressourcen sind ein endliches und deshalb wertvolles Gut. Aus diesem Grund ist es mir so wichtig, Ressourcen zu schonen: indem ich nur das besitze, was ich wirklich brauche und nur das kaufe, was ich wirklich essen, anziehen und verwenden werde. Dass ich Abfallvermeidung und demzufolge Ressourcenschonung betreibe, indem ich auf wiederverwendbare Produkte setze. Dass ich teile, tausche, borge und repariere und somit einen bewussten Umgang mit den Gegenständen, die in meinem Leben sind, pflege. Es gibt viel nutzbares und reparaturfähiges Material, das wir unbedacht oder aus Bequemlichkeit entsorgen. Oft sind Gegenstände in der Anschaffung für uns so kostengünstig – oder wir wollen unbedingt dem neuesten Trend hinterherjagen, damit wir das vermeintlich tollste Produkt unser Eigen nennen können –, dass wir uns ihrer Vorgänger entledigen, die man ohne Probleme noch hätte gebrauchen können oder die leicht zu reparieren gewesen wären. (Für mehr Infos dazu blätter auf Seite 154.) Gehen wir schonend und respektvoll mit unseren Ressourcen um, bevor es zu spät ist.

Kleine Verpackung, große Fragen:

die Bio-Gurke in der Plastikfolie

Plastikverpackungen sind überall. Und auch wenn ihre Sinnhaftigkeit in vielen Fällen eindeutig zweifelhaft ist, gibt es doch einige Produkte, die ins Auge stechen. Bio-Produkte zum Beispiel, die unter strengen Auflagen angebaut wurden, nur damit sie dann eine Plastikverpackung verpasst bekommen, die ihre Klimabilanz wieder in den Keller jagt. Klingt irgendwie ein bisschen widersprüchlich, oder?

Schauen wir uns das also noch einmal genauer an, unser Paradebeispiel: die eingeschweißte Bio-Gurke. Warum ist dieses Produkt eingeschweißt? Hier steckt ein tieferer Sinn dahinter: Eine Gurke hat einen sehr hohen Wasseranteil, was ihre Lebensdauer nach der Ernte stark einschränkt. So ist eine unverpackte Gurke wesentlich schneller ungenießbar als eine in 1,5 g Plastik eingeschweißte Gurke. Klar, man könnte argumentieren: Gurken sind ein Naturprodukt, das, wenn es verdorben ist, als Bio-Müll gilt und verrottet. Sie schadet dem Planeten nicht und erzeugt keine Müllberge. Was man dabei oft aus den Augen verliert, ist, dass eine Gurke sehr viele Ressourcen benötigt, um produziert zu werden. Somit wird nach deren Verderben nicht nur die Gurke weggeworfen, sondern sinnbildlich auch all das Wasser, die Energie und die Zeit, die in dieses Lebensmittel investiert wurden. Dass Lebensmittel weggeworfen werden, weil sie nicht rechtzeitig verkauft werden konnten, bevor sie ungenießbar wurden, ist ein großes Problem in unserer Gesellschaft. Wir produzieren viel mehr, als wir essen können – nicht zwingend also für unseren Bedarf, sondern um die Supermarktregale zu füllen, die nur ja nicht leer werden dürfen. Es wäre so wichtig, diese verschwenderische Herangehensweise zu ändern (Seite 124). Nur so viele Lebensmittel und andere Güter zu produzieren, wie auch wirklich gebraucht werden. Selbst wenn das bedeutet, dass man vielleicht einmal ein paar Tage ohne Gurke auskommen muss.

Die „7 R“ – oder: die umgekehrte Pyramide der Nachhaltigkeit

Du bist auf der Suche nach einer einfachen Möglichkeit, deine Müllproduktion zu minimieren? Die „7 R“ (angelehnt an Bea Johnson) können dir dabei helfen. Und dich so dabei unterstützen, ein einfacheres, reduzierteres Leben zu führen. Indem du Ressourcen, die Umwelt und deine Gesundheit schonst.

- **Refuse:**
  Lehne Verpackungen und andere Gegenstände ab, die du nicht brauchst oder haben möchtest. Nur weil etwas kostenlos ist, heißt es nicht, dass du dafür Platz in deinem Leben schaffen musst. Ein Beispiel? Du brauchst sicherlich nicht den Gratis-Kugelschreiber, der von einer Partei verteilt wird, die du möglicherweise nicht einmal wählen möchtest.

- **Reduce:**
  Reduziere deinen Müll und damit auch die Produkte, die du verwendest. Überlege dir, was du wirklich brauchst, um ein glückliches Leben zu führen.

- **Reuse, Repurpose & Repair:** Nicht alles, was wie Müll aussieht ist, auch gleich Müll. Verwende Verpackungen wieder oder gestalte etwas anderes Nützliches daraus. Repariere Gegenstände, die defekt sind. Flicke das Loch. Tausche den Knopf aus. Bring die Lautsprecher zum Elektriker. Nutze, was du hast.

- **Rot:**
  Biomüll gehört nicht in den Restmüll. Aus ihm kann wertvoller Kompost entstehen.

- **Recycle:** Achte darauf, dass all das, was du nicht vermeiden kannst, zumindest recycelbar ist. Recycling ist zwar nicht die Lösung, aber wenn wir unsere wiederverwertbaren Güter reduzieren, macht es durchaus Sinn.

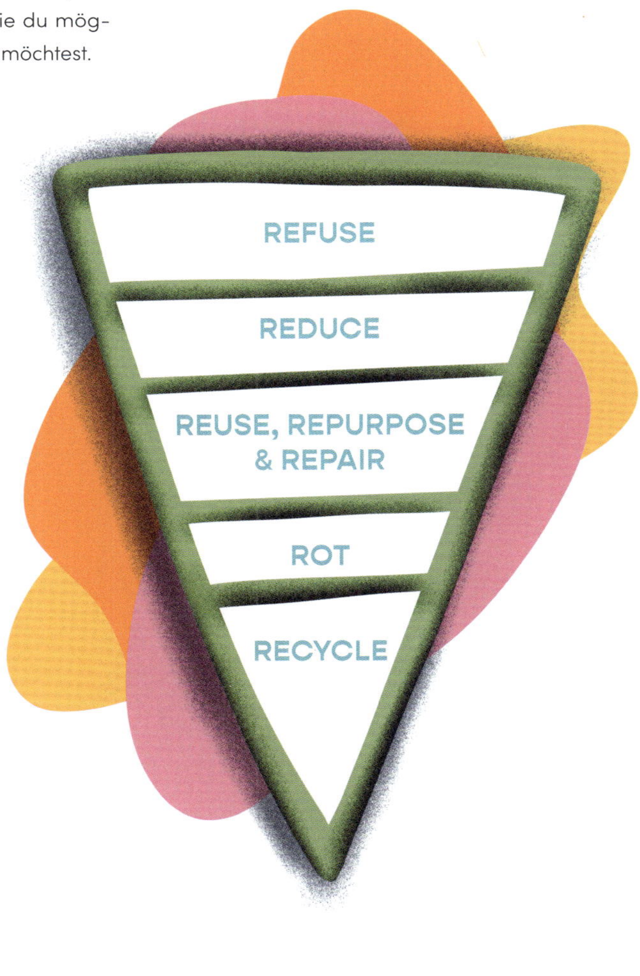

Teil 2:

Jetzt bist du dran!

Aller Anfang ist: Bewusstsein dafür zu schaffen, was du verbrauchst

▼
Wo in unserer Wohnung verstecken sich überall Müll und Verpackungen?

In diesem Kapitel schnappen wir uns die Lupe: Wir schauen uns an, wo sich in unserem Alltag überall unnötige Verpackungen und Müll verstecken. Wir überlegen, was wir brauchen und bei welchen Dingen es eigentlich besser wäre, wenn wir sie nicht in unser Leben ließen. Bist du bereit dafür? Wie du den Müll, der bei dir anfällt, dann konkret erkennen, verbannen und ersetzen kannst, erfährst du später in „Schritt 1: Müll-Selbsterkenntnis ist das erste Mittel zur Vermeidung – Lagecheck" (Seite 90), „Schritt 2: Einweg ist nicht mehr mein Weg – Alternativen finden" (Seite 114) und „Schritt 3: Du nimmst es selbst in die Hand – Rezepte" (Seite 160) deinen persönlichen Müllabspeck-Programms. Ganz zu Beginn möchte ich dir noch erzählen, wie es mir dabei ergangen ist, als ich beschlossen hatte, meinen Müllverbrauch radikal zu reduzieren – und welchen Hürden ich begegnet bin.

Der Beginn meiner Reise durch den Verpackungsdschungel

Vielleicht kennst du das auch: Du bist von einer Idee gepackt. Bekommst den Gedanken nicht mehr aus deinem Kopf. Malst dir in allen Einzelheiten aus, wie dein Leben erst sein wird, wenn die Veränderung nur endlich stattgefunden hat.

So ging es mir, nachdem ich mich dazu entschlossen hatte: Es ist genug! Ich werde es wagen. Von nun an schwimme ich gegen die Strömung inmitten der Plastikflut.

Das erste Mal, als ich nach meinem Entschluss einkaufen ging, war ein sehr einschneidendes Erlebnis. Bei diesem ersten Einkauf wollte ich vor allem darauf achten, keine Plastikverpackungen zu kaufen und war anfangs noch hoffnungsvoll und frohen Mutes. Ich war mir sicher, dass mir die unverpackten und uneingeschweißten Produkte nur noch nie aufgefallen waren. Mit dieser positiven Einstellung betrat ich das Lebensmittelgeschäft.

Die Obst- und Gemüseabteilung stimmte mich noch zuversichtlich. Hier fand ich Paprika, Salat, Äpfel, Bananen und Birnen ohne jegliche Verpackung. Leider ging es danach mit meinem Optimismus schnell bergab. Nudeln, Sauerrahm, Milch, Käse und Fleisch, Toilettenpapier und Putzschwämme – das Verpackungsgrauen nahm kein Ende. Mit jedem Schritt, jedem Regal und jedem Gang kam mir mein Vorhaben immer unmöglicher vor, denn wirklich alles schien verpackt und in Plastik eingeschweißt zu sein. Noch nie ging ich so bewusst und auf der Suche nach etwas Bestimmtem durch den Supermarkt. Ich war mir vor dem Betreten des Geschäftes sicher, dass es genügend Optionen geben würde, von denen ich nur noch nichts wusste, weil ich ihnen bis dato keine Beachtung geschenkt hatte. Aus diesem Grund war ich so hoffnungsvoll gestimmt – und musste nur wenige Augenblicke später einen so großen Rückschlag hinnehmen.

Ich erinnere mich daran, dass ich Papierkartons von Müsli und Nudeln geschüttelt habe, um zu hören, ob sich in Inneren eine zusätzliche Kunststoffverpackung befindet (eine Angewohnheit, die

◀ Die „Convenience-Food"-Abteilung (Fertiggerichte) im Supermarkt. Hier ist alles doppelt und dreifach eingepackt, vorportioniert, ready to go – das Plastik landet sofort im nächsten Mülleimer.

mich bei unbekannten Produkten noch immer, aber am Anfang besonders ausgeprägt begleitet hat). Doch egal wie viele Verpackungen ich schüttelte oder wie genau ich jedes einzelne Produkt in der Kühlabteilung unter die Lupe nahm, alles war in Plastik verpackt. Ich habe bei diesem ersten bewussten Einkauf bis auf etwas Obst und Gemüse sowie ein Joghurt nichts gefunden, das nicht in Plastik (spätestens als sekundäre Verpackung) zum Kauf angeboten wurde. All diese Verpackungen kamen mir einmal mehr absurd vor, so unnötig, so verschwenderisch und so unbedacht. Dabei war ich doch bis vor ein paar Tagen noch Teil dieses Problems – habe selbst unreflektiert und verschwenderisch gehandelt – und war mir dessen nicht einmal bewusst.

Mit leeren Händen und dem dramatischen Gedanken, dass wir von nun an von dem unverpackten Obst und Gemüse und Joghurt im Glas leben müssen, verließ ich nach langer, vehementer Suche mit leeren Händen das Geschäft. Entmutigt ging ich nach Hause und war mir nicht mehr so sicher, wie und vor allem ob ich es schaffen kann, meine Verpackungen zumindest zu reduzieren, geschweige denn, komplett aus meinem Einkauf zu eliminieren. Kurz darauf packte mich der Ehrgeiz zum Glück wieder. Ich wollte mich nicht so schnell geschlagen geben. Denn: Nichts ist unmöglich. So habe ich intensiv nach alternativen Läden und Einkaufsmöglichkeiten gesucht. Mein Fokus lag erst auf den Lebensmitteln, erweiterte sich aber zunehmend auch auf andere Bereiche wie Reinigungsmittel, Hygieneartikeln und Kosmetik. In weiterer Folge beschäftigte ich mich immer mehr damit, wie man unterwegs und auf Reisen Müll vermeiden kann. Und als ich 2016 schwanger wurde, begann ich damit, mich intensiv damit auseinanderzusetzen, was man mit Blick auf Baby- und Kinderartikel an Plastik und Verpackungen

einsparen kann. In manchen Bereichen und mit verschiedenen Produkten erwies sich einiges als schwerer, anderes als leichter, jedoch alles als möglich und machbar.

Eine Frage beschäftigt mich aber heute noch: Wann sind wir diesem Verpackungswahn verfallen? Warum braucht alles eine Verpackung, Schachtel, Dose, Folie? Warum müssen Orangen, Zitronen, Äpfel, Bananen, Paprika in einer Extra-Verpackung eingeschweißt werden, wo die Natur ihnen allen doch eine perfekte und robuste eigene Verpackung gegeben hat? Warum brauche ich die Brötchen abgezählt im Plastiksackerl, wenn ich sie mir frisch beim Bäcker holen kann? Warum ist unsere Gesellschaft denn bloß so „verpackungsgeil"? Zu einem großen Teil bestimmt, weil wir es nicht besser wissen. Wir kennen es nicht anders. Verpackungen gibt es eben. Alles ist verpackt, muss verpackt sein. Es geht schneller, es ist einfacher, leichter, spontaner. Man muss seinen Einkauf nicht planen, denn es ist alles abgepackt und griffbereit – ready to go. Wir haben zu wenig Zeit und immer Wichtigeres zu tun, als uns um das zu sorgen, was das Wichtigste ist: unser Planet und unsere Gesundheit.

Der erste Schritt ist der wichtigste: Bewusstsein schaffen. Zu erkennen und herauszufinden, dass Verpackungen in den meisten Fällen nicht nur unnötig, sondern schlichtweg verzichtbar sind, braucht seine Zeit. Es dauert, bis wir selbst es verstanden haben und es dauert, bis es in der breiten Gesellschaft angekommen und nicht nur akzeptiert wird, sondern der konkrete Wunsch geschaffen wird, ohne sie auszukommen. Darum ist Bewusstsein zu schaffen das Wichtigste, was wir tun können. Blicken wir noch einmal in unseren Kühlschrank, in unsere Schränke, in unser Gefrierfach. Was davon ist verpackt? Und welche von diesen Verpackungen können entweder ausgetauscht oder gleich ganz weggelassen werden? Wenn wir uns dessen bewusst werden, können wir erst eine Veränderung zulassen, erst dann haben wir die Kraft dazu, eine Veränderung zu bewirken. Bei uns, und wenn wir Glück haben durch unser Beispiel auch bei anderen.

Die Geschichte

der Verpackungen

Verpackte Lebensmittel sind kein Konstrukt der Neuzeit, ganz im Gegenteil. Von Beginn der Menschheit an wurde Essen verpackt, um es vor Wettereinflüssen, Tieren oder Verschmutzung zu schützen und um es für den Winter einzulagern. Als unsere Vorfahren ca. 10 000 v. Chr. sesshaft wurden, wurde auch die Lagerung und Aufbewahrung von Nahrungsmitteln immer wichtiger. Die Lebensmittel wurden in Leder, Pflanzenblättern oder Tierhäuten gelagert. Immer häufiger wurden sie jedoch in Tongefäßen in einer Grube aufbewahrt.

Den Verpackungen aus Ton folgten Glas, Holz, Papier, Karton und Pappe. Die Behältnisse und Hüllen wurden so oft wie möglich wiederverwendet. Die Materialen zu sammeln und herzustellen war ein aufwendiges und zeitintensives Verfahren, weshalb das Produkt an sich einen hohen Wert hatte und sehr kostbar war. Dies änderte sich mit der Konsumgesellschaft. Die industrielle Revolution ist die Basis unseren modernen Verpackungswesens. In der zweiten Hälfte des 19. Jahrhunderts erkannten die Produkthersteller das Potenzial der Verpackungen. Somit dienten diese fortan nicht mehr nur zum Schutz und Transport, sondern auch als Werbefläche. Die Verpackung wurde zum Informationsträger, Aufmerksamkeitserreger und diente als Orientierung. Es kamen erstmals Selbstbedienungssysteme in Supermärkten auf, und somit mussten auch die Verpackungen angepasst werden, um Produkte länger haltbar zu machen. 1944 wurde der berühmte Getränkekarton patentiert und auch Verpackungen aus Kunststoff wurden Mitte des 20. Jahrhunderts immer häufiger. Weil nun schon seit einiger Zeit bekannt ist, dass Verpackungsmüll ein großes Umweltproblem darstellt, arbeiten immer mehr Herstellerfirmen an Alternativen zu den allseits bekannten und verwendeten Plastikverpackungen. Einige andere Lösungswege konnten schon gefunden werden, aber bis etwas anderes als Kunststoff die Verpackungswelt dominiert, wird es wohl noch eine Weile dauern.

Wo entsteht
am meisten Müll?

Geh mit mir durch dein Leben. Deine Wohnung, deine Zimmer. Öffne mit mir deine Schränke, Kästen und Laden: Was alles darin ist verpackt? Und: Macht diese Verpackung auch Sinn? Woraus bestehen die Gegenstände und welche Inhaltsstoffe haben die Produkte, die du jeden Tag verwendest? Lass mich dir dabei helfen, Bewusstsein zu schaffen.

Back to the basics: Lebensmittel

Findest du eine Sache in deinem Kühlschrank, die ohne Verpackung ist? Lebensmittel verbrauchen wir jeden Tag, und zwar jede*r von uns. Demnach fällt in diesem Bereich automatisch der meiste Müll an. Als ich meinen Weg ins verpackungsfreie Leben wagte, war mir nicht bewusst, wie viel Müll ich produziere und wie aufwendig und unnötig fast alle Lebensmittel verpackt sind. Hast du schon einmal deinen Mülleimer nach einem Einkauf unter die Lupe genommen? Zwar war mir „Müll" vor meinem Projekt eigentlich recht egal, aber eines hat mich immer schon gestört, nämlich, dass ich nach einem Lebensmitteleinkauf immer einen vollen Mülleimer hatte. Die Nudeln und den Reis habe ich meist gleich in eine praktische Dose gefüllt, um Motten keine Chance zu geben, und auch die Paprika (die im Dreierpack nun mal günstiger sind) habe ich meist gleich ausgepackt – es sieht nun mal unverpackt schöner aus. Solltest du deine Lebensmittel nicht (so wie ich damals) gleich nach dem Einkauf zuhause auspacken, dann fällt dir bestimmt spätestens nach dem Kochen auf, wie viel mehr Müll in deinem Abfallbehälter zu finden ist. Warum ist das so? Weil nun mal wirklich alles verpackt ist. Öffne deinen Kühlschrank und du wirst sehen, dass außer etwas Obst und Gemüse alles in einer Einwegverpackung eingeschweißt ist. Ob das nun die Wurst, der Käse, das Joghurt oder der Tofu ist – in den Kühlregalen des Supermarktes findet man wenige Lebensmittel in einer nachhaltigen Verpackung. Aber auch in den anderen Abteilungen sieht es nicht besser aus – das bemerkst du spätestens, wenn du jetzt mal deine Vorratsschränke öffnest und all die Nudelpackungen, Dosenbohnen oder Senftuben vorfindest.

◀
Schnapp dir eine (metaphorische) Lupe und leg los: Plastik, wo bist du?

Oft sind Lebensmittel nicht nur einmal verpackt, sondern erhalten zu ihrer Primärverpackung noch eine Sekundärverpackung. Das sind zum Beispiel die Bonbons, die nochmals individuell verpackt sind, oder die Melonen, die, gebettet auf einer Styroportasse, noch mit Frischhaltefolie umwickelt wurden. Das ist auch das Müsli, das außen von einem Karton ummantelt und innen zusätzlich in einer Plastiktüte verpackt ist. Oder die Tiefkühlknödel, die ebenfalls in Papier und Plastik verpackt wurden.

Aber selbst im Supermarkt kann man Unverpacktes finden. Zwar wenig, aber immerhin: so wie zum Beispiel Obst, Gemüse, Gebäck, Fleisch und Käse (und siehe da: Dort findet man dann Plastikbeutel zum Befüllen sowie Plastikhandschuhe, mit denen man seine ausgewählten Lebensmittel einpacken kann). In meiner ersten Expeditionsphase hatte ich eine Idee: Man könnte ja theoretisch die eigene Verpackung mitbringen, dachte ich. Obst, Gemüse und Gebäck sind Selbstbedienungszonen. Somit war mein Vorhaben in dieser Abteilung ganz ohne Probleme umsetzbar. Mit einem eigenen Beutel bestückt kann man diese Lebensmittel selbst auswählen und verpacken.

Wie sieht es aber an der Fleisch-Bedientheke aus? Damals jedenfalls noch sehr anders als heute. Ich wollte auf jeden Fall probieren, ob man mir meine Bestellung in meine mitgebrachte Verpackung einfüllen würde. Also bin ich mit meiner eigenen Box und jeder Menge Mut (denn den brauchte ich am Anfang zuhauf) zur Fleischabteilung gegangen und habe um ein halbes Kilogramm Fleisch gebeten: „... aber bitte gleich in meine eigene Dose hinein!" Die Hoffnung war groß, dass meine Unsicherheit überhört wird und es so rüberkommt, als sei es das Normalste der Welt, das an der Theke bestellte Fleisch nun mal in seiner eigenen Box mit nach Hause zu nehmen. Mit großen Augen sah mich mein Gegenüber an, so, als hätte ich darum gebeten, die Kaiserin Sisi möge doch bitte von den Toten auferstehen und mich hier, heute und jetzt höchstpersönlich bedienen. Ich wollte meine Bitte, das Lebensmittel in meine eigene Box zu geben schon wiederholen, als mir mein Gegenüber ein bestimmtes „Das geht nicht!" zuwarf. Warum das nicht gehe, wollte ich wissen. „Das geht nun mal nicht", war die Antwort. „Und warum wollen Sie es denn überhaupt nicht in unserer Verpackung? Was stimmt denn mit der nicht?" Ich erklärte, dass ich versuche, weniger Müll zu produzieren. Versuchte, zu veranschaulichen, dass, wenn ich das Fleisch in meiner eigenen Box mitnähme, eine Folie und ein Plastikbeutel eingespart würden und es nicht in meinem Mülleimer landete. „Naja, Sie können es ja nach der Kasse in Ihre Box geben und den Beutel und die Folie hier wegwerfen."

Ich glaube, in dem Moment habe ich zum ersten Mal realisiert, welch weiten Weg wir noch vor uns haben. Denn bevor verpackungsfreier Einkauf möglich wird, muss zuerst ein Umdenken stattfinden. Bei den Verbraucher*innen, also bei dir und mir, und natürlich bei den Hersteller*innen und Verkäufer*innen.

Ich stornierte dann meine Bestellung bei der Theke und ging so ohne Fleisch wieder nach Hause. Zuhause recherchierte ich und fand heraus, dass damals im Supermarkt aus hygienischen und versicherungstechnischen Gründen nicht in eigene Gefäße gefüllt werden durfte. Die Angestellte hatte sich einfach sehr vorbildhaft an die Auflagen gehalten. Ich wollte mich damit jedoch noch nicht so ganz zufriedengeben. Somit machte ich mich weiter auf die Suche nach verpackungsreduzierten Einkaufsmöglichkeiten – und wurde nach und nach fündig.

Vor ein paar Jahren wurden dann zuerst in Bioläden und anschließend in derselben Supermarktkette, in der ich vor einigen Jahren versucht hatte, etwas an der Bedientheke in meine eigene Box zu bekommen, Schilder aufgestellt: Wir befüllen Ihre Frischebox. Ich habe Luftsprünge gemacht, viele kleine innerliche Luftsprünge.

◀
Warum ist eigentlich alles mehrfach eingepackt? Braucht es diesen Schutz überhaupt? Die Antwort: Nein, meistens nicht.

Ein weiteres Erlebnis, das ich nie vergessen werde, war bei einer Bäckerei, ungefähr zwei Jahre nach Beginn meines verpackungsfreien Lebens. Ich war schon so in meiner verpackungsfreien Blase, wusste, wo ich was mit meinen eigenen Beuteln und Gefäßen holen konnte und hatte auch schon mein Projekt „Ein Jahr im Glas" gestartet. Vor oder nach der Arbeit holte ich mir immer wieder mal gerne ein Brötchen beim Bäcker. Der Satz „Aber bitte gleich in meinen eigenen Beutel" kam schon wie von selbst über meine Lippen und kostete mich keinerlei Überwindung mehr. Bei den verschiedensten Bäckereien war es auch nie ein Problem, mit einem Lächeln und meistens noch mit einem „Das ist aber toll!" wurde mir die Bitte erfüllt. An diesem Tag kam es jedoch etwas anders. Ich bestellte wie immer das gewünschte Brötchen „Bitte gleich in meinen eigenen Beutel" und sah mich weiter nach anderen Leckereien um. Aber kaum war mein Brötchen aus der Theke gekommen, hörte ich es auch schon rascheln und ehe ich mich versah, war mein schönes, unverpacktes Brötchen mit einer Papierserviette in eine Folie gewickelt. Etwas überrascht sah ich zur Dame hinüber und dachte nur: „Oh, na so hatte ich mir das aber nicht vorgestellt." Aber die Show war noch nicht vorbei. Denn das liebevoll eingepackte Brötchen wurde zusätzlich noch in einen Papierbeutel gepackt, mit dem es dann schlussendlich in meinem Stoffbeutel ankam. „Das hätten Sie aber eh gleich in meinen eigenen Beutel geben können", sagte ich perplex. Die dienstbeflissene Antwort wurde mir mit einem nichtsahnenden, freundlichen Lächeln überbracht: „Ach, ich dachte, einmal mehr verpackt ist doch besser!"

Und wieder wurde mir bewusst, welch weiten Weg wir noch vor uns haben. Dass die Unvermeidbarkeit, ja sogar Notwendigkeit von Verpackungen noch so stark in den Köpfen der Menschen verankert ist. Und dass es noch lange nicht selbstverständlich ist, auf Verpackungen zu verzichten oder zumindest bedacht damit umzugehen.

Denn wir leben nun mal in einer Gesellschaft, in der einmal mehr verpackt anscheinend wirklich als das Bessere betrachtet wird. Einmal mehr verpackt bedeutet für die meisten Leute nämlich leider nicht mehr Müll, sondern eher mehr Sicherheit, mehr Qualität, mehr Bemühen. Einmal mehr verpackt bedeutet, dass ein Produkt robuster gegen die Einwirkungen von außen ist. Es ist länger haltbar, sicherer verschlossen, die Taschen, Beutel und Rucksäcke sind vor den möglichen „Gefahren" eines belegten Brötchens geschützt. Einmal mehr verpackt ist doch besser, weil es uns das Leben leichter macht. Oder?

Nein. Einmal mehr verpackt bedeutet für mich etwas ganz anderes, nämlich: einmal mehr Müll und einmal mehr Ressourcenverschwendung.

Ich halte der netten Verkäuferin nichts vor. Sie war bemüht, wollte mir den besten Service bieten und mich vor einem unschön zerknautschten Brötchen schützen – nur, dass ich diesen Schutz nicht nötig habe und mich ein unperfektes Brötchen nicht stört.

Ich finde es erschreckend, wie leichtfertig mit unseren Ressourcen umgegangen wird. Und dass ein einziges Brötchen drei Verpackungsschritte braucht, ist in meinen Augen vollkommen unnötig und verrückt.

▲
Alles im Eimer: Für jeden Raum und jede Oberfläche gibt es ein eigenes Produkt. Braucht es das alles überhaupt?

Damit die Luft rein ist: Putzmittel

Die Werbung – und somit vielleicht auch unser Putzschrank – ist voll von verschiedensten Putzmitteln. Glasreiniger, Entkalker, Scheuermilch, WC-Reiniger, Geschirrspülmittel, Schwämme, Bürsten und Handschuhe, Waschmittel und Weichspüler, Reinigungstücher, Klarspüler, Hygienereiniger (die 99,9 % der Bakterien beseitigen), Fettlöser und diverse Fleckenmittel. Ist dir auch schon ganz schwindlig von all den verschiedenen Produkten? Mir geht's genauso – und die Liste geht sogar noch weiter.

Für jeden Raum und jede Oberfläche scheint es ein anderes Mittel zu geben, das ausschließlich für diesen Anwendungsbereich einsetzbar ist. Und natürlich kaufen wir alle brav ein, denn wir wollen ja schließlich ein sauberes, hygienisches, vielleicht sogar steriles Zuhause haben, weil Bakterien angsteinflößend sind und immer alles glänzen und strahlen muss. Kalkflecken gehen ja mal gar nicht, was denkt unser Besuch dann über uns? Versteht mich nicht falsch, ich prangere hier niemanden an – außer vielleicht mein früheres Selbst. Vor ein paar Jahren noch wollte ich vieles von dem, was mir die Werbung an Produkten zeige, zumindest einmal ausprobieren. In meinem Putzschrank stapelten sich die unterschiedlichsten Flaschen und ich verwendete jedes Mittel genau für die vorgesehenen Flächen. Wir alle sind doch die chemischen Gerüche schon gewöhnt, wollen, dass unsere Wäsche nach „Sommerfrische" riecht und können uns gar nicht mehr vorstellen, wie man ohne Glasreiniger den Spiegel sauber bekommt.

Dabei ist nicht nur der anfallende Müll problematisch, sondern auch all die Chemikalien, welche in unsere Atemwege, unsere Haut und in das Grundwasser gelangen. Zwar müssen Warnhinweise auf den Putzmittelverpackungen aufgedruckt sein, leider hinterfragen oder informieren sich nur die wenigsten, was diese bedeuten und vor allem verursachen können. Ob es nun das rote Viereck mit dem Ausrufezeichen oder dem toten Fisch am Ufer ist – weißt du, worauf uns diese Piktogramme hinweisen wollen? Meist steht unter dem Bild mit Ausrufezeichen zusätzlich noch ein Signalwort wie „Achtung". Dieses „Achtung" bezieht sich darauf, dass dieses Produkt gesundheitsgefährdend ist. Der tote Fisch am Ufer weist auf Gefahren für die Umwelt hin und auch das Symbol für „ätzend" ist auf vielen Putzmittelverpackungen zu finden.

Hast du dir über diese Hinweise schon einmal Gedanken gemacht? Ich nicht. Ich habe eingekauft, was schon meine Mutter oder meine Schwestern gekauft haben. Guter Geruch, Wirksamkeit und der Preis standen bei der Wahl meiner Reinigungsprodukte immer im Vordergrund. Was mir nicht bewusst war: welchen Schaden ich mir und der Umwelt damit zufüge. Zwar dürfen Haushaltschemikalien nicht im Restmüll entsorgt werden (sie gehören zum Sondermüll), aber daran, dass die Inhaltsstoffe durch die Benutzung des Produktes in die Umwelt gelangen, scheint sich die Gesetzgebung nicht zu stören. (Ich empfehle dir: Schau dir mal an, wofür die Gefahrensymbole stehen und worauf sie überall zu finden sind.)

Lassen wir unseren Blick weiterschweifen: Was findest du noch in deinem Putzschrank? Neben den diversen Reinigern wirst du vielleicht noch verschiedenste Lappen, Schwämme und Tücher entdecken. Zwar erfüllen sie sicherlich gewissenhaft ihre Aufgabe, sie sind jedoch meist aus Kunststoff hergestellt – ebenso wie die schützenden Putzhandschuhe. Wenn ihre Nutzungsdauer vorbei ist, werden auch sie zu Müll.

Mein Schrank war früher ebenso voll wie der meiner Mutter oder meiner Schwester. Als ich nach dem Tod meiner Mutter als Teenager zu meiner ältesten Schwester zog, haben wir uns die Hausarbeit meist auf die eine oder andere Weise aufgeteilt und ich wurde immer mehr in den Putzplan involviert. Ich hatte für mich schnell die Vorliebe für das Putzen des Badezimmers entdeckt, was somit zu meiner wöchentlichen Aufgabe wurde. Putzen hat für mich etwas Beruhigendes, ich mache es grundsätzlich gern, lass meinen Gedanken freien Lauf oder höre meine Lieblingsmusik. Auf eine gewisse Art habe ich mich oft auf den Badezimmerputztag gefreut. Aber nicht nur die meditative Arbeit an sich, sondern vor allem der chemische Duft der Putzmittel ist mir stark in Erinnerung geblieben. Diesen Geruch verband ich seither mit Sauberkeit und Reinheit. Dass es auch anders riechen kann und trotzdem sauber ist, musste ich erst lernen.

Für Sauberkeitsgefühle: Hygiene

Wir alle kennen die unzähligen Werbeplakate, Werbespots und Anzeigen in diversen Zeitschriften. Ein strahlender Teint, weniger Falten, volles Haar. Alles Versprechen, die wir Tag für Tag unter unsere Nase gehalten bekommen. Und viele von uns schenken ihnen Gehör, glauben daran, dass dieses oder jenes „Zaubermittel" hält, was es verspricht. Und so beginnt unsere Routine: Zuerst mit dem Make-up-Reiniger das Gesicht mit einem Wattepad von der Schminke des Tages reinigen, anschließend mit dem Waschgel und dem Peeling die Haut sanft reinigen. Dann wird natürlich der Toner aufgetragen, gefolgt von einer Augencreme und einer Gesichtscreme. Den Hals und das Dekolleté gilt es ja nicht zu vergessen, aber dafür bitte die reichhaltigere Creme verwenden, weil die Haut da natürlich viel dünner ist und dadurch eher zu Falten neigt. Die Message: ewig jung bleiben mit Hyaluron und Anti-Aging-Rezeptur. Nicht nur Frauen, sondern auch Männer werden durch die Werbung, die wir im Fernsehen oder auf Reklametafeln in der Bahn oder in Zeitungen sehen, dazu verleitet, Dinge zu kaufen oder auszuprobieren, die sie eigentlich nicht wirklich brauchen. Ob es nun Rasierklingen oder Rasierschaum sind, die neueste Feuchtigkeitscreme oder das verführerische Duschgel, das anziehende Deo, mit dem Mann jede Frau um den Finger wickeln kann – die Liste scheint endlos. Zusätzlich zu der Vielzahl der Produkte gibt es selbstverständlich auch für jedes Geschlecht eigene Rezepturen, Düfte und Gadgets. Rasierklinge ist nicht gleich Rasierklinge und Rasierschaum nicht gleich Rasierschaum. Ich bin immer wieder überrascht, wie einfallsreich die Hersteller*innen sind und wie gewillt wir Menschen, das beworbene Produkt zu kaufen, weil wir an die Werbeslogans glauben und hoffen, endlich das Produkt für uns gefunden zu haben. Ob es nun Rasierklingen, Enthaarungsmittel, Bodylotions für die Dusche oder Haarkuren sind – die Badezimmerregale der meisten Menschen quellen über mit Produkten, die sie nicht wirklich brauchen – und die uns zusätzlich und ohne unser Wissen Schaden zufügen können.

Lesen wir mal auf der Rückseite weiter: Die Inhaltsstoffe in den meisten Produkten sind mehr als fragwürdig. Es ist nachgewiesen, dass einige davon auf lange Sicht unserer Gesundheit und der Umwelt schaden können. Darauf wird in der Werbung nicht hingewiesen, das steht nicht einmal irgendwo kleingedruckt, denn das würde natürlich die Kaufbereitschaft der Kund*innen eindämmen. Seit ich begonnen habe, mich damit auseinanderzusetzen, welche Inhaltsstoffe in diversen Cremes und Shampoos enthalten sind, bin ich schockiert und fassungslos, dass es erlaubt ist, solche Produkte ohne Warnhinweise zu verkaufen. Die Nebenwirkungen sind nämlich nicht gerade vernachlässigbar.

Kosmetikprodukte: Was steckt drin?

Die Liste solcher Inhaltsstoffe ist lang: In einigen Schönheitscremes oder Zahnpasta zum Beispiel ist Diethylenglycol (DEG) enthalten, das jedoch bei täglicher Verwendung zu Nierenschäden führen kann. Die meisten Lippenstifte beinhalten Borsäure oder Borate – und immer wieder findet man in ihnen noch Blei. Deos enthalten häufig Parabene, die mit erhöhtem Brustkrebsrisiko in Verbindung gebracht werden. Die Anzahl gesundheitsgefährdender Inhaltsstoffe ist groß. Und die Gefahren reichen von Reizungen der Haut und Augen über Entzündungen bis hin zu Krebs, Leber- und Nierenschäden. Abgesehen davon, dass all dies negative Folgen für unsere Gesundheit haben kann, schaden diese Inhaltsstoffe natürlich ebenso der Umwelt. Dass immer noch in vielen Produkten künstlich erzeugtes Mikroplastik verwendet wird (das als Abfallprodukt ein Riesenproblem für die Umwelt darstellt, siehe Seite 42), macht das Ganze noch schlimmer. Mikroplastik ist in Kosmetika und Körperpflegeprodukten wie z. B. Zahnpasta, Shampoo,

◀ Vollgestopftes Bad: Tuben, Tiegelchen und Co. stapeln sich übereinander. Es geht auch anders!

Duschgel und diversen Peelings zu finden. Sogar in Lippenstiften, Make-up und Sonnencremes konnte es nachgewiesen werden.

Mit den Auswirkungen auf Gesundheit und Umwelt endet die Liste aber noch nicht. „Wirkung" ist nämlich ein gutes Stichwort. Die meisten dieser Produkte halten nicht einmal ansatzweise das, was sie versprechen. Wusstest du, dass unterschiedliche Shampoos, Conditioner und Haarmasken das kaputte und spröde Haar nicht wirklich wieder aufpäppeln, sondern nur einen weichen Film um den Spliss legen, sodass wir ihn nicht mehr spüren können? Verrückt, oder? Gerade in Haar- und Körperpflegeprodukte wird so viel Geld investiert. Kein Wunder: Gängige Schönheitsideale und -konventionen halten uns dazu an, uns um eine seidenweiche Prachtmähne und geschmeidige Haut ohne Unreinheiten zu bemühen. Und hier setzt die Werbung an, die uns genau diese Versprechungen einflüstert: Nimm diese Creme und deine Falten werden auf wundersame Weise weggezaubert! Hol dir dieses Peeling und deine Pickel werden über Nacht verschwinden! Dabei sehen die Resultate meist ganz anders aus.

Ich selbst war seit meinen Teenagerjahren eine große Anhängerin von Körper- und Gesichtspflege. Ich erinnere mich noch gut daran, als meine ältere Schwester mir mein erstes Reinigungsgel und meinen ersten Toner gekauft hat. Sie sagte mir damals, dass ich das brauche, wenn ich jetzt in die Pubertät komme. Das war der Startschuss für eine langanhaltende Faszination für die Welt der Schönheitspflege. Ich erinnere mich an so viele aufregende Besuche in der Drogerie, bei denen ich an den verschiedenen Duschgels und Peelings gerochen habe. Ich erinnere mich, wie sehr ich mich immer darüber gefreut habe, wenn ich wieder ein Produkt aufgebraucht hatte, weil ich mir dann wieder etwas Neues aussuchen konnte. Als ich dann mein eigenes Geld verdient habe, waren die Parfümerien mein bester Freund. Meine Gesichtspflege wurde immer teurer.

Gleichzeitig ist noch etwas anderes passiert: Meine Haut wurde immer schlechter. Vorher hatte ich nie ernsthafte Hautprobleme, nur hier und da einen Pickel. Das änderte sich aber, als ich immer mehr und mehr Zeit und Geld in meine Gesichtspflege steckte. Ich konnte mir das nicht erklären – ich pflegte sie ja. Mittlerweile weiß ich, dass all die Chemikalien meine Haut überreizt haben und ich durch die harschen Produkte meiner Haut mehr geschadet habe, als ihr Gutes getan zu haben. Wie aber reagierte ich damals, anstatt meine Produktauswahl zu überdenken? Ich habe noch mehr Produkte angehäuft, um all die Nebenwirkungen mit noch einer Creme oder einem Abdeckstift aus der Welt zu schaffen und zu übermalen. Erst durch das Bewusstsein, das ich durch meinen großen Schritt hin zur Nachhaltigkeit erlangt habe, konnte ich feststellen, welche Produkte ich wirklich brauche. Nicht nur meine Haut, sondern auch mein Geldbeutel konnten aufatmen – von meiner Gesundheit ganz zu schweigen.

Ohne sie geht gar nichts: Menstruationsprodukte

Eine menstruierende Person verbraucht in ihrem Leben zwischen 10 000 und 17 000 Tampons und Binden. Das ist nicht nur jede Menge Geld, sondern auch jede Menge Müll. Leider lassen wir dadurch auch oft ungesunde Stoffe ganz nah an und in unseren Körper. Wusstest du, dass eine herkömmliche Binde so viel Plastik wie vier kleine Einkaufstaschen enthält? Tampons sind häufig ebenfalls mit einer Plastikschicht überzogen. Auch das Rückholbändchen besteht oftmals nicht aus Baumwolle, sondern aus Polyester. 90 % der zum Verkauf angebotenen Menstruationsprodukte bestehen somit zu einem Großteil aus Kunststoffen. Dabei handelt es sich um ein Zellstoff-Plastik-Gemisch, wobei der Kunststoffanteil um die 50 % ausmacht. Das klingt nicht nur alles unschön, sondern ist auch für unseren Körper schwer zu verarbeiten. Gerade mit solchen empfindlichen Körperregionen sollten meines Erachtens nur die hochwertigsten Produkte in Berührung kommen. Verwendet man stattdessen Plastik, gelangen seine Inhaltsstoffe über die Haut in unseren Körper. Durch die luftundurchlässige Schicht des Kunststoffs nehmen außerdem Infektionen und Irritationen zu.

Auch für die Umwelt ist die Vielzahl an Menstruationsprodukten problematisch. Allein in Österreich, Deutschland und der Schweiz fallen durch die Monatshygiene 75 000–125 000 Tonnen Müll in nur einem Jahr an. Problematisch ist dabei noch dazu, dass ein nicht unbeachtlicher Teil dieses Mülls – anstatt über den Abfalleimer entsorgt zu werden – in die Toilette hinuntergespült wird. Vor allem Jugendliche werfen ihre Binden und Tampons in die Toilette – weil es keine Mülleimer in der WC-Kabine gibt und es ihnen peinlich ist, ihre Menstruationsprodukte außerhalb der Toilette zu entsorgen. Auch in dieser Hinsicht herrscht also Aufklärungsbedarf, damit nicht – so wie in England – pro Tag rund 2,5 Millionen Tampons ins Klo geworfen werden. Dazu gesellen sich noch 700 000 Slipeinlagen und 1,4 Millionen Binden.

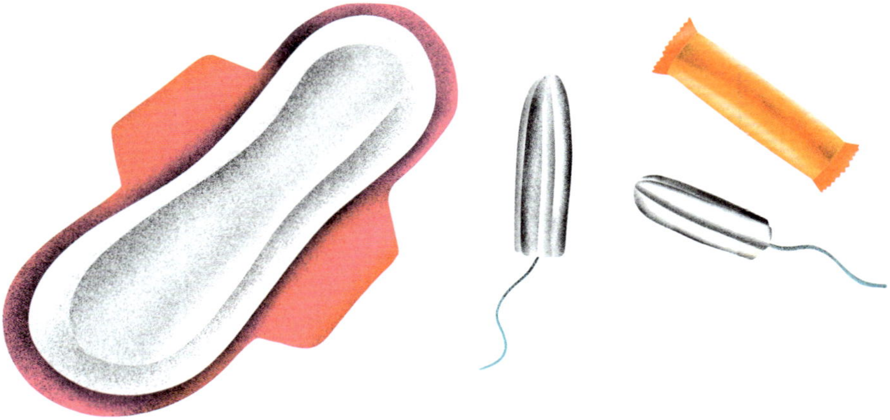

Zum Mitnehmen: „Convenience Food“ und Schnelles für unterwegs

Kennst du das auch? Du bist auf dem Weg zur Arbeit oder zu einem Termin, hast in der Früh keine Zeit mehr, dich in Ruhe hinzusetzen und einen Kaffee zu trinken – also holst du dir schnell einen aus dem Café oder der Bäckerei, bei der du sowieso jeden Tag dein belegtes Brötchen für die Brotzeit einkaufst. In der Mittagspause ist auch nicht viel Zeit, also gehst du zum Restaurant ums Eck, das auch Mittagsmenüs to go anbietet, die du in der Büroküche schnell hinunterschlingst. Auf dem Heimweg machst du dann noch einen Abstecher zum Supermarkt, denn der Kühlschrank ist leer und außerdem hast du noch so Lust auf etwas Süßes – eine kleine Belohnung für den anstrengenden, aber produktiven Arbeitstag.

Nein? Also ich erkenne mein Vergangenheits-Ich auf jeden Fall wieder, und auch heute kommt es bei mir manchmal vor, dass der Kühlschrank leer und der Hunger groß ist. In unserer Freizeit sind wir oft mal unter Stress, haben es eilig und eine gewisse Hektik schleicht sich ein. Mal kurz die Zeit vertrödelt und schon ist man spät dran. Außerdem ist es ja auch so unglaublich praktisch, dass man mittlerweile alles unterwegs zum Mitnehmen bekommt. Fertiggerichte und Essen „zum Mitnehmen“ haben auch einen Namen: „Convenience Food“, also quasi „bequemes Essen“. Man muss sich in kein Lokal mehr setzen, um seinen Kaffee zu trinken. Und die Supermärkte haben mittlerweile so lange offen, dass wirklich zu fast jeder Tageszeit eingekauft werden kann, selbst wenn der Arbeits- oder Unitag mal wieder lang war.

Für uns ist es normal geworden, wir sind es gewohnt, dass alles direkt in unsere Hand geliefert wird, dass wir nur mit unserer Geldbörse ausgestattet alles bekommen, was wir brauchen. Schnell beim Lieferservice bestellt und schon bekommen wir unser Lieblingsessen direkt vor die Haustür.

▲ Horrorvorstellung: Die in Scheiben geschnittene, vorportionierte, auf Styropor gebettete und eingeschweißte Wassermelone.

Mit ein paar Klicks durch die Online-Shops müssen wir nicht einmal mehr das Haus verlassen, um einzukaufen. Was bekommen wir gratis zu unseren Lieferungen, Bestellungen und Spontankäufen? Genau: jede Menge unnötige Verpackungen.

Die Zeit, lange vorauszuplanen, etwas Selbstgemachtes zum Essen mitzunehmen, möchten sich die wenigsten nehmen. Ob in der Freizeit, beim Wandern, auf dem Weg Richtung Urlaub oder in der Mittagspause: Viele greifen meistens auf vorportionierte, essfertige Lebensmittel zum Mitnehmen zurück, die in unzählige Plastik- und Papierhüllen eingewickelt sind (im schlimmsten Fall werden die Plastikschüsseln, Kartons und Becher vom letzten Besuch im Fast-Food-Restaurant vielleicht auch noch unterwegs aus dem Fenster des fahrenden Autos geworfen).

Ein Bild hat sich mir eingebrannt, das mir immer wieder mal in den Sinn kommt. Der Inhalt eines Einkaufskorbs, den eine adrett gekleidete Dame, wahrscheinlich aus einem der umliegenden Bürogebäude, vor einigen Jahren vor mir auf dem Förderband einer Supermarktkasse ausgebreitet hat: vorgeschnittenes Obst in einem Plastikbecher, Kaffee aus dem Kühlregal, ein fertiger Salat mit Dressing und dazu noch einmal eingeschweißtes Plastikbesteck inklusive Serviette. Alles fertig geschnitten, gewaschen und bereit, geöffnet und verzehrt zu werden. Ist ja auch megapraktisch. Die Mittagspausen sind meist kurz und für mehr hat man dann oft keine Zeit. Viele würden es vielleicht sogar als revolutionär ansehen: Man muss nicht mal mehr die Melone aufschneiden, es wird alles für einen erledigt. Future is calling! Oder? Mir ist bewusst, dass es für viele Leute sehr erleichternd ist. Es stellt sich nur die Frage: Ist es in dem Moment wirklich notwendig oder ist es allein die Bequemlichkeit, die mich dazu veranlasst, alles abgepackt und vorgeschnitten zu kaufen? Wenn das alle machen, summieren sich die Abfälle ins Unendliche.

Vor allem, wenn es bei uns schnell gehen muss, greifen wir einmal mehr zu Produkten, die schon fix und fertig für den Verzehr vorbereitet sind. Ob es nun das schon erwähnte vorgeschnittene Obst ist, der Coffee to go, das Fertiggericht für die Mikrowelle oder die Bestellung bei unserem Lieblingsrestaurant – all das kommt mit unglaublich viel Verpackung, die wiederum denkbar kurzlebig ist. Denn kaum haben wir das Gekaufte auf unserem Tisch, wird es auch schon ausgepackt und verzehrt. Was wir dabei zusätzlich nicht bedenken: Bereits vorgeschnittenes Obst und Gemüse ist weit weniger lange haltbar als eine ganze Frucht. Und wenn es schneller verdirbt und nicht gekauft wird, landet es schneller im Müllcontainer des Supermarkts und befeuert damit auch die Lebensmittelverschwendung (Seite 124).

Ich bin mir sicher, dass jede*r von uns auch in diesem Bereich Möglichkeiten zur Verbesserung findet. Und seien sie noch so klein.

▶
Aufgedeckt: volle Container und Müllhaufen – lass uns endlich Schluss damit machen!

ARDEX

Pack die Stifte ein: Büro und Schule

Ob Schule, Uni oder Arbeitsplatz, auch hier kommen wir immer wieder in Berührung mit Büroartikeln, von denen viele aus Kunststoff bestehen und irgendwann selbst Müll werden. Der Kugelschreiber ist aus Plastik. Der Radiergummi auch. Ich selbst bin hauptberuflich Volksschullehrerin und so kam ich nicht umhin, auch diesen Bereich meines Lebens in meine Transformation in ein Leben ohne Plastik miteinzubeziehen. Zwar dauerte es eine Weile, bis ich zu all diesen gewohnten Produkten eine Alternative gefunden hatte, aber als ich erst mal meinen Horizont erweitert hatte, fiel mir dieser Bereich, wie die anderen auch, gar nicht allzu schwer. In diesem Fall sind es wirklich oft nur kleine Umstellungen, die mich kaum störten – wenn schon, dann bereichern sie mich. Bestimmt ist die Suche nach Alternativen in meinem beruflichen Umfeld etwas breitgefächerter als bei einem Bürojob, einem Uni- oder Schulleben, wo man eben Stifte, Marker, Schere oder Klebeband braucht und sich keine (oder wenige Gedanken) über Laminierfolien oder Heftumschläge machen muss. Vielleicht profitierst du ja trotzdem von den möglichen Alternativen für den Schul- oder Büroalltag.

Wir sind in vielen Fällen schon gewohnt, dass all die Büroartikel aus Plastik bestehen und es ist für uns normal, dass sie häufig auch ersetzt werden müssen, etwa weil der Filzstift oder Marker früher oder später austrocknet. Auch Radiergummis, die immer häufiger aus Kunststoff bestehen sowie Spitzer, Mappen und Schnellhefter, der Griff der Schere, Pinnnadeln und Büroklammern bestehen zum Großteil aus Plastik oder sind mit einer Kunststoffschicht überzogen.

Vor allem Kugelschreiber sind häufig in Gebrauch, aber auch schnell leer. Ich will gar nicht wissen, wie viele Kugelschreiber ich in meinem Leben leer geschrieben habe – es waren sicher eine ganze Menge. Hinzu kommen noch Fasermaler, Glitzerstifte und Füllfederpatronen. Ich habe lange hin und her überlegt, wie ich meine Schreibutensilien ersetzen kann. Gerade als Lehrerin brauche ich auch immer wieder bunte Stifte, um zu korrigieren oder etwas vorzuschreiben. Auch die Laminierfolien, Hefteinbände und Sticker konnte ich früher oder später ersetzen. Je nachdem, welche Arbeit man ausübt, fällt mehr oder weniger Müll an. In einem Klassenzimmer ist es sicherlich mehr als in einem Büro. Als Student*in produziert man vielleicht weniger als eine Lehrperson. Dennoch fällt auch im Büro und im Klassenzimmer sehr viel Müll an, der mit leichten und kleinen Schritten vermieden werden kann.

◀ Auch Büroartikel stecken voller Plastik.

Von klein auf nur das Beste: Kindererziehung

Die Vorbereitung auf unser erstes Kind gehört für mich zu den außergewöhnlichsten und schönsten Zeiten meines Lebens. Ich erinnere mich noch zu gut, von wie viel Aufregung und Vorfreude diese Monate geprägt waren. Angefangen vom positiven Schwangerschaftstest bis hin zum ersten Ultraschall, den Ansätzen eines Babybauches und den ersten Bewegungen dieses kleinen Wesens, die man in sich spürt. All das ist für mich nur in einem Wort zusammenzufassen: magisch. Ich bin unglaublich dankbar, dass ich die Möglichkeit hatte, Leben in mir wachsen zu spüren und mich auf einen kleinen Menschen vorzubereiten, auf den man all die Monate schon so gespannt ist. Wie wird dieser Mensch wohl aussehen, riechen, sich bewegen? Wie wird wohl die Geburt werden, aber vor allem die ersten Minuten, Stunden und Tage mit diesem kleinen Wesen, mit dem man sich so unglaublich verbunden fühlt, das man aber trotzdem erst kennenlernen muss?

Ich spule in meiner Lebensgeschichte noch einmal kurz zurück: Ich bin das Nesthäkchen in einem „Drei-Mäderl-Haus" mit zwei Schwestern, die jeweils 16 und elf Jahre älter sind als ich. Ich hatte zwar keine gleichaltrigen Geschwister zum Spielen, dafür wurde ich schon mit sieben Jahren zum ersten Mal Tante und habe so sehr bewusst sehr viel mitbekommen. Nach dem unerwarteten Tod meiner Mutter zog ich mit zwölf Jahren zu meiner ältesten Schwester, die zu dieser Zeit gerade ein zweijähriges Mädchen hatte und ein weiteres Baby erwartete. Hautnah miterlebt habe ich nicht nur die Schwangerschaft, sondern auch die Vorbereitungen für diesen neuen Erdenbürger. Ich durfte die Bewegungen durch den Bauch spüren und anschließend an den ersten Tagen, Wochen, Monaten und Jahren besonders intensiv teilhaben. Aus dieser Zeit habe ich für mein eigenes Mutterwerden und Muttersein viel mitgenommen und war seither mit Babys sehr vertraut. Als Babysitterin, Tante und Au-Pair habe ich mich immer sehr kompetent gefühlt. Da mich meine Schwester von Anfang an sehr stark eingebunden hatte, konnte ich schon als Teenagerin hervorragend Windeln wechseln, Brei zubereiten und meinen Neffen in den Schlaf wiegen. Für mich wurde es selbstverständlich, mich um so kleine Menschen zu kümmern und viele Handgriffe tätigte ich automatisch.

Immer wieder stellte ich mir vor, wie es wohl mal sein würde, selbst Mutter zu sein. Als es nach vielen Jahren und dem Gefühl „jetzt bin ich bereit" endlich so weit war, habe ich zum Glück schon jahrelang mit geringer Müllproduktion gelebt. Warum „zum Glück"? Weil ich trotz des großen Vorbilds meiner Schwestern – die beide sehr bescheiden mit ihrer Ausstattung gehaushaltet und nur das Nötigste gekauft hatten – durch die Sozialen Medien bestimmt auch Gefahr gelaufen wäre, viel zu viel und viel zu unwichtige Dinge für unser Baby anzuhäufen. Durch das „neue" Bewusstsein, das dieser

Lebensstil in mir eingepflanzt hatte, konnte ich mich dem Nestbautrieb viel reflektierter stellen und somit einigen wunderschönen, jedoch unnötigen Versuchungen widerstehen. Als Schwangere war ich sehr darauf bedacht, mich gut auf die große Umstellung, welche die Geburt eines Menschen und die Erweiterung einer Familie mit sich bringt, vorzubereiten. Ich sprach mit anderen Mamas, las Blogs, Websites und Bücher und sah mir Videos im Internet an. Immer wieder stieß ich dabei auf „Babylisten". Auf diesen Listen wird aufgezählt, was man alles für sein Neugeborenes zu Hause haben sollte. Ich war immer wieder überrascht, wie lang und kompliziert diese Listen waren. Ob das nun Windeleimer, Gitterbettchen, Flaschensterilisator, Breizubereiter oder diverse Seifen, Lotionen und Öle sind. Zur umfassenden Garderobe kommt dann noch der Feuchttucherwärmer, die Wickeltasche, der Wickeltisch. Die Liste geht weiter und weiter – ich erspare euch den Rest. Ich war mir damals sicher, dass ich mich auch ohne Kantenschutz, Nachtlicht und Mobile um mein Kind kümmern kann. In meinen Augen war das alles vor allem eines: Konsumzwang.

Als ich einmal mit einer Inhaberin eines Kids-Concept-Stores gesprochen habe, wurde mir das auch bestätigt. „Man muss die Mama in der Nestbautriebphase erwischen und ihr dann alles verkaufen, ob sie es nun braucht oder nicht ... werdende Mütter geben das meiste Geld aus und davon profitiere ich dann natürlich." Diese Aussage hat mich damals so sehr ins Grübeln gebracht, dass ich begann, noch bewusster zu konsumieren. Es stimmt ja: Stelle sich einer eine werdende Mutter vor, umgeben von unfassbar niedlichen Babybodys und Deckchen, Mobiles und süß-quietschigen Beißringen. Ich sag's euch: Im Nestbau-Modus kann man davon gar nicht genug bekommen. Je mehr man sich aber damit befasst, desto mehr stellt man fest, dass es all das in diesem Ausmaß, in dem es einem eingeredet oder vorgeschlagen wird, gar nicht benötigt. Mir wurde immer wieder gesagt: Man kann gar nicht genug Bodys oder Spucktücher haben. Ich habe aber gelernt: doch, man kann.

Jede Mutter und jeder Vater kann, darf und soll selbst entscheiden, welche Produkte sie oder er unbedingt benötigt. Ich will hier auf keinen Fall Eltern vorschreiben, was sie zu kaufen oder was sie nicht zu kaufen haben. Die Bedürfnisse der Eltern sind ebenso individuell wie die des Neugeborenen. Ich will lediglich dein Bewusstsein anregen und dir zu bedenken geben: Was brauche ich wirklich?

Wenn ich eines als Mutter gelernt habe, dann ist es das: Es kommt oft anders als man denkt. Manchmal hat man einen genauen Plan von bestimmten Dingen, ob es sich nun um das Wickeln handelt, die Schlafsituation oder den Beikostfahrplan – und immer wieder werden diese Pläne über Bord geworfen. Warum? Vielleicht, weil du als Elternteil merkst, dass deinem Baby etwas anderes guttut als das, was du dir vorgestellt hast. Oder weil du selbst merkst, dass es auch andere Möglichkeiten gibt, die für dich und dein Baby besser passen. Wie man als Elternteil sein wird, kann man nicht genau vorausahnen und genauso wenig kann man ins Detail planen, was man wann und wie für dieses Baby braucht. Denn dein Baby wird dich genau wissen lassen, ob es mit dem, was du dir vorgestellt hast, einverstanden ist. Es ist interessant und schön, durch die Bindung mit deinem Kind diese einzigartige Form der Verbundenheit und Kommunikation zu spüren und zu erlernen. Es wird vielleicht ein wenig Übung brauchen, aber du wirst bald erkennen, wie dein Kind dir sagt, was es braucht.

Ein paar Dinge sind in unserer Gesellschaft so stark vertreten, dass auch ich anfangs davon geblendet war und mir eingebildet habe, dieses oder jenes zu brauchen. Erst durch Ausprobieren habe ich festgestellt, dass ich gar keinen Kinderwagen brauche. Und dass ich mir die Schnuller hätte sparen können. Man wächst eben mit der Erfahrung.

▲ Jetzt wird ausgepackt: nämlich die Windel, ein ungeahnter Umweltsünder.

Der meiste Müll fällt gleich zu Beginn des Lebens an: beim Wickeln. Eines der wohl beliebtesten Geschenke auf einer Babyparty ist die berühmte Windeltorte. Mittlerweile muss man diese nicht mehr selbst machen, sogar Drogeriemärkte verkaufen sie schon fix und fertig, denn bei einem sind sich alle einig: Windeln kann man immer gebrauchen. Ich selbst war schon auf einigen Babypartys zu Gast und jedes Mal wurde um Windeln als Geschenk gebeten. Im Durchschnitt werden die Kinder in der westlichen Welt zwischen drei und fünf Jahren trocken. Wenn wir nun die drei Jahre als Berechnung nehmen (denn viele Kinder werden mit Kindergarteneintritt trocken), dann braucht so ein Wickelkind ungefähr 5 000 Windeln. Diese 5 000 Windeln kosten um die 1 000 Euro und ergeben nach ihrem Gebrauch 1,23 Tonnen Müll. Diese 1,23 Tonnen Windeln brauchen dann zusätzlich 50 bis 800 Jahre, um von der Umwelt zersetzt zu werden. Bedenke dabei immer: das alles stammt nur von einem einzigen Kind.

Abgesehen davon, dass Wegwerfwindeln für die Umwelt eine Zumutung sind und diese in hohem Maße verschmutzt, sind auch die Inhaltsstoffe herkömmlicher Windeln nicht gerade mustergültig. Stell dir vor: Die meisten Babywindeln enthalten tatsächlich Erdöl. Bei der Umwelt drücken viele Menschen noch ein Auge zu, da dies oft zu wenig greifbar ist. Man kann sich gar nicht vorstellen, was so eine Windel mit unserer Umwelt anrichten kann – oder befasst sich erst gar nicht damit. Und wenn man Bescheid weiß oder eine Ahnung hat, ist es uns zu abstrakt: Was sind schon 1,23 Tonnen? Und wie lange dauern 800 Jahre? Das sind so große Zahlen und Zeitspannen, dass unser Gehirn nicht in der Lage ist, sie zu erfassen. Aber wenn es um die eigenen Kinder geht, sieht vieles gleich anders aus. Und Erdöl (und zusätzlich noch diverse andere Chemikalien, die sich in der Wegwerfwindel befinden) würden wir niemals bewusst an unser Baby ranlassen.

Die unsichtbare Gefahr:

Chemikalien in Kinderspielzeug

Man mag es kaum glauben, aber es ist wahr: Plastikspielzeug steht laut der Europäischen Kommission ganz oben auf der Liste gefährlicher Gebrauchsgegenstände. Denn: Sie enthalten chemische Inhaltsstoffe, die ungeahnte Risiken für die Jüngsten in unserer Gesellschaft bergen. Für Kinder ist Spielzeug unentbehrlich. Wenn sie sich damit beschäftigen, berühren sie es intensiv – nicht nur mit ihren Händen, sondern sie nehmen es auch oft in den Mund oder schlafen mit dem Lieblingsspielzeug oder Kuscheltier in einem Bett.

Das Problem ist, dass Kinder oft nicht nur ein besorgniserregendes und gesundheitsschädigendes Spielzeug nutzen – nein: die meisten dieser Spielsachen sind betroffen. Besondere Vorsicht ist geboten bei solchen, die außerhalb der EU produziert wurden. In anderen Ländern und Gebieten gibt es geringere oder eventuell gar keine Vorschriften oder Sicherheitskontrollen. Aber selbst wenn das Spielzeug im Inland produziert wurde, sollte man gut abwägen, was und wie viel davon man seinem Kind zum Spielen gibt. Die EU hat zwar recht hohe Sicherheitsstandards, das bedeutet aber nicht, dass die verwendete Kunststoffzusammensetzung unbedenklich ist. Es sagt lediglich aus, dass manche Inhaltsstoffe verboten oder nur in geringeren Dosen zugelassen sind. Was das unterm Strich bedeutet? Plastikspielzeug sollte so weit wie möglich vermieden werden, vor allem in der Kleinkindphase. Die Gefahren von Plastik für die menschliche Gesundheit kennst du ja inzwischen schon (schau auf Seite 49) – und genau diesen Gefahren sind Kinder ungeschützt durch ihr Lieblingsspielzeug ausgesetzt. Kinder befinden sich noch in der Entwicklung und vor allem in dieser heiklen Phase kann die Gesundheit durch die unterschiedlichsten Chemikalien beträchtlich und nachhaltig gefährdet sein.

Hilfreich bei der Abwägung, welches Spielzeug du deinem Kind zum Spielen geben kannst, sind die Stiftung Warentest und der Öko-Test. Anders als diverse Siegel oder Prüfzeichen weisen diese Testungen auf bedenkliche Inhaltsstoffe hin. Siegel hingegen haben häufig eine geringere Aussagekraft, was die Unbedenklichkeit der Inhaltsstoffe betrifft. Das Siegel „spiel gut" weist zum Beispiel nur darauf hin, dass das Spielzeug frei von PVC ist. Das ist ein Anfang, aber für die volle Transparenz muss man noch ein bisschen tiefer graben. Beobachte deshalb unbedingt, womit deine Kinder spielen und finde, falls nötig und möglich, Alternativen.

Ich selbst habe zwei Kinder und mir wird immer wieder mulmig bei dem Gedanken, welche Inhaltsstoffe in Kinderspielzeug zu finden sind und welche Auswirkungen diese auf die Gesundheit der Kinder haben können. Dazu zählt das bunte Plastikspielzeug ebenso wie das Lieblingskuscheltier. Letzteres besteht häufig aus Polyester – also Kunststoff. Und dieser hat, wie wir wissen, nicht nur eine signifikante Auswirkung auf die Umwelt (Seite 40), sondern auch auf die eigene Gesundheit (Seite 49). Diese zwei Aspekte sollten wir immer im Hinterkopf haben – vor allem, wenn es um Babys und Kinder geht. Davon abgesehen ist Plastikspielzeug bei weitem nicht so haltbar und widerstandsfähig wie etwa Holzspielzeug. Es geht also auch schneller kaputt (und wird damit schneller zu Müll).

Der Entschluss steht fest: Du willst dem Müll ins Auge blicken

Juckt es dich nun auch in den Fingern? Möchtest du nun auch am liebsten sofort damit loslegen, all die unnötigen Verpackungen und Gegenstände in deinem Zuhause aufzuspüren, sie auszumisten und durch nachhaltige Alternativen zu ersetzen?

Mir ging es auf jeden Fall so. Der Entschluss, nicht nur sich selbst, sondern auch der Umwelt etwas Gutes zu tun, ist ein Befreiungsschlag, der augenblicklich einen ungeheuerlichen Motivationsschub auslöst. Als ich damals beschlossen habe, meinen Vorsatz in die Tat umzusetzen, hätte ich am liebsten sofort in all meinen Lebensbereichen angepackt und die Umstellung gestartet. Die Versuchung war groß, all die Shampoo-Flaschen, die ich noch zu Hause hatte, einfach an Freunde und Verwandte zu verschenken. Ich konnte es gar nicht erwarten, ein plastikfreies Zuhause zu haben, in dem die Lebensmittel schön in Gläser gefüllt sind und sich in der Dusche nicht länger Tuben an Tuben aneinanderreihen, sondern nur noch mein Edelstahlrasierer und eine Seife befinden.

Natürlich wäre keinesfalls nachhaltig gewesen, alles zu verschenken oder gar wegzuwerfen und hätte auch weit den Sinn verfehlt, keinen Müll mehr zu produzieren. Ich habe mir also vorgenommen, erst dann Lebensmittel und Produkte zu ersetzen, sobald diese aufgebraucht waren. Geduldig habe ich gewartet, bis die letzten Klingen meines Rasierers stumpf geworden sind und ich den letzten Tropfen Conditioner aus meiner Tube gedrückt hatte. Geduld ist eine Tugend und obwohl ich es kaum erwarten konnte, endlich die Brotdose aus Plastik durch eine aus Edelstahl zu ersetzen, bin ich doch sehr froh, dass ich es damals langsam angegangen bin – und das nicht nur aus Gründen der Nachhaltigkeit.

Denn wenn man alle Bereiche des Lebens so schnell und drastisch ändern möchte, ist man vor allem eines: schnell überfordert. Und infolgedessen womöglich auch entmutigt. Warum? Weil man es in einem Monat einfach nicht geschafft hat, ein plastikfreies Zuhause zu schaffen – auch nicht in zwei Monaten oder drei. Es ist ein Ziel, das langsam, mit großer Ausdauer und Bedachtsamkeit erreicht werden kann. Das wohlüberlegt und gut abgewogen angepeilt werden soll, um Schritt für Schritt herauszufinden, welche Produkte man wie und wodurch ersetzen kann – oder welche man vielleicht gar nicht mehr braucht. Am effektivsten funktioniert das, indem man sich gezielt auf kleine Bereiche des Lebens konzentriert. So setzt man nicht nur seine Energie sinnvoll ein, sondern investiert auch sein Geld gut durchdacht. Ich möchte dir in diesem Kapitel nun eine Anleitung liefern, wie du es in drei Schritten schaffst, einen Überblick über deine Müllproduktion zu erhalten und sinnvolle und langfristige Änderungen zu vollziehen.

Ganz ohne Müll leben?
Schluss mit Perfektionismus

> *Ich will hier auf keinen Fall etwas bewerben, das ich selbst nicht lebe, nicht leben kann und auch nicht leben möchte: Perfektionismus.*

Es geht niemals darum, perfekt zu sein. Gar keinen Müll mehr zu produzieren. Nichts mehr in einer Verpackung zu kaufen. Alles selbst herzustellen oder nur nachhaltig und fair produzierte Produkte zu konsumieren. Das ist erstens nicht möglich und zweitens nicht notwendig. Es geht nicht um alles oder nichts – genauso wenig, wie sich jemand enormen Druck machen soll, ultimative Ziele zu erreichen. Es geht um ein step by step, um ein eigenes Ermessen. Du kannst die hier genannten Anleitungen so nutzen, wie es für dich am besten passt. Und basta!

Manchmal schaffen wir gewisse Dinge trotz guter Planung und den besten Intentionen nicht oder nur halb – und das ist vollkommen in Ordnung. Das Gleichgewicht ist ausschlaggebend. Stehst du deinem Müllkonsum kritisch gegenüber? Versuchst du, je nach Tagesverfassung, deinen persönlichen Möglichkeiten und Ressourcen entsprechend (ob dies nun zeitliche, finanzielle, oder psychische sind) dein Bestes und hast ein nachhaltiges Mindset verinnerlicht? Dann bist du auf dem richtigen Weg. Wir müssen nicht immer gleich einen Berg besteigen, manchmal ist ein kleiner Ausflug auf einen Hügel oder ein langer Spaziergang auch ausreichend. Es geht nicht um Perfektionismus, sondern darum, nicht aufzugeben, den Mut und die Motivation nicht zu verlieren, freudig und hoffnungsvoll weiterzumarschieren. Denn so können wir – alle gemeinsam, du und ich – etwas bewirken. In unserem Leben, und im Leben anderer Menschen. Für uns und für unseren Planeten.

Die Kostenfrage:

Müll reduzieren – ein Luxusproblem?

Eine Frage, mit der ich häufig konfrontiert werde, ist die nach der Leistbarkeit eines müllreduzierten Lebens. Ich habe schon öfter von Menschen gehört, sie hätten nicht genügend Zeit, um sich damit auseinanderzusetzen, und möchten auch nicht so viele finanzielle Ressourcen dafür aufwenden. Was klar ist: Ein Einkauf im Bioladen oder im Unverpacktladen fällt um einiges teurer aus als im Discounter. Sie sind zwar praktisch, weil man dort schnell alles bekommt, aber andererseits auch keine Voraussetzung dafür, verpackungsfrei leben zu können (Tipps für den Lebensmitteleinkauf findest du z.B. auf Seite 132). Wenn du das Ziel hast, wirst du auch die Wege dafür finden. Außerdem: Langfristig gesehen kannst du mit einer Umstellung auf ein müllreduziertes Leben sogar Zeit und Geld sparen. Wie das geht?

PLANUNG IST ALLES:

Mit ein bisschen Übung wirst du bald Meister*in im Vorausplanen. Mit der selbst gefüllten Lunchbox brauchst du dich weder in den überfüllten Supermarkt zwängen noch zusätzliches Geld für Essen (und Verpackungen) ausgeben (Rezepte findest du ab Seite 163). Ein Koch- und Essensplan sorgen dafür, dass du nicht mehr so oft einkaufen musst – und nicht zuletzt auch dafür, dass auch wirklich alles aufgebraucht wird (Seite 125).

EINFACH IMMER WIEDERVERWENDEN:

Einwegverpackungen und Wegwerfgegenstände müssen immer wieder neu gekauft werden. Wenn du gewisse Produkte schlichtweg nicht mehr kaufst, weil du Mehrweg-Alternativen gefunden hast oder sie selbst herstellst, sparst du einiges an Geld. Alternativen zu Plastik sind robust und können sehr lange verwendet werden. Welche Utensilien ich immer dabei habe, erzähle ich dir auf Seite 141.

REDUKTION AUFS WESENTLICHE:

Wer weniger braucht, gibt auch weniger aus. Das heißt nicht, dass du dich und deine Familie kasteien musst. Du machst es einfach genau so, wie es für dich am besten passt. Tipps zur Reduktion findest du ab Seite 92.

Zurück an den Start: Wo anfangen?

Starten wir mal ganz vorn. Noch bevor du einen Schritt setzt (buchstäblich!), geht es darum, dir eine einfache Frage zu stellen – die gleichzeitig die allesentscheidende ist. Denn das Wichtigste, um dem Verpackungswahn zu entkommen, sind diese drei Fragewörter:

WAS kaufe ich **WO** & **WIE** ein?

Schauen wir uns die einzelnen Fragewörter etwas näher an:

Deine Einkaufsliste: Was kaufe ich ein?

Das WAS ist individuell und verändert sich je nach deinen Bedürfnissen. Die können je nach Speiseplan, Vorlieben oder Vorgaben (etwa durch Allergien oder Unverträglichkeiten) variieren. In jedem Fall solltest du aber immer, bevor du dich auf den Weg in den Laden machst, eine Einkaufsliste anfertigen. Die strukturiert nicht nur dein Einkaufsverhalten und macht deinen Einkaufstrip effizienter, sondern unterbindet auch Impulskäufe, die häufig mit mehr Verpackungen einhergehen.

Mit einer Einkaufsliste wäge ich noch zuhause ab, was ich brauche oder kaufen möchte. Weil ich daheim eine neutrale Umgebung vorfinde, stehe ich nicht unter dem Einfluss von möglicher Werbung. Ich entscheide bewusster, welche Lebensmittel oder Körperpflegeprodukte ich brauche und kaufe so im besten Fall nur jene Dinge, die in meinem Haushalt wirklich benötigt werden (ohne eben, wie gesagt, Spontankäufen zu unterliegen). Auch Online-Shopping wird durch den bewussten Konsum eingedämmt. Abgesehen davon spare ich selbstverständlich auch Geld.

Der Standort: Wo kaufe ich ein?

Das WO variiert möglicherweise je nachdem, was auf deiner Einkaufsliste zu finden ist. Geh nur in die Läden, in denen du die Produkte kaufen kannst, die auf deiner Liste stehen. Ob es nun der Supermarkt, das Kleidungs- oder Elektrogeschäft oder der Markt, ein Unverpacktladen oder der Secondhand-Laden ist – wenn du nur deinen Einkaufsweg danach auslegst, wo du wirklich hinmusst, sparst du wieder reichlich Zeit und Geld. Zwar habe ich im Anhang eine lange Liste an Unverpacktläden für dich zusammengestellt (Seite 194), aber das heißt nicht, dass du dich auf diese beschränken musst. Viele Produkte bekommst du vielleicht beim Krämer um die Ecke oder kannst du mit Freund*innen tauschen oder dir ausleihen. Experimentierfreudigkeit ist auch bei diesem Schritt von großem Vorteil und hilft dir sicherlich, die richtigen Einkaufsmöglichkeiten in deiner Nähe ausfindig zu machen.

Dein Vorgehen: Wie kaufe ich ein?

Das WIE kann einfach sein – muss es aber nicht. Beim WIE kommt es vor allem auf deine Flexibilität an, aber auch auf deinen Lebensstil und inwieweit du bereit dazu bist, dich auf ein Leben ohne Verpackungen einzulassen. Bevor du aber deine Einkaufsliste schreibst, denke daran, dass du nicht alles, was du bisher gekauft hast und woran du gewöhnt bist, auch ohne Verpackung bekommen wirst. Sei also flexibel mit deiner Liste. Vielleicht schreibst du beim ersten Mal nur das Wichtigste auf, zum Beispiel die Grundnahrungsmittel. Du kannst auch alle deine Wunschartikel aufschreiben, aber mit dem Gedanken einkaufen gehen, dass du möglicherweise nicht alles unverpackt finden wirst. Sei offen für Neues. Denn das ist das A und O beim Umkrempeln des eigenen Lebens.

Mach's, wie's dir gefällt: Dein ganz persönlicher Fahrplan

Mein letzter Tipp, wie du Verpackungen eliminieren kannst, hat hier nichts mit dem WO, WIE oder WAS zu tun. Manche Dinge sollte man nämlich am besten schlicht und einfach gar nicht kaufen. Verpackungen zu reduzieren ist der perfekte Moment dafür, den eigenen Konsum unter die Lupe zu nehmen. Vielleicht kann und will ich ja auf einiges verzichten oder vielleicht will ich es zumindest reduzieren.

Wenn du aber das Gefühl hast, dass du etwas wirklich brauchst, sollst du dir auch keinen Zwang antun. Vielleicht findest du das Produkt ja auch unverpackt – oder vielleicht kannst du es ja sogar selbst herstellen. Durch meine Umstellung wurde mir erst bewusst, wie viele Lebensmittel und Produkte ich schon fertig zubereitet kaufe. Einerseits, weil es viel bequemer ist. Andererseits, weil mir gar nicht bewusst war, dass ich manche Dinge auch ganz leicht selbst erzeugen kann. Müsli, Puder und Waschmittel habe ich früher immer verpackt gekauft – mittlerweile stelle ich diese Artikel seit Jahren selbst her.

Packen wir's gemeinsam an!

Aller Anfang ist zwar meistens schwer, aber mit einem durchdachten Konzept kann die Umsetzung viel leichter gelingen, als zu Beginn gedacht. Ich weiß, dass sich das Projekt der Müllvermeidung am Anfang wie ein riesiger Berg anfühlt, dessen Gipfel unendlich weit entfernt scheint und dessen Erklimmen einem schier unmöglich vorkommt. Aber mit den richtigen Bergschuhen, genug Nahrung und Flüssigkeit und der einen oder anderen Sauerstoffflasche kannst du sogar dieses Gipfelkreuz erreichen.

Die längste Wanderschaft startet mit dem ersten Schritt. Diesen ersten Schritt setzt du schon, indem du den Entschluss fasst, etwas zu verändern, deinen Beitrag zu leisten und dein Bestes zu geben. Jeder weitere Schritt wird dich deinem Ziel immer näher und näher bringen – und am Ende können wir gemeinsam die Aussicht ins Tal genießen. Für den Rest der Reise übergebe ich dir nun Karte und Kompass. Viel Spaß!

▶ Mach dir deine verpackungsfreie Welt, wie sie dir gefällt!

Schritt 1:
Müll-Selbsterkenntnis ist das erste Mittel zur Vermeidung – Lagecheck

Es ist so weit: Schritt 1 deiner Transformation zu einem müllfreien bzw. müllreduzierten Leben ist angesagt! Das heißt: Blicke dir und deinem Konsumverhalten ganz tief in die Augen. Na, freust du dich schon darauf, zu entrümpeln? Ich empfehle dir, dich nun Raum für Raum, Schwerpunkt für Schwerpunkt vorzuarbeiten. Starte mit einer Gedankenreise durch deine Wohnung und überlege, ob du das, was du besitzt, brauchst oder reduzieren möchtest. Oder schnapp dir gleich eine Liste, öffne deine Kästen und Schränke, taste dich so voran. Verschaff dir einen Überblick, stöbere in deinen tiefen Wassern (und Schubladen) und stell einen Plan auf. Hauptsache, du legst los!

◀
Organisiere dich, schreib dir alles auf – damit behältst du den Überblick über dein Konsumverhalten oder kannst dir Listen und Vorsätze aufschreiben.

1. Überlegen: Gehe in dich

Nimm deinen Besitz unter die Lupe und überlege, was du wirklich konsumierst und verbrauchst. Betrachte deine Habseligkeiten kritisch und gehe durch deine Laden, Schränke und Kisten. Eine Frage erweist sich dafür als ganz entscheidend. Und dafür musst du nicht mal deine Beine von der Couch schwingen, sondern kannst es dir ganz einfach durch den Kopf gehen lassen. Es ist eine Gedankenübung, eine kleine Frage, die du dir merken und die du dir immer, wenn du an eine Wegscheide gelangst, stellen kannst. Frage dich:

BRAUCHE ich das **WIRKLICH**?

Du wirst immer wieder auf diese Frage zurückkommen, aber vor allem bei diesem ersten Schritt ist sie von großer Bedeutung. Zwar ist das Ausmisten unvermeidlich und wirkt vielleicht wie eine überwältigende Aufgabe, aber allein diese simple Frage wird dir bereits Leichtigkeit und einen guten Blick auf deinen Konsum verschaffen.

Befasse dich mit deinem Besitz. Gehe nun Zimmer für Zimmer, Lebensbereich für Lebensbereich durch – am besten, wie gesagt, nicht alle an einem Tag, sondern nach und nach, Schritt für Schritt. Starte mit dem Lebensbereich, der dir am wichtigsten erscheint oder den du dir am einfachsten vorstellen kannst: Möchtest du Lebensmittelverpackungen reduzieren? Oder dein Badezimmer auf den Kopf stellen? Hast du deine Entscheidung getroffen, gehst du am besten so vor: Nimm die Dinge, die du besitzt, in die Hand. Wie lange hast du diesen Gebrauchsgegenstand schon nicht mehr verwendet? Wie lange die Hose nicht mehr getragen? Überlege, was du wirklich verwendest und brauchst.

Was du nicht (mehr) konsumierst oder auf andere Art verwendest, legst du zur Seite. Alles, was du weiterhin benutzen möchtest, bleibt an seinem angestammten Platz (es sei denn, du möchtest gerne gleich noch deine Schubladen reorganisieren). Nachdem du dann deine Bestandsaufnahme beendet hast, wird sich vielleicht ein kleiner Berg vor dir aufgetürmt haben. Befasse dich dann nochmal genauer mit den einzelnen Objekten: Möchte ich das noch aufbrauchen? Fällt mir jemand ein, an den ich es sinnvollerweise verschenken kann (also der*die etwas damit anfangen kann)? Wirf nur das weg, was verdorben ist oder wirklich nicht mehr repariert werden kann.

Diese erste Phase kann sich über Tage oder Wochen hinziehen, je nachdem, wie groß dein Besitz ist und wie kritisch du davor dein Eigentum schon unter die Lupe genommen hast. Lass dir Zeit, es ist ja kein Marathon. Wohlüberlegt kannst du den Wert deiner Habseligkeiten abwägen, ohne übereilte Entschlüsse zu treffen und möglicherweise zu viel oder zu wenig auszumisten. Wenn du dir bei einigen Produkten und Gegenständen nicht sicher bist, dann beobachte dein Verhalten ein paar Wochen lang. Wie oft verwendest du dieses oder jenes? Entscheide dich aufgrund dessen, ob du es behalten möchtest oder ob es ein anderes Zuhause finden kann. Dein Bauchgefühl wird dir helfen!

Behalte jene Gegenstände und Produkte, die du brauchst und die dir Freude bereiten. Es geht nicht darum, so wenig wie möglich zu besitzen, sondern das, was man besitzt, wertzuschätzen. Und auch wirklich gebrauchen zu können. Deine Bücher machen dich glücklich? Du liebst deine Schminksammlung? Dann behalte sie. Du wirst schnell merken, was dir Freude bereitet oder was du nur von einer Ecke zur nächsten schiebst. Das Gleiche gilt für Lebensmittel, Körperpflegeprodukte und deine Putzmittelsammlung. Brauche auf, sortiere aus und steige auf nachhaltige Alternativen um – aber erst mal alles der Reihe nach, dazu kommen wir noch (ab Seite 114). In jedem Fall kann ich dir versprechen: Dein Leben wird so viel leichter werden! Und deine Müllproduktion so viel geringer.

Warum wir uns auf das Wesentliche konzentrieren sollen?

Weil es glücklich macht

Wenig zu haben und wenig zu brauchen kann dich von ganz viel Ballast befreien. Wer nach solchen Prinzipien lebt, wendet sich dem sogenannten „Minimalismus“ zu. Gemeinsam mit dem Spruch „Weniger ist mehr“ ist dir dieses Konzept sicher schon des Öfteren begegnet. Inzwischen ist es zu einem Modewort verkommen, das seinen ursprünglichen Gehalt gegen ein paar Hochglanzfotos ausgetauscht hat. Wir wollen uns auf keine aufgeladenen Begriffe stützen, sondern uns – ja genau: auf das Wesentliche fokussieren. Es geht darum, dass man seine Zeit, seine Energie und seine Ressourcen (und natürlich jene der Erde) besonnen und nachhaltig investiert.

Eine solche Einstellung und Müllvermeidung gehen für mich Hand in Hand. Ganz ungezwungen und wie von selbst schlich sich mit jedem Produkt, das ich hinterfragt habe, und jedem Gegenstand, den ich neu kaufen wollte, etwas von diesem „Weniger ist mehr“ in mein Leben. Denn wenn man etwas, das man verwendet, nicht unverpackt oder in einer nachhaltigen Verpackungsalternative findet, stellt man sich unweigerlich die Frage: „Brauche ich das wirklich?“

Denke immer daran: Es geht nicht um das Haben, sondern um das Sein.

▶

Gegen Perfektionszwang – für eine entspannte Herangehensweise. Du wirst sehen: Es tut gut, loszulassen.

2. Schau genau: Beobachte deine Müllproduktion

Wenn du die Gegenstände aus deinem Besitz, die du nicht brauchst, eliminiert hast, beobachte deine Müllproduktion. Stell dir folgende Fragen: Was landet in meinem Mülleimer? Welche Verpackungen oder Gegenstände häufen sich? Dabei geht es also darum, deine „Problemzonen" zu eruieren: Wo fällt bei dir am meisten Müll an? Welcher Bereich hat am meisten Potenzial oder kann am meisten bewirken? Und dann notiere diese Dinge über eine Woche auf einer Liste, um den Überblick nicht zu verlieren. Frage dich dann ganz gezielt: Gibt es dafür eine alternative Verpackung oder kann ich es auch ohne Verpackung beziehen? Und falls nicht: Vielleicht kommst du auch gut ohne gewisse Artikel aus. Stell dir wieder die Frage: Brauche ich das wirklich?

3. Zur Tat schreiten:
Wage die Umstellung

Theorie: abgehakt. Jetzt geht's an die Praxis. Das ist wohl der spannendste Schritt auf deinem Pfad weg vom Verpackungswahn. Wenn ein Produkt aufgebraucht ist, versuche, es in einer nachhaltigen Verpackung zu bekommen. Dies ist ein guter Moment, um verschiedene Produkte auszuprobieren und herauszufinden, was dir zusagt, was du magst oder was dir schmeckt. Und ganz nebenbei passiert das: Du hast die ersten Schritte für ein Leben ohne Müll gewagt. Mit den Listen und den Alternativen zu deinen „Problemzonen" kannst du nun ganz neu einkaufen gehen. Achte dabei besonders auf Produkte, in denen sich Plastik versteckt.

Für ein langes Leben:

Mehrwegsysteme nutzen

Bevor du eine Runde durch deine Wohnung drehst und eine Bestandsaufnahme machst – stellen wir uns doch vorab die Frage: Wie kannst du Abfall vermeiden, abgesehen davon, dass du insgesamt weniger kaufst? Wir haben uns im Kapitel „Von guten und schlechten Hüllen: Woraus bestehen Verpackungen?" (Seite 18) schon ein bisschen damit beschäftigt: Mehrwegsysteme. Dabei geht es nicht nur um die wiederverwendbare Box, sondern auch darum, kaputte Gegenstände zu reparieren, nicht mehr verwendeten Dingen neues Leben einzuhauchen oder sie in etwas Neues zu verwandeln – und so der Obsoleszenz (Seite 156) entgegenzuwirken.

WEIL GEMEINSAM ALLES BESSER KLAPPT

Du hast nicht die nötigen Werkzeuge daheim, um deinen alten Drahtesel zu reparieren oder weißt nicht, wie das funktioniert? Oder suchst du nach Abnehmer*innen für deine nicht mehr gebrauchte Kleidung? Dann frag doch mal deine Nachbar*innen und deinen Bekanntenkreis. Oder erkundige dich nach Vereinen oder Communities, die dir bei deinem Vorhaben behilflich sein können.

REPARIEREN UND HANDWERKEN:

Es gibt zahlreiche Werkstätten oder Veranstaltungen, in denen Materialien, Werkzeuge oder sonstige Infrastruktur zur Verfügung gestellt werden, damit sie kollaborativ genutzt werden können. Oft finden solche kostenlos, von Ehrenamtlichen organisiert, statt. Oder du kannst Geräte gegen einen kleinen Aufpreis oder Mitgliedsbeitrag nutzen. Du kannst dein kaputtes Rad zum Repaircafé mitnehmen oder die Nähmaschine im Nähcafé benutzen. In Fablabs (auch Makerspaces genannt) findest du Maschinen wie Fräsen oder 3D-Drucker, die du verwenden kannst. Du kannst dich auch mit anderen austauschen, Tipps einholen oder einfach so in ein nettes Gespräch kommen.

KOLLEKTIVER KONSUM:

Diese Idee der gemeinschaftlichen Nutzung lässt sich auch ins Private übertragen. Dieser Gedanke rüttelt ganz stark an der in uns tief verankerten Vorstellung von „Besitz" oder „Eigentum". Wenn man darüber nachdenkt, muss es nämlich nicht sein, dass jede*r alle Gegenstände oder -gerätschaften für das alltägliche Leben selbst besitzt. Wie wär's denn zum Beispiel damit, einfach mal den Rasenmäher an eine*n Bekannte*n zu verleihen? Oder, statt selbst ein Auto zu kaufen, an einem Car-Sharing-System teilzunehmen? Dieser Ansatz kann auch als eigentumsersetzendes Modell bezeichnet werden – also eines, bei dem Gegenstände auf bestimmte Zeit zugänglich gemacht werden.

WEITERVERSCHENKEN, TAUSCHEN, VERKAUFEN:

Du kannst auf unzähligen Tauschbörsen oder Flohmärkten deine nicht mehr gebrauchten Gegenstände verkaufen, verschenken oder gegen etwas anderes tauschen. Ob du solche Angebote online nutzt oder bei der nächsten Kleidertauschbörse in deiner Gemeinde nach neuen Schmuckstücken stöberst, bleibt ganz dir überlassen. (Mehr zum Thema Kleidung findest du übrigens ab Seite 151.)

Generell können und sollten wir uns die Denkweise aneignen, dass wir unbenützte oder nicht mehr gebrauchte Gegenstände weitergeben, statt sie zum Müllcontainer zu bringen. Was dabei natürlich auch immer möglich ist: selber aktiv werden. Setze ein Zeichen gegen übermäßigen Konsum – und schmeiß vielleicht selbst gleich eine Party zum Reparieren, Tauschen oder Verschenken.

Eins nach dem anderen: Wie kannst du wo Müll reduzieren?

◀ Nicht nur unverpackt, sondern auch gleich viel schöner anzusehen. Und Motten haben keine Chance mehr!

Müllfrei essen und trinken: Lebensmittel

Noch lange bevor ich mich mit Abfallvermeidung auseinandergesetzt habe, war mir eines immer ein Dorn im Auge: der volle Müllsack nach jedem Einkauf. Denn kaum sind diverse Produkte aus meiner Einkaufstasche auf meinem Küchentisch, werden diese schon aufgeräumt und umgefüllt. Deshalb finde ich persönlich es auch am sinnvollsten, in der Küche zu starten, denn da kommt in kurzer Zeit der meiste Müll zusammen.

Es kann gerade zu Beginn vielleicht etwas überwältigend sein, man braucht aber manchmal genau diesen „Augenöffner", um zu sehen, wie viele Lebensmittel wir in (unnötigen) Verpackungen kaufen. Wenn du die Kästen, Laden und Regale deiner Küche genau unter die Lupe nimmst, wirst du viele Produkte finden, die entweder ganz ohne Verpackung auskommen würden oder die du vielleicht gar nicht unbedingt brauchst oder gar konsumieren möchtest. Der schöne Nebeneffekt, wenn man sich die Verpackungen seiner Lebensmittel ansieht, ist ja, dass man gleichzeitig die Produkte, die man seinem Körper zuführt, genauer analysiert. Vielleicht kommst du ja drauf, so wie ich damals, dass du gewisse Produkte gar nicht brauchst oder sowieso schon lange versuchst, sie nicht mehr zu dir zu nehmen. Dann ist jetzt der richtige Zeitpunkt, nicht nur deine Müllproduktion, sondern auch dein Essverhalten genau zu studieren und gegebenenfalls zu ändern. Denn wenn man all die Verpackungen erst mal eliminiert, eliminiert man gleichzeitig auch viele Produkte, die für unseren Körper ohnehin nicht gesund sind. Abgesehen davon, dass manche Produkte nicht gesund sind, ist natürlich auch die Verpackung, in der sie kommen, für uns nicht gesund. Denn viele der Chemikalien, die in einer Plastikverpackung stecken, gehen auf unsere Lebensmittel über, und diese essen wir dann ganz unwissend mit dem Stück Schokolade oder der Scheibe Käse mit. Je höher der Fettgehalt eines Lebensmittels ist, also zum Beispiel im Falle von Käse oder anderen Milchprodukten, desto leichter lösen sich die Inhaltsstoffe der (Plastik-)Verpackung und setzen sich an unserem Essen fest. Es ist also doppelt gesundheits- und umweltschädigend.

Produkte, die auf jeden Fall ohne Verpackung auskommen, weil sie schon mit einer natürlichen Schutzschicht ausgestattet sind, sind auf jeden Fall Obst und Gemüse. Diese Lebensmittel brauchen in keinem Fall ein zusätzliches Netz oder eine Tasse inklusive Plastikfolie – verzichte einfach darauf und du wirst sehen, wie viel Müll du allein damit schon einsparen kannst.

Milch, Joghurt, Käse, Nudeln, Reis, Nüsse und Co. könnten auf jeden Fall in Pfandflaschen oder einem wiederverwendbaren Behälter transportiert und aufbewahrt werden. Der Käse könnte in deiner eigenen Dose mit nach Hause kommen, Nudeln, Reis und Nüsse – im eigenen Stoffbeutel transportiert – werden zuhause angekommen in dafür vorgesehene Gläser gefüllt. Ich persönlich bin schon lange ein Fan davon, meine Trockenware zuhause in luftdichte Behälter umzufüllen, selbst als ich noch alles in Plastik verpackt gekauft habe. Frisch bleibt alles gleichermaßen, wenn nicht sogar etwas frischer, da, wenn die Plastikverpackung einmal offen ist, Feuchtigkeit leicht zu den Lebensmitteln gelangen kann und die Verpackung nicht mehr gut verschließbar ist. Aber vor allem wegen Lebensmittelmotten habe ich zuhause immer schon diverse Lebensmittel umgefüllt, um diesen kleinen Biestern die Stirn zu bieten und ihnen gar nicht erst die Möglichkeit zu geben, sich auszubreiten. Und wieder hat man zwei Fliegen (oder Motten) mit einer Klappe geschlagen.

Jetzt ist der ideale Zeitpunkt, deine Einkaufsliste zu überprüfen und das eine oder andere vielleicht doch wegzustreichen.

Rundumpflege ohne Verpackung: Hygiene

Durch die Umstellung auf ein Leben ohne Müll habe ich auch in Bezug auf die Körperpflege gelernt, dass weniger oft mehr ist – in dem Sinne, dass es meinem Körper guttut, weil ich ihm viel weniger Chemikalien zuführe.

▲
Auf Reisen reicht oft das Notwendigste. Aber vielleicht brauchst du auch zuhause nicht viel mehr?

Die Haut ist unser größtes Organ. Sie stellt eine Barriere zwischen unserem Innersten und der Außenwelt auf und bietet uns eigentlich auch ziemlich guten Schutz davor. Gleichzeitig ist sie auch so beschaffen, dass sie Stoffe, mit denen wir direkt in Kontakt kommen, aufnehmen kann –und so gelangen durch sie die verschiedensten Stoffe in unseren Körper. Wir können uns zum Glück entscheiden, welche Produkte wir auf unsere Haut und somit in unseren Körper lassen.

Die Devise muss also lauten: Zurück zur Natur. Vor allem im Badezimmer häuft sich eine Vielzahl an Fläschchen, Döschen und Tübchen – dabei brauchen wir weit weniger, als wir denken! Oft haben wir unnötigerweise mehrere Flaschen von ein und demselben Produkt. Wovon kannst du dich in Zukunft verabschieden? Hier geht es vor allem darum, dass du dir bewusst wirst, welche Produkte du verwendest, welche dir wirklich nutzen und welche du nur hast, weil du mit dem Produktversprechen geködert wurdest. Uns wird versprochen, dass wir mit der Anwendung dieser oder jener Creme unserem Wunschkörper und Schönheitsideal näherkommen, dabei kommt es weniger auf die Produkte an, die man äußerlich anwendet, sondern viel mehr auf das, was du deinem Körper innerlich zuführst – sei es nun die Ernährung oder das Selbstbewusstsein. Du sollst dich in deinem Körper – wie auch immer er aussehen mag – wohlfühlen. All die Werbungen und Produkte zielen auf unsere Unsicherheiten und unser (verzerrtes) Selbstbild ab. Wenn wir uns so gut fühlen, wie wir sind, brauchen wir sicherlich nur die Hälfte der Produkte, welche wir in der Werbung sehen und die vielleicht in unserem Badezimmerschrank stehen. Das bedeutet natürlich nicht, dass du dich nicht mehr pflegen sollst – ganz im Gegenteil. Wähle Produkte, deren Inhaltsstoffe und Verpackungen weder dir noch der Umwelt schaden – ich bin mir sicher, du wirst den Unterschied merken.

Viele Produkte wollen oder können wir nicht eliminieren, aber wir können auf ihre Verpackung achten. Shampoo und Conditioner sowie Seife brauchen nur eine Verpackung, weil sie schon mit Wasser vermengt zum Kauf angeboten werden. Wenn man die Flüssigkeit entzieht und man diese Produkte in fester Form kauft, brauchen sie fast keine oder nur eine sehr minimalistische Verpackung.

In meinem Badezimmer habe ich sehr viele Produkte vorgefunden, auf die ich verzichten kann. Ich habe festgestellt, dass ich – abgesehen von diversen Probepackungen und kleinen Tuben – verschiedene Hautpflegeprodukte nicht unbedingt brauche, so, wie ich auch keine fünf separaten Lippenstifte in einem ähnlichen Rotton brauche. So wie mir, werden bestimmt auch dir einige Produkte in deinem Badezimmer ins Auge springen, die du gar nicht oder nur selten verwendest und die du eigentlich gar nicht brauchst. Mach aber ruhig eine Liste von den Artikeln, auf die du auf keinen Fall verzichten willst – ich bin mir sicher, du wirst eine zufriedenstellende Alternative für die meisten davon finden können.

Durch die Änderung deiner Pflegeroutine wird sich gewiss auch deine Haut ändern. Beobachte sie für ein paar Wochen, bevor du für all die Pflegeroutine-Schritte, die deine Hautpflege beinhaltet, nun eine nachhaltige und verpackungsarme Alternative suchst. Schau erst mal, was deine Haut wirklich braucht und investiere dein Geld und deine Zeit dann nur in das Notwendige. Es gibt Marken, die ihre Produkte in wiederverwendbaren oder recycelbaren (Glas-)Verpackungen anbieten, und du musst bestimmt auf nichts verzichten, was du für deine Pflege als notwendig erachtest.

Immer mit dabei: Schminktasche

Die Umstellung auf ein Leben weg vom Verpackungswahn ist eine Reise, auf der man viel Neues kennenlernt und ausprobieren kann. Seit Jahren mache ich zum Beispiel mein Puder, meinen Bronzer und mein Rouge selbst (die Rezepte dafür findest du auf Seite 181). Und wenn es mal meine Kinder in die Finger bekommen und unabsichtlich (oder, seien wir ehrlich, eher absichtlich) etwas im Mund landet, ist es halb so schlimm, denn alle Zutaten, die ich auf meinen Körper lasse, dürfen auch in meinen Körper – und ein paar davon schmecken auch noch so lecker, dass ich es meinen Kindern fast nicht verübeln könnte, würden sie ein bisschen davon naschen.

An meine Haut?

Darf nur Natürliches

Nutze die unterschiedlichen Düfte und (Heil-)Wirkungen, die uns die Natur bietet. Naturkosmetik basiert nicht nur auf der Pflanzenkunde, sondern fußt ebenfalls auf dem Gedanken der Einfachheit und Ursprünglichkeit. Probier's aus! Deine Haut, die mit den vielen Industriechemikalien heillos überfordert ist, wird es dir danken.

Du willst gleich losstarten? Hier ein schnelles Rezept für eine selbstgemachte Creme:

Naturkosmetik zum Selbermachen: luftig-duftige Creme

Du brauchst:

- 50 ml Pflanzenöl
- 8 g Bienenwachs
- 8 g Emulgator (z. B. Wollwachs)
- 25–30 ml Wasser oder Pflanzenwasser (z. B. Orangenblüte für sensible Haut; oder Pfefferminze für Erfrischung)
- optional: 15 Tropfen ätherisches Öl
- Töpfe und Pfannen, Schneebesen oder Stabmixer, Spatel, 3 kleine Salbentiegel (30 ml)

So geht's:

Im ersten Schritt bereitest du die Fettphase und die Wasserphase separat in zwei Wasserbädern vor. Erhitze das Öl mit dem Wachs und dem Emulgator, sowie das Wasser getrennt auf ca. 50 °C. Anschließend tröpfelst du das Wasser langsam in die Ölmischung und rührst währenddessen ständig mit dem Schneebesen oder du mischst es mit dem Stabmixer unter. Wenn eine Emulsion entstanden ist, gib nach Belieben das ätherische Öl dazu und rühre dabei weiter. Fülle die Creme anschließend zügig in die Tiegel, lasse sie abkühlen und verschließe sie.

Welches Öl?

Erkundige dich, welches Öl zu deinem Hauttyp passt und achte auch auf die Herkunft. Einige Möglichkeiten:

Sonnenblumenöl: für alle Hauttypen; zieht schnell ein; milde Pflege

Olivenöl: für trockene Haut; zieht langsam ein; schützend und pflegend

Distelöl: für normale bis fettige Haut; zieht schnell ein, wirkt mattierend

Hanfsamenöl: für empfindliche oder reife Haut; am besten mit anderen Ölen mischen

Einfach sauber: Reinigungsmittel

Öffnest du Haushalts- bzw. Putzschrank, bietet sich vielleicht ein ähnliches Bild wie in deinem Badezimmer: Flaschen über Flaschen, Tuben über Tuben. Gerade hier kann die Umstellung ganz einfach klappen – denn es gibt sehr viele Produkte, die du ganz unkompliziert durch unverpackte Produkte oder sogar Lebensmittel ersetzen kannst.

Ich darf dir ein Geheimnis verraten: Die meisten Produkte in deinem Putzschrank brauchst du nicht. Oder besser gesagt: Du kommst gut, wenn nicht sogar besser ohne sie aus. Vieles besitzen wir nur aus Gewohnheit und weil wir durch ausgeklügelte Marketingstrategien zum Kauf verleitet werden. Neben den verpackungsarmen Alternativen, mit denen du deine gewohnten Produkte ohne Umstände tauschen kannst (Seite 136), gibt es noch eine andere Variante. Du kannst noch einen Schritt weitergehen und dich von den vielen alten Methoden und bewährten Hausmitteln inspirieren lassen, mit denen du deine Wohnung sauber und gepflegt halten kannst.

Dass es auch so geht und ich mit viel weniger und viel umwelt- und gesundheitsfreundlicheren Mitteln putzen kann, habe ich erst lernen müssen. Für mich war das eine sehr große Umstellung. Aber wenn man erst mal den Schritt gewagt hat, dann kann man es sich gar nicht mehr vorstellen, einmal anders geputzt zu haben. Man wundert sich einmal mehr, warum es denn für jede Fläche ein eigens dafür vorgesehenes Reinigungsmittel gibt und bekommt Kopfschmerzen von dem beißenden Geruch der meisten Putzmittel. Denn es ist ja nicht nur so, dass wir all diese verschiedenen Putzmittel liebend gerne verwenden, sondern wir verwenden meistens auch noch viel zu viel davon. Wo ein erbsengroßer Klecks reichen würde, machen wir einen walnussgroßen, wo einmal Sprühen reichen würde, sprühen wir viermal, wo ein halber Becher Waschmittel ausreichend wäre, verwenden wir einen ganzen – denn je mehr, desto besser, oder? Je mehr, desto sauberer, reiner und hygienischer? Nein, eben nicht. Wir brauchen weder „einmal mehr verpackt" (Seite 67), noch „einmal mehr gesprüht". Es reicht bei weitem aus, mit den simpelsten Hausmitteln zu putzen. Unser heimischer Hygienestandard wird trotzdem (oder gerade deswegen) hervorragend sein. Denn man bekommt die schlimmsten Verschmutzungen wie Urinstein, Kalkflecken und Co. auch mit Zitronensäure und Backpulver in den Griff – ganz ohne Schadstoffe, ganz umweltfreundlich und auch noch ganz ohne Verpackung.

▲
Putzen mit einfachen und umweltfreundlichen Hausmitteln? Ja, das geht!

Unterwegs ohne Ballast: Freizeit und Reisen

Die Lebensbereiche Freizeit und Reisen sind richtige Müllproduktionsstätten. Ist man unterwegs und nicht dementsprechend ausgestattet, kann sehr schnell eine Menge Abfall anfallen. Ob es nun der Coffee-to-go-Becher oder das eingepackte Brötchen ist – all das ist in den meisten Fällen vermeidbar, wenn man nur etwas vorausplant und, bevor man sein Haus (oder sein Land) verlässt, einige Vorkehrungen trifft. Wenn die Vorbereitung stimmt, schaffst du es überall, zuhause wie im Urlaub, gewissen Verpackungen aus dem Weg zu gehen. Genauso wie du deinen Schlüssel, dein Handy oder deine Geldbörse automatisch in deine Tasche packst, so solltest du im gleichen Gedankengang auch an deine wiederbefüllbare Wasserflasche oder deinen Einkaufsbeutel denken. Mache es dir zur Gewohnheit und du wirst schnell sehen, wie selten es vorkommen wird, dass du durstig in den Supermarkt läufst oder du eine Tragetasche für deinen Einkauf kaufen musst. Überlege am Morgen: „Was habe ich heute vor?" Holst du dein Pausenbrot beim Bäcker? Dein Mittagessen beim Sushistand? Dann nimm passende Gefäße mit und frage höflich, ob du das Essen gleich in deine Dose bekommen kannst. Hast du vor, nach deiner Arbeit noch auf den Wochenmarkt zu gehen, der auf dem Weg zur Busstation liegt? Dann nimm genügend kleine Obst- und Gemüsebeutel mit, um auf die dort angebotenen Plastikbeutel zu verzichten.

Ich weiß, wir leben in einer hektischen Welt, in der oft spontan Entscheidungen getroffen werden und sich Pläne in einem Wimpernschlag ändern können. Dennoch kannst du mit ein wenig Vorausschau notwendige Vorkehrungen treffen, um deinen Müll auch in diesen Situationen erfolgreich zu vermeiden.

Auf Reisen ist es im Grunde nicht anders. Informiere dich zuvor, ob es in der Gegend oder Stadt, in der du dich aufhältst, einen Unverpacktladen oder Märkte gibt. Ist das Leitungswasser dort trinkbar? Dann kannst du ohne Probleme deine Flasche mitbringen und sie dort auffüllen. Natürlich sind die Möglichkeiten von Reiseziel zu Reiseziel unterschiedlich. Aber du kannst auch hier deine Recherche ganz einfach in die anderen Vorbereitungen integrieren: Such doch einfach, während du dabei bist, deine Sightseeing-Liste zu erstellen oder deine Wanderrouten zu planen, auch gleich die Möglichkeiten für einen verpackungsfreien Einkauf heraus. Es dauert nur ein paar Minuten länger und du bist noch besser vorbereitet. In solchen Situationen erwartet übrigens niemand jegliche Art von Perfektionismus. Du wirst sehen: Wenn wir bei den kleinen Dingen achtsam sind, dann hat das große Auswirkungen auf das Gesamte.

Mit einem Klick bestellen – oder nicht? Online-Shopping

Es geht bequem vom Bett aus, man hat eine unbeschränkte Auswahl und es wird alles bis vor die Haustür geliefert – es lebe das Online-Shopping. Für viele ist es inzwischen zur Gewohnheit geworden, zum Einkaufen gar nicht mehr das Haus zu verlassen, sondern sich mittels Tablet durch virtuelle Kleider- oder Supermarktregale zu swipen. Es stimmt schon: Manche Dinge bekommt man im Laden auch nicht, also macht es Sinn, dass es dafür im Internet Spezialhändler gibt.

Aber mal ganz ehrlich: Wie oft kaufen wir etwas, weil es gemütlicher ist, es vom Sofa aus zu tun, obwohl wir das gleiche Produkt im Geschäft kaufen könnten? Wie oft kaufen wir spontan etwas, weil uns ein Rabattcode vorgeschlagen wurde?

Gerade im Umgang mit Online-Angeboten und Werbeanzeigen sind wir sehr empfänglich für die unterschiedlichsten Einflüsse. Cookies speichern unser Suchverhalten – und siehe da: die

Waschmaschine, die ich gestern in die Suchmaschine eingetippt hatte, erscheint mir auf der Website meiner Online-Zeitung als Anzeige. Es ist kein Geheimnis, dass unser Online-Verhalten gespeichert, dokumentiert, verarbeitet und den unterschiedlichsten anzeigenschaltenden Anbieter*innen in die Hände gespielt wird. Das Resultat: Ob beim Surfen im Web, in diversen Apps oder auf Social-Media-Kanälen – überall erhalten wir auf uns persönlich zugeschnittene Werbung auf Basis dessen, wonach wir in letzter Zeit oder jemals gesucht hatten. Und das immer und immer wieder, bis wir dann zuschlagen und das Produkt in unseren Warenkorb legen. Wenn wir auch bei unserem Online-Konsum achtsamer vorgehen, sparen wir eine Menge Geld, eine Menge Verpackungsmüll und eine Menge CO_2 ein. Den Weg ins Geschäft auf sich zu nehmen, anstatt das Produkt mit ein paar Klicks zu kaufen, lässt uns nochmals überlegen, ob wir das wirklich brauchen oder haben wollen.

Gib Gummi: Arbeit, Büro und Schule

Nicht nur die Küche, das Badezimmer oder unser Putzschrank sind oft mit zu vielen Dingen überfüllt. Auch unser Büro oder der Arbeitstisch quellen regelmäßig über. Viele der Produkte, die sich dort stapeln, brauchen wir gar nicht oder sie sind schäbig, leer bzw. aufgebraucht oder liegen unbenutzt herum. Auch hier lautet die Devise: Miste aus, was du nicht brauchst. Du hast sicherlich noch genug, um dennoch gut auszukommen.

Nach und nach kannst du zudem einige Umstellungen wagen. Denn wenn wirklich alle Kugelschreiber ausgeschrieben sind, wirst du dich nach einer nachhaltigen Lösung sehnen. Als es mir so ging, fiel mir eine Szene aus meiner Kindheit ein, die mir damals wie heute besonders imponiert hat: Mein Vater hat immer gerne und viele Aufzeichnungen geführt. Oft saß er in einem sehr romantischen Szenario im Licht seiner alten Petroleumlampe am Tisch und hat, manchmal sogar mit Federkiel und Tintenfass, aber meistens mit seinem Kolbenfüller, in sein Buch geschrieben. Als Kind hat mich dieser Anblick immer sehr fasziniert und mich nicht nur dazu motiviert, selbst zu schreiben, sondern die Sehnsucht in mir geweckt, genauso wie er meine Gedanken zu Papier zu bringen. Ich konnte es damals gar nicht erwarten, auch endlich mit dem Schreiben zu beginnen und endlich Dinge zu erleben, die es wert sind, niedergeschrieben zu werden.

Als ich auf der Suche nach Alternativen zu den viel zu kurzlebigen Plastik-Kugelschreibern war, rief ich also meinen Vater an. Ich fragte ihn, wie diese Füllfeder heiße, die er mit Tinte aufziehen konnte und ob er sie nicht zufällig noch hätte und ich sie mir einmal ausborgen dürfe, um sie zu probieren. Mittlerweile hat er sie mir übergeben und ich genieße es sehr, mit diesem alten Kolbenfüller Briefe an meine Kinder, Weihnachtskarten und Geburtstagsgrüße zu schreiben. Zwar habe ich keine Petroleumlampe, aber energiesparende Glühbirnen sind doch fast genauso romantisch, oder?

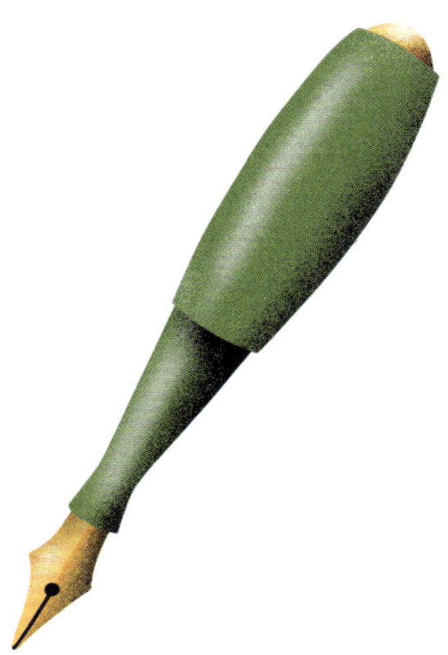

Gemeinsam Lösungen finden: Kindererziehung

Möchtest du auch für deine Kinder müllreduzierte Alternativen finden, gibt es je nach Alter unterschiedliche Herangehensweisen und Schwerpunkte. Dabei ist gerade die Kindererziehung ein so umfassender und individueller Schritt, dass es schwer ist, eine einfache bzw. allgemeingültige Liste zu erstellen, mit der du es schaffst, den Müll in diesem Bereich zu reduzieren. Aber auch hier gibt es viele Einwegprodukte, die durch Mehrwegprodukte ersetzt werden können und Verpackungen, die man leicht eliminieren kann.

Wenn du über die Windel- und Wickelphase hinweg bist und deine Kinder schon selbst Entscheidungen treffen und mitreden möchten, so solltest du auf jeden Fall mit ihnen ins Gespräch kommen. Sie werden schon mitbekommen haben, dass du euren Haushalt etwas unverpackter gestaltest, werden dich vielleicht schon gefragt haben, wie man denn jetzt das feste Shampoo verwendet und sind hoffentlich interessiert daran, was die Gründe für die Umstellung sind. Vielleicht haben sie ja Ideen, wie sie selbst auch auf ihre Müllproduktion achten können und möchten dir sagen, welchen Müll sie produzieren und wo sie selbst die Möglichkeit sehen, etwas zu verändern. Kinder in die eigenen Entscheidungen und Umstellungen der Familie miteinzubeziehen, ist unheimlich wichtig. Nicht nur fühlen sie sich so als wichtiger und mündiger Teil der Familie, sondern sie verstehen und sehen auch viel besser, was aus welchen Gründen getan wird. Ich weiß, dass ich oft unterschätze, was meine Kinder oder meine Schüler*innen schon alles sehen, verstehen und umsetzen können. So bin ich oft überrascht, dass mich die Kleinen überholen und ich ihrem Vorbild folge anstatt umgekehrt. Ihr Weltbild ist oft noch etwas einfacher, weshalb sie sich besser auf die wesentlichen Dinge fokussieren können und sich nicht im Meer der Komplexität über Wasser halten müssen.

Mein Tipp: Binde dein Kind ein, schaue mit ihm die Problemzonen (Seite 98) an und finde mit ihm gemeinsam Lösungen. Du kannst es auch selbst ein wenig recherchieren und das Ruder in die Hand nehmen lassen. Zusammen könnt ihr bestimmt die Müllproduktion verringern und schöne Erinnerungen schaffen.

Die perfekte Tarnung: Wo sich Plastik versteckt

Plastik ist oft auch in Gegenständen enthalten, von denen wir nie annehmen würden, dass sie aus Kunststoffen bestehen. Wenn wir aber genauer hinsehen, entdecken wir auch in den natürlich erscheinenden Produkten Plastik. Hier zum Beispiel:

- **Teebeutel** gibt es in vielen verschiedenen Formen und Beschaffenheiten. Eines verbindet die meisten jedoch: Plastik. Es gibt zwar Teebeutel, die ganz ohne das Material auskommen, sowie andere, die es nur in geringerem Ausmaß enthalten, andere wiederum bestehen vollständig daraus. Das Problem dahinter ist ganz simpel: Durch die Erhitzung von Plastik (in diesem Fall durch das Aufbrühen des Tees) wird dieses in vermehrtem Maße in die Substanz, die es umgibt, abgegeben – also in deinen Tee. Des Weiteren wird nicht nur der Körper mit dessen Schadstoffen und dem Mikro- und Nanoplastik, das sich bildet, belastet, sondern nach Entsorgung auch die Umwelt. Ganz davon abgesehen kommen viele Teebeutel zudem noch in Plastik- bzw. Multiverpackungen.

- **Kleidung** ist in vielen Fällen aus Polyester genäht – also Plastik. Aber auch ein Kleidungsstück, das als 100 % Baumwolle deklariert ist, kann Kunststoff enthalten. Denn das Garn sowie die Etiketten bestehen weiterhin meist aus Plastik.

- **Kaugummis** bestehen vor allem aus Kunststoff. Worauf kaust du also? Erdöl und andere künstliche Zusatzstoffe. Ich erinnere mich noch gut an die Anfänge meiner Reise in ein Leben ohne Müll, und wie ich mir überlegt habe, wo ich wohl Kaugummi unverpackt herbekomme. Wie Schuppen fiel mir dann von den Augen, dass bei diesem Produkt gar nicht die Verpackung das Problem ist, sondern sein Inhalt. Mittlerweile gibt es Kaugummis, die auf natürlicher und ressourcenschonender Basis produziert werden.

- **Backpapier** ist mit Teflon beschichtet, damit die Backwaren nicht ankleben. Teflon oder auch Polytetrafluorethylen (PTFE) ist ebenfalls eine Art von Kunststoff. Auch dieses Papier ist somit nicht plastikfrei.

- **Deckel von Glasflaschen:** Um die Flasche dicht und somit die Flüssigkeit an Ort und Stelle zu halten, wird auch in Deckeln für Glasflaschen oder Joghurtbechern Plastik eingesetzt. Weichmacher gelangen so in unsere Getränke und Nahrungsmittel. Der Schraubglasdeckel mit blauem Ring ist frei von Weichmachern und PVC, also besser für deine Gesundheit.

- **Kartonverpackungen** von Tiefkühlprodukten: Sie mögen zwar aussehen, als bestünden sie ausschließlich aus Papier, aber auch hier darf man sich nicht täuschen lassen – innen befindet sich meist eine Plastikschicht, damit das Papier auch bei Nässe und möglichem Tau reißfest bleibt.

- **Radiergummis** sind auch eine Plastikfalle. Sie bestehen meisters aus Polyvinylchlorid mit Weichmachern (PVC-P). Letztere sorgen dafür, dass die Gummis elastisch sind. Zum Glück gibt es nach wie vor Kautschukradiergummis aus natürlichem Ursprung, die meist aus Latex hergestellt werden – einfach beim nächsten Einkauf darauf achten.

- **Pfannenbeschichtungen** sind praktisch, aber vor allem auch: ungesund. Sie enthalten Plastik, welches sich durch die Erhitzung löst und in unsere Speisen übergeht. Wenn man dann auch noch mit einem Pfannenwender aus Metall arbeitet, können noch mehr dieser Schadstoffe durch die Nahrungsaufnahme in unseren Körper gelangen.

- **Kinderbücher**: Leider ist in vielen Kinderbüchern Plastik vorzufinden. Die Seiten sind oft mit Kunststoff verstärkt oder überzogen, um das Buch widerstandsfähiger zu machen. Auch die Farben, mit denen die schönen bunten Bilder auf die Seiten gedruckt werden, enthalten Kunststoffe. Am besten achtest du beim Kauf von Kinderbüchern auf recyceltes Material und die Verwendung von Ökofarben.

▶
Leider auch nicht nachhaltig: Kaugummi – a.k.a. Plastik.

Plastik ohne Kunststoff?

Worauf du bei Naturkautschuk achten solltest

Naturkautschuk ist ein natürliches Gummiprodukt, das ganz ohne Erdöl hergestellt wird. Die Vorteile: er ist reißfest, elastisch, wasserabweisend und ein nachwachsender Rohstoff. Kautschukbäume geben über einen langen Zeitraum hinweg Latex ab, aus dem der Kautschuk gewonnen wird.

Kondome, Yogamatten, Schnuller, Radiergummis, Luftballone, ja sogar Autoreifen werden aus diesem Material hergestellt oder beinhalten es zumindest zu einem Teil.

Da die Kautschukbäume aufgrund des Klimas in Asien angebaut werden, ist der Transportweg des Rohstoffes leider sehr weit. Außerdem muss man darauf achten, auf fairen und biologischen Naturkautschuk zurückzugreifen. Die Bäume werden leider oft in Monokulturen und unter hohem Einsatz von Pestiziden angebaut. Achte bei diesem hervorragenden Rohstoff also darauf, wie er gewonnen wird und unter welchen Bedingungen die Arbeiter*innen arbeiten. In jedem Fall sollte er Fair Trade sein und am allerbesten noch bio-zertifiziert.

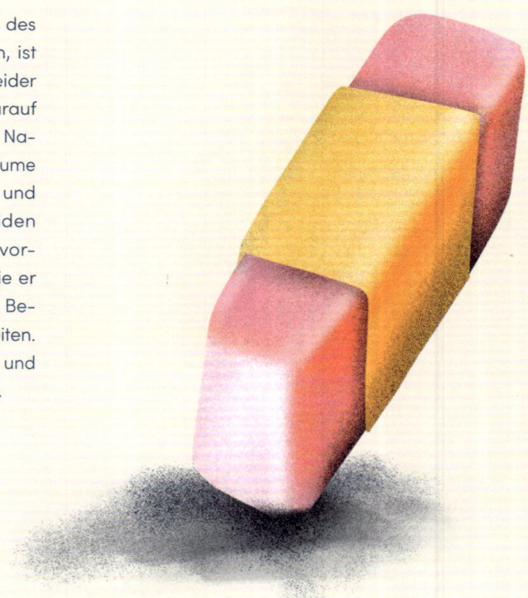

Dein

TRANS FORMA TIONS STATUS

nach Schritt 1

Du nimmst dein Konsumverhalten genau unter die Lupe. „Brauche ich das wirklich?" ist eine Frage, die dich bei jedem Einkauf begleitet. Du nimmst Verpackung bewusst wahr und weißt, wo du Verbesserungspotenzial hast. Du hast deine Problemzonen erkannt und dein Müll hat sich schon deutlich reduziert. Manche Produkte bekommst du aber in deinem Supermarkt nur abgepackt, deshalb fällt weiterhin noch etwas Müll an.

Schritt 2:
Einweg ist nicht mehr mein Weg – Alternativen finden

◀ Im Unverpacktladen gibt es haufenweise Lebensmittel ohne Hülle. Wo du sonst noch verpackungsfrei einkaufen und Müll einsparen kannst, erfährst du in diesem Kapitel.

Nachdem du Schritt 1 abgeschlossen und dein Bewusstsein für deine eigene Müllproduktion gestärkt hast, hast du auch schon einige unnötige Verpackungen aus deinem Einkauf und Produkte aus deinem Leben verbannen können.

Was machst du nun aber, wenn es Produkte und Gegenstände in deinem Leben gibt, auf die du nicht verzichten möchtest oder verzichten kannst? Zum Glück gibt es viele Möglichkeiten und Läden, in denen du fündig werden wirst. Bereite dich auf so einen Einkauf vor, indem du deine eigenen Verpackungen auswählst und mitnimmst. Ob im Supermarkt, am Markt oder im Unverpacktladen – du wirst sie überall brauchen und überall für sie Verwendung finden. Viele von den Produkten, die im Haushalt und auf deinem Speiseplan nicht fehlen dürfen, bekommst du nicht einfach so ohne Verpackung im Supermarkt. Vielleicht wirst du ja in diversen Unverpacktläden oder auf Märkten fündig. Auch in Bioläden oder Reformhäusern gibt es mittlerweile ein teilweise unverpacktes Angebot. In jedem Fall: Nimm die Konsumgüter genau unter die Lupe.

10 Dinge, die du nicht mehr kaufen musst

◀ Mehrwegdosen, Göffel und Trinkflasche habe ich immer mit dabei. Damit ist man für alle Fälle gerüstet.

… weil du Mehrweglösungen dafür gefunden hast. Ich habe im Laufe der Zeit gemerkt, dass ich auf viele Produkte verzichten kann. Was aber ist mit den Gebrauchsgegenständen, die ich immer noch brauche, die aber viel Müll produzieren? Wenn du es jetzt schon gar nicht mehr erwarten kannst, verpackungsfreie Alternativen für dich zu entdecken: Hier findest du gleich zu Beginn eine Liste mit Dingen, die du schnell und einfach durch nachhaltige Alternativen ersetzen kannst.

ALUFOLIE UND FRISCHHALTEFOLIE:

Vieles, das wir in Alufolie oder Frischhaltefolie einpacken, kann auch ganz leicht in einer Brotdose untergebracht werden: Deckel drauf und fertig. Aber auch (Bienen-) Wachstücher sind eine hervorragende Alternative, um angeschnittenes Obst oder eine Salatschüssel abzudecken und für kurze Zeit aufzubewahren.

KÜCHENROLLE:

Ich habe früher ständig Küchenrolle zum Abtrocknen oder Putzen der Arbeitsoberflächen verwendet. Mittlerweile nehme ich dafür einfach Geschirrtücher: funktioniert genauso gut und spart eine Menge Müll.

SERVIETTEN:

Wir verwenden nun schon seit Jahren Stoffservietten und ich kann sie nur jedem ans Herz legen. Sie sind viel angenehmer in der Benutzung, sehen schicker aus und schonen Mülleimer und Geldbörse.

STROHHALME:

Strohhalme gehören zu den Gegenständen, die prinzipiell verzichtbar sind, die sich viele von uns aber gerne ab und zu gönnen. Wenn du dich nicht dazu zählst: super! Für alle anderen gibt es eine tolle Alternative: Edelstahl- oder Glasstrohhalme lassen sich ewig wiederverwenden und sind vor allem auf Partys oder für Kinder ein Hit.

PUTZMITTEL:

Was habe ich früher den chemischen Geruch des Putzmittels geliebt. Erst wenn es so richtig nach Chemie gerochen hat, fühlte sich alles sauber an. Mittlerweile habe ich die Nase voll davon. Mein Tipp: Mit etwas Essig und Natron oder Maisstärke kann man Putzmittel ganz leicht selbst herstellen (schau auf die Seiten 172 und 173).

WATTEPADS:

Eine kleine Umstellung mit großer Wirkung: Einfach ein altes Handtuch in kleine quadratische oder runde Stückchen schneiden, mit der Nähmaschine einsäumen und schon hast du deine ewig verwendbaren Pflege- und Abschminktücher.

TASCHENTÜCHER:

Ein heikles Thema, das sich für mich ganz einfach beantworten lässt: Ich bin komplett auf Stofftaschentücher umgestiegen. In Secondhand-Läden gibt es jede Menge schöne, meist sogar bestickte Tücher zu kaufen. Damit sie nicht zur Virenschleuder werden, solltest du sie nach jeder Benützung waschen. Für unterwegs eignet sich eine Wetbag (Seite 146) zum Verstauen oder, falls du etwas handwerkliches Geschick hast, ein selbstgenähtes Täschchen aus einem alten Getränkekarton.

DEO:

Mache ich mir inzwischen selbst. Das geht wirklich superschnell und einfach, kostet fast nichts und du hast bestimmt alles, was du dafür brauchst, schon zuhause.

TAMPONS UND SLIPEINLAGEN/BINDEN:

Für die Monatshygiene gibt es jede Menge müllfreie Alternativen. Tampons kannst du durch eine Menstruationstasse oder waschbare Tampons aus Baumwolle ersetzen. Statt Slipeinlagen kannst du einfach welche aus Stoff verwenden – oder auf Menstruationsunterwäsche umsteigen.

PLASTIKFLASCHEN:

Das ist zwar schon fast ein No-Brainer, aber dennoch ein wichtiger, weil so einfacher Punkt: Einfach immer eine Mehrwegflasche dabei haben. Man kann an vielen öffentlichen Brunnen oder Toiletten Trinkwasser auffüllen. Nur eines darfst du nicht vergessen: die Flasche selbst, zuhause auf dem Küchentisch.

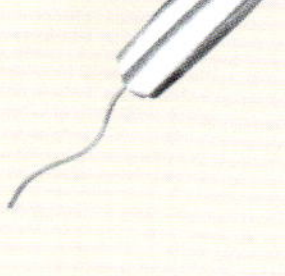

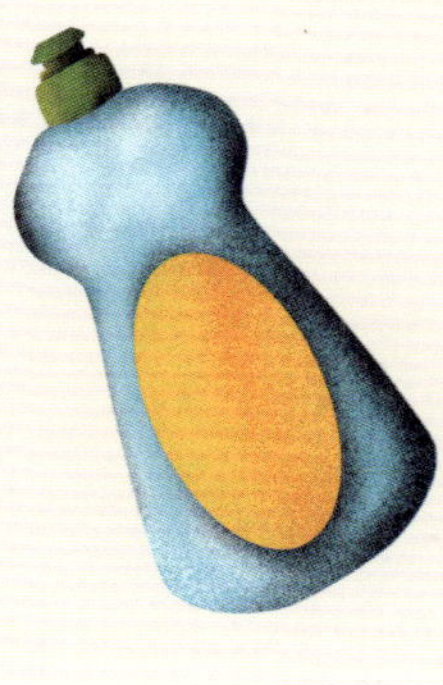

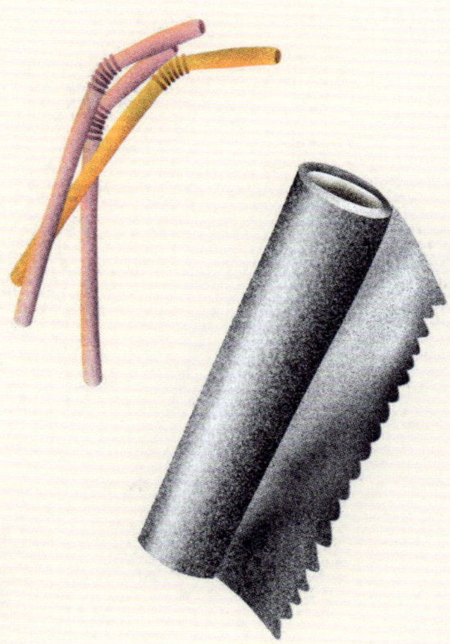

So klappt der unverpackte Einkauf bestimmt

Du bist ready für deinen ersten verpackungsfreien Shoppingtrip? Hurra! Plane voraus und bereite dir eine Auswahl an eigenen Behältern vor, die du immer mitnimmst. Mit der Zeit wirst du ein Gespür dafür bekommen, welche Behältnisse für dich am praktischsten sind und wie viele du davon brauchst. Hier eine Liste mit unterschiedlichen Behältern, die du auf jeden Fall gebrauchen kannst.

Einkaufstasche:

Das kann dein Lieblingsjutebeutel sein, ein praktisches luftdurchlässiges Einkaufsnetz oder ein Korb – Hauptsache, es gibt genügend Platz zum Verstauen.

Stoffsäckchen und -beutel in verschiedenen Größen:

Diese verfügen am besten über eine Schnur bzw. Kordel zum Zuziehen. Sie eignen sich wunderbar für Trockenwaren wie Nudeln, Reis, Linsen und Co. Fülle sie zuhause dann in einen gut verschließbaren Behälter um. Auch Brot, Obst und Gemüse fühlen sich darin wohl. Für letztere kannst du ansonsten auch eigens dafür vorgesehene Obst- und Gemüsenetze verwenden.

Schraubgläser oder verschließbare Flaschen:

Darin lassen sich Gewürze, Mehl und Tees verstauen. Salz oder Zucker sind darin auch besser aufgehoben als in Beuteln. Auch Getränke, Essig, Öl (die nicht bereits abgefüllt sind) oder andere „flüssige" oder in Flüssigkeiten eingelegte Lebensmittel wie Aufstriche, Butter oder Oliven finden darin Platz.

Brotdose/Lunchbox:

Sie ist der ideale Aufbewahrungsort für Käse, Wurst, oder belegte Brote – bis sie später gleich verputzt oder zuhause dann umgepackt werden.

Beschriften von Leergut:

In Unverpacktläden musst du das Leergewicht deiner Behälter notieren. Du kannst je nach Vorliebe einen Stift mit wasserlöslicher Tinte oder einen Permanentmarker verwenden. Damit schreibst du das Gewicht direkt auf die Behälter. So können deine Einkäufe an der Kasse gewogen und das Leergewicht abgezogen werden.

Im Supermarkt und in der Drogerie: Augen offen halten!

Einige der Produkte, die im Haushalt und auf dem Speiseplan nicht fehlen dürfen, findest du im Supermarkt und in der Drogerie. Ob es nun die Milch und das Joghurt im Pfandgebinde, das lose Obst und Gemüse oder das Brot und der Käseaufschnitt sind. All diese Lebensmittel kannst du im Supermarkt mit wiederverwendbarer oder ohne Verpackung beziehen. Zwar nicht ohne Verpackung, aber in recycelter Papierverpackung bekommst du zum Beispiel Nudeln. Recherchiere, welche Möglichkeiten die Läden in deiner Nähe bieten und suche nach Alternativen.

▲
Auch im Supermarkt kannst du einiges verpackungsfrei finden!

Am Markt: Unverpacktes Gemüse und Brot in Hülle und Fülle

In vielen Städten und Gemeinden (oder zumindest in der nächstgrößeren Ortschaft in deiner Nähe) gibt es ein- oder mehrmals in der Woche einen Markt. Märkte bieten die Gelegenheit, Lebensmittel von regionalen Produzent*innen zu kaufen – damit unterstützt du nicht nur die heimische Wirtschaft, sondern schrumpfst auch noch deinen ökologischen Fußabdruck, da lange Transportwege wegfallen.

Obwohl ich als Kind auch immer wieder im Schlepptau zum Markt mitging, war der Marktbesuch für mich eine ganz neue Erfahrung, fast wie eine neue Welt, in die ich eintauchte , nachdem ich mich zu einem müllbewussteren Leben entschieden hatte. Statt greller Neonlichter findet man (im besten Fall) Sonnenschein vor, statt des künstlichen Gebläses aus der Klimaanlage anregende Frischluft. Die netten Marktstandbesitzer*innen freuen sich darüber, wenn man zu plaudern beginnt und sie etwas über ihre Ware erzählen können.

RADIESCHE
1B. 1,80
3B.
SALAT
1St. 1,80 €
1St. 2,- €

Ganz im Ernst: Der Einkauf auf Märkten hat mir das plastikfreie Leben umso schmackhafter gemacht. In erster Linie ist der Markt eine hervorragende Möglichkeit, Unverpacktes ausfindig zu machen. Obst und Gemüse lagern in Obstkisten und viele Marktstände bieten zudem Joghurt, Käse, Nüsse, Sauerkraut und vieles mehr an. Selbstverständlich haben sie eine Verpackung parat, wenn eine benötigt wird, aber glaubt mir: Ich habe noch keine*n Marktverkäufer*in getroffen, die*der nicht höchst erfreut darüber war, wenn man um das Abfüllen ins eigene Gefäß bittet. Aus Dankbarkeit, sich eine Verpackung gespart zu haben (die sie*ihn natürlich auch Geld kostet und im Preis der Ware miteinberechnet ist) bekommt man bei manchen Ständen dann sogar einen so oder anders genannten „Umweltrabatt" oder z. B. einen Apfel gratis dazu. Das Schönste war für mich aber, eine ganz andere Einkaufswelt kennenzulernen, die nicht von Konsum und Werbung gesteuert ist, sondern von Interaktion und sozialen Kontakten. Nette Plaudereien neben dem Stöbern durch die Marktstände versüßen einem den Einkauf ungemein. Und es hat schon fast ein familiäres Flair, wenn die*der Marktstandbesitzer*in schon weiß, was du bestellen wirst, wenn du an den Stand herantrittst.

Auch die Regionalität ist sehr wichtig: Wenn man weiß, woher die Produkte stammen, die man kauft und konsumiert. Wenn man weiß, wer das Brot in den Ofen geschoben hat oder wo die Äpfel geerntet wurden. Und das Schönste: wenn man dazu noch ein nettes Gesicht kennt. Märkte: Für mich eine Seite des Lebens, die ich ohne meine Umstellung auf ein verpackungsfreies Leben sicher nicht kennengelernt hätte, die mich so aber nun sehr bereichert – sodass ich mich jedes Mal schon freue, wenn ich mich mit Beuteln und Dosen ausgestattet auf den Weg in Richtung der bunten Gemüse, Obstkisten und Schirme mache.

Im Unverpacktladen: Einmal Behälter abwiegen, bitte!

Neben den Märkten gibt es in vielen Städten auch Unverpacktläden. Man mag es kaum glauben: Als ich mein Experiment vor einigen Jahren gestartet habe, gab es in Österreich erst einen einzigen ausgewiesenen Unverpacktladen. In den letzten Jahren aber sind viele solcher Einrichtungen in den unterschiedlichsten Regionen entstanden. Ich freue mich jedes Mal so sehr, wenn wieder einer eröffnet hat. Denn das bedeutet auch, dass sich die Menschen immer mehr für dieses Thema sensibilisieren – sodass es Bedarf an Unverpacktläden gibt.

Wie funktioniert der Einkauf im Unverpacktladen?

Wie genau kannst du dir so einen Unverpacktladen vorstellen? Im Grunde ist es genau das, was der Name schon impliziert: ein Laden, in dem Unverpacktes angeboten wird. An den Wänden hängen große Spender – ähnlich wie jene, die man vom Frühstücksbuffet im Hotel kennt, wo meist Müsli aufbewahrt wird. Gefüllt sind diese mit allem, was das Herz begehrt. Von Nudeln über Reis bis hin zu Linsen, Bohnen, Nüssen oder Süßigkeiten wie Bonbons und Schokorosinen. In anderen Behältnissen findet man Mehl, Polenta, Couscous, Tee, allerlei Gewürze, Backpulver, Kokosraspeln, Kaugummis, Datteln … die Liste scheint endlos. Das Angebot ist je nach Laden unterschiedlich, aber eigentlich immer reichlich: An Lebensmitteln findet man hier alles für den täglichen Bedarf sowie für Festtage. Aber nicht nur Lebensmittel werden angeboten, auch Seife, Zahnbürsten, Reinigungs- und Waschmittel und diverse Utensilien, die ein Leben ohne Müll erleichtern, gibt es dort ebenfalls zu entdecken. Es ist ein Schlaraffenland für jede*n, die*der keine Verpackungen mehr in ihrem/seinem Leben haben möchte.

◀ Schritt 1: Gewicht notieren …

… Schritt 2: Dann kann das Befüllen auch schon losgehen!

Wie der Einkauf in Unverpacktläden vonstattengeht, ist am Anfang etwas ungewohnt, aber auch sehr befreiend: In der Nähe der Kasse oder des Eingangs wirst du eine Waage vorfinden. Deine mitgebrachten Boxen, Gläser, Dosen und Tragetaschen kannst du dort einzeln abwiegen. Entweder kannst du das Gewicht mit einem Stift auf deine Behältnisse schreiben oder es gibt die Möglichkeit, einen Barcode auszudrucken und darauf zu kleben. Damit wird das Gewicht deiner Verpackung vermerkt und am Ende des Einkaufs von dem Gewicht der Ware wieder abgezogen. So zahlst du auf keinen Fall drauf. Nach diesem ersten Schritt kann es dann auch schon losgehen. Schnapp dir einen Korb und befülle deine Gefäße und Taschen mit allem, was du brauchst oder worauf du gerade Lust hast. Natürlich variiert das Sortiment von Unverpacktladen zu Unverpacktladen, jedoch kannst du meist schon im Vorhinein auf der Website des Ladens das Produktangebot studieren. Oder du lässt dich einfach überraschen, schlenderst durch den Laden und betrachtest alles erst einmal genau. Es ist ein Einkaufserlebnis der ganz anderen Art, aber ich verspreche dir: Bist du erst mal daran gewöhnt, kannst du dir gar nicht mehr vorstellen, anders einzukaufen.

Wie eliminieren Unverpacktläden ihre Verpackungen?

Diese Frage stellst du dir bestimmt. Ich wurde immer wieder gefragt, wie solche Läden ihre Verpackungen reduzieren und ob es nun wirklich was bringt, dort einzukaufen. Fakt ist: Unverpacktläden lassen sich im Einkauf keine 500-Gramm-Packungen an Nudeln liefern und füllen sie dann in einen Spender um – ja, so etwas hat tatsächlich einmal jemand vorgeschlagen, mit dem ich ins Gespräch gekommen bin. Natürlich variiert die Vorgehensweise von Laden zu Laden. Wir können aber davon ausgehen, dass sie alle Wert darauf legen, so viele Verpackungen wie möglich einzusparen und versuchen, Einwegverpackungen mit Mehrwegverpackungen zu ersetzen – auch bei ihren Lieferant*innen. So werden Linsen oder Reis in einem Jutesack geliefert oder kommen in großen Tonnen, die wiederverwendet werden. Ist eine Tonne leer, wird sie bei der nächsten Lieferung von den Lieferant*innen wieder mitgenommen. Es kommt auch vor, dass einige Lieferfirmen manche Verpackungen an die Wünsche und Bedürfnisse der Unverpacktläden angepasst und neue Lösungswege für den Transport ihrer Waren gefunden haben.

Was tun,

wenn ich etwas wirklich nicht unverpackt finde?

Frage dich: „Brauche ich das wirklich?" Und: „Kann ich es vielleicht selbst herstellen?" Solltest du nicht um das Produkt herumkommen, dann schau dir die Verpackungsmöglichkeiten genau an: Wie ist es verpackt? Gibt es das gewünschte Produkt im Pfandglas oder in gut recycelbarer Verpackung? Hier ein kleiner Guide, um dennoch so umweltschonend und nachhaltig wie möglich einzukaufen:

- Nimm diejenige Verpackung, die am besten recycelt werden kann oder als Pfand deklariert ist.
- Kaufe besser das Produkt, das in Glas oder Papier eingepackt ist, als jenes, das in der Plastikverpackung steckt. Die Hierarchie: Glas – Papier – Metall – Plastik.
- Wenn es nur Plastik gibt: Schnapp dir eine Großpackung. (Achte darauf, dass du das Lebensmittel auch zeitgerecht aufbrauchen kannst – Trockenwaren wie Nudeln, Reis oder Linsen halten sich z. B. sehr lange.)

Warum es vor allem auf die Lebensmittel ankommt

Nun hast du schon ein wenig Ahnung davon und Informationen gesammelt, wo und wie du deine Lebensmittel unverpackt beziehen kannst. Sei nicht entmutigt, wenn es keinen Unverpacktladen in deiner Nähe gibt und du so nicht ganz auf Verpackungen verzichten kannst – oder wenn du keine Zeit hast, einen solchen zu besuchen. Indem du deine eigenen Behältnisse in den Supermarkt oder in einen anderen Laden deiner Wahl mitbringst, änderst du deine Gewohnheiten und gehst bewusster einkaufen. Aber nicht nur dein Bewusstsein wird dadurch gestärkt, sondern auch das Bewusstsein der Angestellten im Laden. Denn an jemanden, der seinen eigenen Beutel mitbringt, erinnert man sich und so kannst du mit gutem Beispiel vorangehen und ein Umdenken in den Köpfen derer bewirken, die dein Verhalten sehen. Möglicherweise folgen sie dir. Bei aller Euphorie noch ein abschließender Tipp: Achte vor allem bei Lebensmitteln darauf, dass du nur so viele davon kaufst, wie du wirklich konsumieren wirst.

Sind Lebensmittel auch Müll?

Wenn wir zu viel einkaufen, unzureichend planen oder keinen Überblick darüber haben, was in unserem Kühlschrank bis wann aufgebraucht werden soll, kann es passieren, dass uns Lebensmittel verderben. Es ist kein Verbrechen, wenn das einmal vorkommt. Bedauerlicherweise ist es aber weniger die Ausnahme, als vielmehr die Regel, dass sehr vieles davon, was an Lebensmitteln angeboten und gekauft wird – und auch vieles von dem, das noch gut und genießbar wäre! – im Müll landet. Wenn man bedenkt, dass 20 bis 30 % des privaten Konsums Lebensmittel ausmachen, und davon allein in Österreich jährlich 760 000 Tonnen im Müll landen, ist das doch eine ganze Menge. Weltweit wird so ein Drittel der Lebensmittel in der gesamten Lieferkette verschwendet.

Nicht nur werden die Lebensmittel selbst verschwendet, wenn wir diese nicht rechtzeitig aufbrauchen. Nein: Auch all die Ressourcen wie Energie, Wasser, Zeit, die seit Beginn ihres Entstehungsprozesses in sie investiert wurden, werden damit einfach in die Tonne geworfen. Es ist nie einfach „nur" ein Wurstbrot oder „nur" ein Joghurt. Dahinter steckt so viel mehr als das Produkt an sich, das wir in der Hand halten. In der EU werden jährlich 88 Millionen Tonnen Lebensmittel weggeworfen. Diese 88 Millionen Tonnen Lebensmittel haben den Wert von ungefähr 143 Milliarden Euro – und könnten die halbe Weltbevölkerung für ein ganzes Jahr ernähren. Davon werden 5 % im Handel, 12 % in der Gastronomie, 30 % in der Landwirtschaft und Verarbeitung und ganze 53 % in privaten Haushalten verschwendet. Laut einer UN-Studie ist die Lebensmittelverschwendung für rund 8–10 % der Treibhausemmissionen verantwortlich.

Das Ziel: möglichst wenig verschwenden

Zum Glück kann jede*r von uns etwas tun, um diesem großen Maß an Verschwendung entgegenzuwirken. Hier ein paar einfache Tipps, mit denen auch du es schaffst, weniger Lebensmittel zu verschwenden:

- **Lebensmittel aufbrauchen:** Mach vor jedem Einkauf eine Bestandsaufnahme deines Kühlschranks. Was ist noch da? Was kann ich mit diesen Lebensmitteln noch zubereiten?
- **Speiseplan erstellen:** Erstelle anhand der vorhandenen bzw. der noch zu kaufenden Produkte (und natürlich je nach Geschmack) einen Speiseplan. Für das Einkaufen gilt: Kaufe nur die benötigten Zutaten in der Menge ein, die du voraussichtlich aufbrauchen wirst.
- **Nimm die krumme Gurke mit:** Schnapp dir bewusst die unperfekten Obst- und Gemüseexemplare im Laden – auch damit kannst du verhindern, dass sie später im Müll landen (siehe Seite 126).
- **Halte dich an deinen Plan:** Mit deiner erstellten Einkaufsliste kannst du dich bewusst danach richten und Spontankäufe vermeiden.
- **Richtig kalkulieren:** Bereite nur so viel Essen zu, wie auch konsumiert wird. Wenn doch etwas übrigbleibt: bei der nächsten Mahlzeit aufessen, ein neues Gericht daraus zaubern oder ganz einfach einfrieren (Seite 129).
- **Einlagern, was geht:** Um die Haltbarkeit möglichst lange zu verlängern, lagere die Lebensmittel richtig ein (Seite 128).
- **Genießbarkeit checken:** Hab keine Angst vor dem Mindesthaltbarkeitsdatum (Seite 130).

Essbares in der Tonne? Nicht mit uns!

Ich kann mich noch an den Moment erinnern, als mir das Ausmaß der Lebensmittelverschwendung erst so richtig bewusst wurde: Vor einigen Jahren, als ich gerade meine Streifzüge durch die Supermärkte nach Unverpacktem gestartet habe, bin ich in einem dieser Läden auf etwas Kurioses gestoßen: Bananen im Müll. Ich traute meinen Augen kaum, als ich an dem Mülleimer in der Obst- und Gemüseabteilung vorbeiging und etwas Gelbes herausblitzen sah. Bis auf ein paar aufgeplatzte Stellen waren es herrlich reife Bananen. Ich konnte nicht anders, als eine Mitarbeiterin danach zu fragen. Sie erklärte mir, dass sie durch die kleine Versehrtheit leider nicht mehr verkauft werden können und somit weggeworfen werden. Auf meine Frage hin, ob sie denn nicht zumindest zum halben Preis verkauft oder gar verschenkt werden könnten, wurde mir erklärt, dass dies leider nicht möglich sei. Viele Handelskonzerne schreiben vor, dass Mängelexemplare oder Produkte, die das Mindesthaltbarkeitsdatum erreicht haben, weggeworfen werden.

Aus diesem Grund gibt es immer mehr Leute, die sich die weggeworfenen Lebensmittel zurückholen und entweder selbst konsumieren oder verschenken. Diese Art von Aktivismus nennt sich „Dumpster Diving" bzw. „Dumpstern" oder auch „Containern".

In Österreich, Deutschland und der Schweiz ist das Entwenden von Lebensmitteln aus einer Mülltonne jedoch verboten. Zwar hat Müll, der frei auf der Straße liegt, keinen Besitzer mehr und darf somit aufgehoben und behalten werden, jedoch macht man sich strafbar, wenn man etwas aus einem Müllcontainer holt, der auf Privatgrund steht. Dies fällt nämlich unter Diebstahl.

In Frankreich ist „Dumpstern" nicht nur erlaubt, nein, es ist sogar Supermarktketten und Lebensmittelgeschäften im Allgemeinen verboten, noch genießbare Lebensmittel zu entsorgen. Meine Meinung: Es wird Zeit, dass alle Länder da mitziehen.

Aber wie kann es auch im Handel und der Lieferkette zu so viel Lebensmittelverschwendung kommen? Einerseits liegt es an den strengen Vorgaben bezüglich Form und Aussehen der Lebensmittel. Ist die Karotte zu krumm oder die Tomate zu unförmig, wird sie erst gar nicht geerntet. Auch die Überproduktion ist ein großes Problem. Es wird viel mehr angebaut und hergestellt, als wir essen können. Es kann nicht sein, dass wir essen wegwerfen, während woanders Menschen verhungern. Es wäre genug für alle da.

Fakt ist, dass in jedem Fall etwas getan werden muss. Die Überproduktion muss gestoppt und die absurden Auflagen müssen abgeschafft werden. Mehr Bewusstsein nicht nur beim Einkauf, sondern schon bei der Produktion ist gefragt.

Gemeinsam gegen die

Lebensmittel-verschwendung

Es gibt mittlerweile zahlreiche Initiativen, die aktiv etwas gegen die Verschwendung unternehmen. „Foodsharing" etwa sammelt aus privaten Haushalten wie Betrieben nicht mehr gebrauchte Lebensmittel und verteilt sie um. „Unverschwendet" verwandelt überschüssiges Obst und Gemüse in leckere Marmeladen, Sirups und vieles mehr. „Too Good To Go" arbeitet mit Restaurants zusammen, die durch die Plattform Speisen, die sonst weggeworfen würden, zu einem günstigen Preis kurz vor Ladenschluss verkaufen. Daneben gibt es natürlich noch unzählige Vereine und Aktionsgruppen, die der Verschwendung Einhalt gebieten möchten. Schau dich um, welche Initiativen es in deiner Nähe gibt!

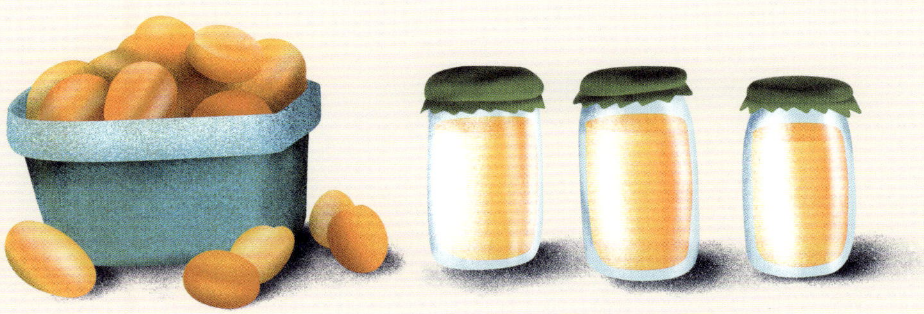

Für immer frisch: Wie du Lebensmitteln ein längeres Dasein verschaffst

Gut, für immer ist natürlich übertrieben. Wenn du Obst und Gemüse richtig einlagerst, kannst du nicht nur dafür sorgen, dass sie länger haltbar sind – sondern auch, dass du einfach jederzeit etwas davon zur Verfügung hast. Klingt doch super, oder?

Ein knackiger Apfel mitten im Winter: Einlagern

Du wünschst dir, dass dein frisches Obst und Gemüse möglichst lange überlebt? Der Kühlschrank hält sie oft nur für kurze Zeit frisch. Hier ein paar Tipps, wie du richtig einlagern kannst:

- Trenne Früchte, die Ethylen produzieren (z. B. Tomaten oder Aprikosen) von solchen, die darauf empfindlich reagieren (z. B. Salat, Zucchini, Brokkoli oder Gurken). Beeren solltest du immer so schnell wie möglich verputzen, sie halten sich nicht lange. Sehr lange haltbar unter den richtigen Bedingungen sind Wurzelgemüse wie Karotten, Sellerie oder Rüben.

- Verwende reife, aber keine überreifen Früchte und wasche sie vor dem Einlagern nicht.

- Obst und Gemüse lieben generell Dunkelheit, Kühle (idealerweise zwischen 0 °C bis maximal 15 °C), eine hohe Luftfeuchtigkeit (mindestens 60 % und bis zu 98 %) und Frischluftzufuhr.

Ab ins Glas mit euch: Einlegen, Fermentieren, Trocknen

Das kannst du mit deinen Lebensmitteln anstellen, um sie noch länger haltbar zu machen:

- **Trocknen:** eignet sich für Kräuter, Getreide, Obst und Pilze. Es entzieht ihnen Wasser, somit verschwindet ein Großteil der Mikroorganismen, die für das Verderben sorgen.

- **Einkochen:** Mmmh ... Chutney, Kompott und Mus könnte ich täglich löffeln! Das Kochen von Obst und Gemüse und das Heißabfüllen machen den hungrigen Mikroorganismen, die sonst zu Fäulnisprozessen führen, den Garaus.

- **Einlegen:** in Öl oder Essig eingelegte Früchte halten nicht nur über mehrere Wochen bis Monate, sondern erhalten durch diese aromatische flüssige Umgebung noch einen extra Geschmacksboost.

- **Fermentieren:** In Salzlake eingelegtes oder mit Salz präpariertes Obst und Gemüse kann manchmal auch noch nach Jahren des Fermentierens genossen werden. Außerdem: die Stoffwechselprozesse, die beim Fermentieren vonstattengehen und die Struktur der Lebensmittel verändern, sorgen dafür, dass die fertigen Fermente eine Wohltat für dein Bäuchlein sind.

Eisige Zeiten brechen an: Einfrieren ohne Plastik

Wenn wir erst mal das Bild von den Zip-Lock-Bags aus Kunststoff aus unseren Köpfen bekommen und Platz für umweltfreundlichere und wiederverwendbare Alternativen schaffen, wirst du merken, wie leicht die Umstellung ist. Denn Einfrieren ohne Einwegprodukte ist gar nicht so schwer wie man denkt. Hier ein paar Tipps, die sich bei mir über all die Jahre bewährt haben:

- **Luftversiegelte Lunchboxen/Glasgeschirr:** Jede*r von uns besitzt vielleicht eine Auflaufform, die einen Deckel hat oder eine Lunchbox, die man luftdicht verschließen kann. Die sind ideal, um Gerichte oder Lebensmittelreste einzufrieren. Von der vorgekochten Suppe über das nicht aufgegessene Curry bis hin zu der schon etwas braunen Banane (einfach in Scheiben schneiden und einfrieren) kann darin alles gut und einfach konserviert werden.

- **Bienenwachstücher:** würde ich eher für den kurzweiligen Aufenthalt im Gefrierfach empfehlen, weil diese nicht luftdicht verschlossen werden können und somit erstens leicht Feuchtigkeit zu den Lebensmitteln gelangt und sich zweitens mit der Zeit Gefrierbrand bilden kann. Aber für ein paar Tage oder eine Woche lohnt es sich auf jeden Fall, darauf zurückzugreifen.

- **Schraubgläser:** Die wohl einfachste Variante, Lebensmittel im Gefrierschrank zu lagern. Wenn man ein wenig Vorsicht walten lässt, dann springt das Glas durch die Ausdehnung in der Kälte auch nicht. Am besten ist es, das Glas noch offen für ein paar Stunden in den Gefrierschank zu stellen und erst danach mit dem Deckel zu verschließen. Dann hat sich der Inhalt schon ausgedehnt, sich an seine neue Umgebung gewöhnt und es sollte nichts springen oder reißen.

Der Mythos um

das Mindesthaltbarkeitsdatum

„Abgelaufene" Lebensmittel gehören in den Müll? Nur weil das Mindesthaltbarkeitsdatum überschritten wurde, heißt das noch lange nicht, dass das Lebensmittel vom einen auf den anderen Tag ungenießbar geworden ist. Es ist kein „Verfallsdatum" und sollte somit auch nicht als „Wegwerfdatum" gelten. Wenn wir den Begriff etwas näher betrachten, sehen wir sofort, dass das Produkt mindestens so lange haltbar ist, wie das Datum angibt. Die meisten Produkte sind sogar noch lange nach dem Mindesthaltbarkeitsdatum zum Verzehr geeignet. Auf gewissen Lebensmitteln ist statt eines Mindesthaltbarkeitsdatums ein Verbrauchsdatum aufgedruckt, das in jedem Fall eingehalten werden sollte. Dieses wird bei sehr leicht verderblichen Waren (wie zum Beispiel Fleisch) angegeben.

Das Mindesthaltbarkeitsdatum (so wie das Verbrauchsdatum) muss laut Gesetz auf Lebensmitteln aufgedruckt sein. Ausgenommen davon sind unter anderem Salz oder Zucker. Die Hersteller*innen geben damit ein Garantiedatum an: bei ordnungsgemäßer Lagerung stehen sie dafür ein, dass es bis zum aufgedruckten Datum auf jeden Fall noch genießbar ist.

Greenpeace hat im Jahr 2018 getestet, wie lange diese Zeitspanne für diverse Lebensmittel nach dem Ablauf des MHD noch andauern kann. Über neun Monate hinweg wurden verschiedene Lebensmittel getestet. Das Ergebnis ist erstaunlich: Eingeschweißter Käse war bis zu acht Wochen nach Ablauf des MHD noch essbar, Salami zehn Wochen und Eier konnten bis zu zwölf Wochen nach dem MHD noch verwertet werden.

Unverpackte Lebensmittel haben kein MHD und nicht eingeschweißte Wurst wird selbstverständlich nicht so lange haltbar sein wie eine verpackte, aber in jedem Fall gilt: Bevor du ein (abgelaufenes) Lebensmittel in den Müll wirfst, lass deine Sinne entscheiden, ob es noch essbar ist:

Wie riecht es?
Wie schmeckt es?
Wie sieht es aus?

So kannst du ganz leicht feststellen, ob es wirklich schon verdorben ist und entsorgt werden muss, oder ob du es noch verwenden kannst. Wenn es seltsam riecht, verschimmelt ist oder nicht wie gewohnt schmeckt, muss es auf jeden Fall in den Müll. Sollte dein Lebensmittel aber in all den Kategorien keine Mängel aufweisen, kannst du es mit ziemlicher Sicherheit noch essen. Rohes Fleisch oder heikle Lebensmittel sollten jedoch möglichst bald nach Kauf verzehrt werden.

Hier wirst du fündig:
Das sind deine neuen unverpackten Lieblingsdinge

Mmmh, schmeckt die Erdbeere gut!

Du bist noch unsicher, welche Produkte du wie ersetzen kannst und wo es diese gibt? Hier findest du einen Überblick über die verschiedenen unverpackten Alternativen sowie die Infos dazu, wo du diese Produkte aufspüren kannst. Prinzipiell gilt: Das meiste davon, was du für den täglichen Bedarf brauchst, wirst du in einem Unverpacktladen finden (deswegen wird dieser in den folgenden Listen auch nicht immer explizit erwähnt). Aber auch ohne einen solchen Laden gibt es genügend Möglichkeiten, an verpackungsfreie Waren zu kommen.

So viele Möglichkeiten: Lebensmittel

Obst und Gemüse: Verpackungsfreie Zucchini, Trauben und Co. findest du auf jeden Fall im Supermarkt und auf Bauernmärkten.

Gebäck: Wenn dein Supermarkt eine Backbox hat, kannst du dort deinen eigenen Beutel mitbringen. Du kannst auch beim Bäcker verpackungsfrei einkaufen. Frage beim nächsten Mal einfach, ob er dein Brot in deinen Stoffbeutel geben kann.

Milch und Joghurt: Milchprodukte ohne Plastikverpackung findest du im Supermarkt in als Pfandgebinde, auch bei diversen Marktständen werden diese und ähnliche Produkte angeboten. In Bioläden und Unverpacktläden findest du immer alles im Pfandglas.

Käse, Wurst und Aufstriche: In vielen Supermärkten darfst du dein eigenes Behältnis an der Frischetheke befüllen lassen. Auf Märkten, im Bioladen und in Unverpacktläden ebenso.

Trockenware: Ob es nun Nudeln, Reis oder Bohnen sind – diese Lebensmittel bekommst du leider nicht überall unverpackt. Auf jeden Fall wirst du im Unverpacktladen fündig. Aber auch diverse Bioläden oder Märkte bieten manche dieser Produkte ohne Verpackung an. Vielleicht findest du ja einen „Greißler" (kleiner Lebensmittelladen) oder Tante-Emma-Laden in deiner Nähe, der ein paar unverpackte Lebensmittel anbietet.

Süßigkeiten: In Süßwarengeschäfte kannst du deine eigenen Behältnisse mitbringen und selbst befüllen lassen.

Öl und Essig: In diversen Fachgeschäften kannst du Öl und Essig selbst abzapfen.

Gewürze: Diese Aromenpakete und Scharfmacher werden oft auf Märkten verpackungsfrei angeboten.

Hol dir dein

regionales, nachhaltiges Obst und Gemüse

Es gibt viele Produzent*innen in deiner Nähe, die ihre selbst angebauten oder hergestellten Lebensmittel verkaufen. Mach dich schlau, was es in deiner Gemeinde, deinem Bezirk oder Landkreis gibt. Damit unterstützt du nicht nur lokale Bauern und Erzeugerinnen – du sparst auch noch tausende Transportkilometer ein und bekommst die Lebensmittel oft ohne Verpackung:

DA ABHOLEN, WO ES AUCH HERKOMMT:

Es gibt inzwischen viele Bauernhöfe, die einen Ab-Hof-Laden bzw. -Verkauf eingerichtet haben, in denen man direkt ihre Produkte kaufen kann. Auch Obstbauern oder Getreidemühlen bieten einen Direktverkauf an. In deine Nähe herrscht gähnende Leere? Einige Anbieter*innen sind auch online vertreten, schau einfach mal, wer in nächster Nähe liefert.

SCHLIESST EUCH ZUSAMMEN:

Du möchtest lokale Gemüsebauern und Landwirt*innen unterstützen? Dann beteilige dich an einer Solidarischen Landwirtschaft. Dabei kooperieren Anbaubetriebe und Konsument*innen, indem letztere vorab Anteile der zukünftigen Ernte und somit eine Abnahmegarantie kaufen und damit die Produzent*innen unterstützen. Food-Coops verkürzen die Handelskette, indem sie regionales Gemüse einkaufen und direkt weiterverkaufen. So werden die Einkünfte direkt den Produzent*innen zuteil.

AB IN DIE KISTE:

So eine Gemüsekiste hat einiges drauf – in ihr stecken superfrische Lebensmittel der Saison, die dir direkt vor die Haustür geliefert werden. Ganz ohne Spießrutenlauf im Laden oder Etikett-Suchspiel nach der Herkunft.

Mit wenig alles sauber bekommen: Reinigungsmittel

Nachdem du nun eine Ahnung hast, was in Putzmitteln drinsteckt, kannst du umweltfreundliche Alternativen ausprobieren.

Putzmittel: Sie bekommst du im Unverpacktladen und manchen Drogeriefilialen verpackungsfrei. Du kannst aber auch selbst welches herstellen. Rezepte dazu findest du ab Seite 171.

Schwämme: gibt es mittlerweile aus Naturmaterialen. Du kannst Schwämme aber auch durch eine Spülbürste ersetzen, bei der du den Kopf ganz leicht austauschen kannst.

Handschuhe: Wenn du auf die ganzen konventionellen Chemikalien verzichtest, brauchst du prinzipiell keine Handschuhe mehr. Falls du zum Reinigen der Toilette doch gerne welche verwendest, dann steige auf welche aus Naturkautschuk um (achte dabei darauf, dass sie auch fair gehandelt sind, Seite 114). Simpel and einfach. Wenn du die Umstellung geschafft hast, wirst du merken, dass Putzen mit weniger Produkten um einiges leichter ist. Der Putzschrank wird leerer und das schafft auch ein gewisses Gefühl von Freiheit.

Dein Naturschwamm,

direkt im Garten gepflückt

Die Schwammgurke bzw. Luffagurke (auch Schwammkürbis genannt; *Luffa cylindrica*) wächst im heimischen Garten oder auf dem Balkon und eignet sich ideal als Bio-Schwamm. Und so geht's:

Ziehe pro Topf 1–2 Samen 6 Wochen vor dem Auspflanzen im Haus vor. Lege dazu die Samen in einen kleinen Topf mit etwas Erde und bedecke sie vollständig. Lasse sie an einem hellen und warmen Platz keimen. Die Temperatur sollte zwischen 20 und 25 °C liegen. Halte sie gleichmäßig feucht. Wenn die Samen bereits zwei Keimblätter bzw. weitere Blattpaare aufweisen, topfe sie um. Ab Mitte Mai können die Pflanzen dann in den Garten gebracht werden. Sie brauchen ein Rankgerüst – so nehmen sie nicht zu viel Platz im Gemüsebeet ein. Der ideale Standort für deine Luffapflanze ist ein sonniger bis halbschattiger Platz – ob nun im Garten, auf dem Balkon oder der Terrasse.

Bis die Luffagurke geerntet werden kann, vergehen ca. 6 Monate. Die Früchte werden bis zu 30 Zentimeter lang und ähneln in ihrer Form ihren Verwandten, der Gurke und der Zucchini. Um sie als Schwamm zu ernten, solltest du sie so lange wie möglich an der Pflanze lassen. Wenn sie gelb wird, kannst du sie ernten und noch ein paar Tage trocknen lassen.

Anschließend kannst du die Schale abziehen, die Samen ausklopfen und den Schwamm sorgfältig waschen. In gleichmäßig große Stücke bzw. Scheiben geschnitten kannst du deine Luffagurke nun als Schwamm verwenden. Ob für die Körperhygiene oder das schmutzige Geschirr – das sei ganz dir überlassen.

Feste Seifen sind der Hit: Körper

Vielleicht gibt es nicht für alle Produkte, auf die du nicht verzichten möchtest, eine verpackungsfreie Alternative. Ein paar Umstellungen kannst du aber bestimmt wagen:

Waschen: Feste Dusch- bzw. Körperseife anstatt Duschgel zu verwenden, ist eine schnelle und leichte Umstellung, denn es ändert sich im Grunde nichts – außer, dass du die Verpackung weglassen kannst. Feste Seife findest du im Drogeriemarkt, in Seifenfachgeschäften und auf diversen Märkten, wo sie sehr häufig selbst gemacht ist.

▼
Sie wird zu deiner besten Freundin werden: feste Seife.

Pflegen: Vielleicht ändert sich gleichzeitig mit der Umstellung auf feste Seife dein Bedarf an zusätzlichen feuchtigkeitsspendenden Cremes. In einer Seife sind bereits Öle verarbeitet, es könnte also durchaus sein, dass du dich nach dem Duschen gar nicht einzucremen brauchst oder zumindest viel seltener als früher. Beobachte mal, was die Umstellung diverser Produkte mit deiner Haut macht, vielleicht lernst du sie ja ganz neu kennen. Falls du besonders trockene Haut hast, kannst du dich statt mit Cremes auch einfach mit natürlichen Ölen eincremen. Ob nun Mandel-, Kokos- oder Olivenöl – finde einfach heraus, welches Öl für dich und deinen Hauttyp passt. Vielleicht steht die richtige Körperpflege ja schon in deinem Küchenschrank. Solltest du mit dieser Pflege nicht zufrieden sein, findest du auch im Unverpacktladen Körperlotion zum Nachfüllen.

Deo: Auch bei Deo kannst du auf Glasverpackungen umsteigen. Festes Deo gibt es in diversen Seifenfachgeschäften. Die einfachste Variante ist tatsächlich, Deo selbst herzustellen. Du wirst dich wundern, wie toll das funktioniert – ein Rezept dazu findest du auf Seite 177.

Sonnenschutz: Sonnenschutz sollte bei hoher Sonneneinstrahlung immer getragen werden, da das Abblocken der UV-Strahlen deine Haut vor frühzeitiger Alterung schützt und das Risiko für Hautkrebs verringern kann. Besprich dich mit deiner*m Dermatologen*in, solltest du ein eigenes Rezept verwenden. Bei käuflichen Cremes solltest du unbedingt zu zertifizierter Naturkosmetik greifen. Denn vor allem in konventioneller Sonnencreme stecken viele Inhaltsstoffe, die du auf keinen Fall mit deiner Haut oder mit der Umwelt in Berührung bringen solltest. Die meisten enthalten hormonell wirksame Inhaltsstoffe und selbst Kindersonnencreme ist davor nicht geschützt. Tipps zum Selbermachen findest du auf Seite 176.

Glamour mit wenigen Zutaten: Haar

Festes Shampoo: Shampoo aus der Tube kannst du ganz leicht mit festem Shampoo austauschen, das du in den meisten Drogerien oder Seifengeschäften erhältst. Im Grunde funktioniert es wie herkömmliches Shampoo. Der Unterschied: die Plastikverpackung fehlt (Bonus!) und das beigemengte Wasser (Doppelbonus!), wofür du ebenso wie für die Packung extra bezahlst. Du wendest es an, indem du es wie ein herkömmliches Stück Seife zwischen deinen Händen unter fließendem warmem Wasser verreibst, bis es aufschäumt. Mit dem Schaum wäschst du dann wie gewohnt deine Haare.

Haarseife oder Alepposeife: Zwischen Haarseife und Haarshampoo gibt es einen Unterschied in der Rezeptur: Haarseifen haben eine Ölbasis, die für deine Haare eine Umstellung sein kann. Anzuwenden ist sie aber, ebenso wie das Shampoo, mit Wasser.

Wasser und Kämmen: Bei einigen Menschen klappt es sogar, dass man die Haare nur mit Wasser wäscht. Die Umstellung dauert um die zwei Monate. Dann sollten sich dein Haar und deine Kopfhaut daran gewöhnt haben. Zusätzlich zum Waschen mit Wasser wird das Haar mit Bürsten aus Naturborsten ausgebürstet, was den Sinn hat, dass das Fett und der Talg von der Kopfhaut bis in die Spitzen verteilt wird und somit kein fettiger Ansatz entsteht und auch der Rest der Haare geschmeidig bleibt.

Conditioner: Fester Conditioner findet sich wie das feste Shampoo in Drogerien oder Seifenfachgeschäften und beruht auf dem gleichen Prinzip. Also eine sehr leichte Umstellung.

Anstatt mit herkömmlichem Conditioner kannst du deine Haare nach dem Waschen aber auch mit etwas Apfelessig und kaltem Wasser ausspülen. Vielleicht geht es dir aber so wie mir und du erkennst, dass du eigentlich gar keinen Conditioner benötigst.

Haarkur: Meistens reicht es auch, ein bisschen Pflanzenöl in die Spitzen einzumassieren, statt Haarmasken selbst herzustellen. Wenn du dein Haar nicht allzu sehr mit Hitze behandelst und regelmäßig nachschneiden lässt, brauchst du jedoch selbst das nicht.

Haarspray: Auf Seite 179 findest du gleich zwei Rezepte, wie du unverpacktes Haarspray selbst und einfach herstellen kannst.

Abschminken und Co.: Gesichtspflege und dekorative Kosmetik

Gesichtspflege: Serum, Cremes und Pflegeöle gibt es sogar in der Drogerie in einer Glas- statt Plastikverpackung. Zum Nachfüllen findest du im Unverpacktladen ein breites Angebot. Oder du schaust dich nach unverpackten Varianten in diversen Seifenfachläden um. Auf Seite 104 findest du ein Rezept für eine einfache Creme, du schnell zuhause herstellen kannst.

Abschminken: Wattepads aus Stoff und Pflanzenöl helfen dir dabei, herkömmliche Reiniger zu ersetzen und keinen Müll mehr zu produzieren. Welches Öl du verwendest, bleibt ganz dir überlassen.

Make-up: Rouge, Bronzer und Puder kannst du ganz leicht selbst herstellen, auf Seite 181 zeige ich dir wie. Lippenstifte und andere dekorative Kosmetik findest du inzwischen unverpackt in vielen Parfümerien mit Natur- und Nachhaltigkeitsfokus.

Für die Beißerchen: Zahnpflege

Zahnbürste: Hast du schon mal von einer Zahnbürste aus Holz gehört? Nein? Na dann ist jetzt der richtige Moment gekommen, um sie einmal auszuprobieren. Mittlerweile gibt es eine große Auswahl an Holzzahnbürsten. Alternativ dazu gibt es Zahnbürsten, bei denen nur der Kopf ausgetauscht werden muss. Auch für die elektrische Zahnbürste findest du kompostierbare Aufsätze.

Zahnpasta: Was Alternativen zu herkömmlicher Zahnpasta betrifft, gibt es eine breite Auswahl. Dazu zählt unter anderem Zahnpasta im Glas (das nach dem Aufbrauchen recycelt werden kann) oder diverse Zahnpulver und Zahnputztabs. Das Tab wird dabei vor dem Zähneputzen im Mund zerkaut. Anschließend putzt man wie gewohnt seine Zähne. Es gibt natürlich auch die Möglichkeit, seine eigene Zahnpasta oder Zahnputzpulver herzustellen. Auf Seite 177 findest du ein einfaches Rezept. Bitte besprich mögliche Umstellungen unbedingt im Vorfeld mit deinem Zahnarzt oder deiner Zahnärztin. Hier gilt so wie in sehr vielen Fällen: Jeder Körper ist anders. Auf keinen Fall sollen aber Änderungen, die der Umwelt zugutekommen, dem eigenen Körper und der Gesundheit schaden.

Zahnseide: gibt es in Glas verpackt und aus Seide zu kaufen.

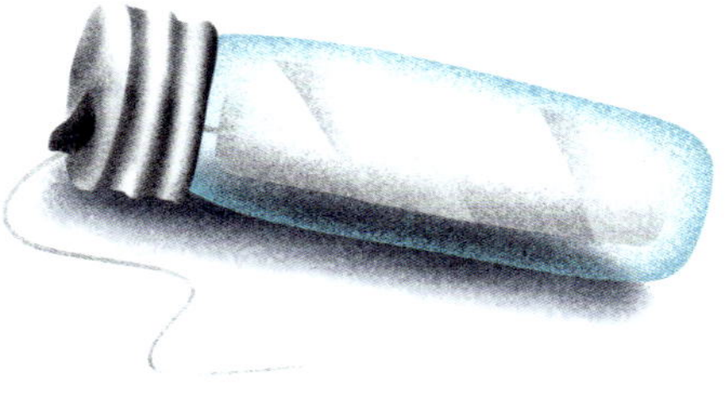

Läuft glatt: Haarentfernung

Rasieren: Anstelle des Fünf-Klingen-Rasierers mit Vibration und integriertem Feuchtigkeitsband tut es auch der gute altbewährte Rasierhobel. Ich weiß noch, wie ich als Kind meinem Vater bewundernd und sogar etwas ehrfürchtig bei seiner Rasur mit Pinsel und Rasierhobel zugesehen habe. Ich erinnere mich, mit welcher Geduld und ruhigen Hand er mit der scharfen Rasierklinge an seinen Wangen und seinem Hals entlangfuhr, den Rasierhobel zwischendurch immer wieder in das warme Wasser im Waschbecken tauchend, um den Rasierschaum und die Bartstoppeln abzuwaschen. Für mich ist diese Erinnerung so greifbar und doch so weit weg. Es sah unglaublich schwierig aus und doch setzte mein Vater den Rasierer mit einer Leichtigkeit ein, die nicht nur von Geschick, sondern auch von Mut zeugte. Vielleicht ist diese gestochen scharfe Erinnerung der Grund, warum der Rasierhobel erst mal ein paar Wochen in meinem Badezimmer darauf wartete, in Gebrauch genommen zu werden. Es ist vielleicht etwas seltsam, aber ich hatte Respekt davor, mich damit zu rasieren. Für alle anderen Vorsichtigen darf ich aber gleich Entwarnung geben: Es ist nicht so schwierig oder gefährlich, wie man es sich vielleicht vorstellt – ganz im Gegenteil. Die Rasur ist nicht nur eine Leichtigkeit, sondern hinterlässt die Haut anschließend genauso glatt wie ein herkömmlicher Rasierer. Einzig wenn die Klinge frisch ist, sollte man etwas Vorsicht walten lassen und sich vielleicht etwas mehr Zeit für die Rasur nehmen. Der richtige Winkel ist schnell gefunden.

Es gibt mittlerweile eine große Auswahl an Rasierhobeln, die besten sind meiner Meinung nach jene, die man gebraucht kaufen kann. Rasierklingen gibt es in jeder Drogerie und in Unverpacktläden sogar ganz ohne Plastikverpackung. Mit einer Klinge kommt man lange aus (je nachdem natürlich, wie häufig man sich rasiert) und sie ist auf jeden Fall viel kostengünstiger als jede andere Ersatzklinge, die ich bis jetzt gesehen habe. Die Umstellung lohnt sich auf alle Fälle.

Rasierschaum: Anstatt des Rasierschaumes kannst du ein wenig Seife aufschäumen und schon hast du einen guten Ersatz. Rasierschaum in fester Form findest du in manchen Seifenfachgeschäften und Unverpacktläden – ebenso wie den passenden Pinsel dazu.

Epilation und Wachsen: Du kannst mit Schmerz gut umgehen? Dann ist vielleicht auch das Epilieren oder Wachsen das Richtige für dich. Auf Seite 179 findest du ein Rezept für Sugaring.

Laser: Eine weitere Möglichkeit ist die Haarentfernung mit Laser. In dieser Behandlung (die meistens mehrere Sitzungen benötigt), werden durch hochenergetisches Licht, das bis zu den Haarwurzeln durchdringt, die Haarwurzelzellen durch Hitzeenergie erwärmt. Dadurch sind diese nicht mehr in der Lage, das Haar im Wachstum zu unterstützen, weshalb die Haare dann ausfallen und nicht mehr nachwachsen können.

Lass die Haare wachsen: Vielleicht merkst du aber auch, dass dich deine Körperbehaarung gar nicht so sehr stört und lässt sie einfach da, wo sie ist. Einen Versuch ist es doch wert!

Gesundheit! Medizin

Ich bin sehr dankbar für die Fortschritte in der Medizin und die Möglichkeiten, die wir heutzutage haben, schwere Krankheiten zu behandeln genauso wie Wehwehchen zu kurieren. Medizin gibt es nicht unverpackt – was gut und wichtig ist. Für kleine Erkältungen sowie Schnupfen und Husten habe ich ab Seite 182 ein paar Hausmittel für dich gesammelt.

Achte auf dich und dein Immunsystem, damit du nicht so oft krank wirst und ernähre dich gesund. Natürlich können wir so keine Krankheiten heilen, das überlassen wir bitte weiterhin der Medizin und den Fachleuten. Jedoch können wir so die eine oder andere Erkältung umgehen – und das ist doch schon mal was.

Für unbeschwerte Zeiten: Menstruationsprodukte

Um die monatliche Blutung nicht nur nachhaltig, sondern auch gesund zu gestalten, gibt es sehr viele alternative Produkte, die man statt Tampons und Binden verwenden kann. Die Auswahl ist so breitgefächert, dass bestimmt für jede*n das Richtige dabei ist.

Egal, mit wem ich bis jetzt gesprochen habe, der*die eine Umstellung von Tampons oder Wegwerfbinden gemacht hat: Jede*r konnte mir meine eigene Erfahrung bestätigen, nämlich, dass die alternativen Produkte nicht nur angenehmer zu tragen und zu verwenden sind, sondern dass sich auch das Körpergefühl mit dieser Umstellung geändert hat. Dass man seinen eigenen Körper viel besser kennengelernt hat und begonnen hat, ihn besser zu spüren – sich besser zu spüren.

▶ Aus feiner Baumwolle: Binden und Stofftampons. Daneben: Naturschwamm und Menstruationstasse.

Die Menstruation kann in vielen Fällen als unangenehm und lästig empfunden werden. Es ist ein weiterer Aufwand, rechtzeitig die Binden oder Tampons zu wechseln, man muss immer etwas dabei haben, fühlt sich eventuell schmuddelig, hat Schmerzen oder der Zeitpunkt ihrer Ankunft passt einem wieder einmal überhaupt nicht in die Agenda. Das richtige Produkt für dich wird das nicht wegzaubern, aber die Zeit vielleicht doch etwas angenehmer gestalten können. Diverse Alternativen sollen, damit sie z. B. auch mit deiner Verhütungsmethode konform sind, vorab mit deinem*r Gynökologen*in besprochen werden.

Stofftampons und Stoffbinden: Diese beiden Produkte ähneln der am meisten verwendeten Wegwerfalternative bis auf den Fakt, dass sie waschbar und somit wiederverwendbar sind. Das Einzige, was man zusätzlich dazu braucht, ist ein kleines Täschchen, eine Wetbag, in der die Tampons oder Binden nach deren Verwendung aufbewahrt werden. Kurz unter kaltem Wasser ausspülen und bei der nächsten Wäsche einfach mitwaschen. Empfohlen werden 60 Grad Celsius. Stoffbinden gibt es in den verschiedensten Farben, Formen und Größen, mit Flügel oder ohne, für schwere Blutungen oder für den normalen Ausfluss als Slipeinlage.

Periodenunterwäsche: Ob für schwere oder leichte Tage, ein Periodenslip ist in jeder Lebenslage dein treuer Begleiter. Die Anwendung ist sehr simpel: anziehen und fertig. Direkt nach dem Tragen spülst du den Slip mit kaltem Wasser gut aus und wäschst ihn ganz normal in der Maschine. Die Menstruationsunterwäsche besteht aus mehreren Lagen, die unter anderem einen Saugkern und einen Auslaufschutz beinhalten. Das Fassungsvermögen eines Slips entsprich ungefähr der Menge an Blut, die 1–2 Tampons aufsaugen würden. Für sehr starke Tage zwar eher als Back-up-Produkt zu empfehlen (anstatt einer Binde), aber für die leichten Tage dafür ideal. Die spezielle Unterwäsche trocknet deine Scheide nicht aus, was vor allem an schwachen Tagen bei Tampons problematisch werden kann, da Trockenheit Pilze und Entzündungen begünstigt.

Menstruationsschwamm: Er wird genau wie ein Tampon eingeführt und mit den Fingern im Pinzettengriff wieder entfernt. Da der Schwamm keinen Faden hat, ist er eher für erfahrene Menstruierende empfehlenswert. Das Tolle an dem Schwamm ist, dass er individuell angepasst werden kann, das bedeutet: ist er zu groß, kannst du ihn selbst zuschneiden, sodass er sich in deinem Körper gut anfühlt. Er passt sich deiner Vagina perfekt an und sorgt auch bei leichten Tagen für genügend Feuchtigkeit, da er die Schleimhaut nicht austrocknet. Der Schwamm wird nach Gebrauch unter kaltem Wasser ausgespült und kann anschließend wiederverwendet werden. Nach der Monatsblutung sollte der Schwamm speziell gereinigt werden. Bitte am besten den Richtlinien des Herstellers folgen.

Menstruationstasse: Eine Menstruationstasse sieht (wie der Name schon sagt) ein wenig wie eine Tasse aus und wird wie der Menstruationsschwamm oder die Stofftampons in die Vagina eingeführt. Das Einführen benötigt zwar etwas Übung, aber mit ein wenig Geduld findet man bald die richtige Methode. Es gibt verschiedene Faltmöglichkeiten, um das Einführen so angenehm und effektiv wie möglich zu gestalten. Durch das Vakuum, das sich beim Öffnen der Tasse bildet, umschließt diese auf ideale Weise den Muttermund und fängt somit das Menstruationsblut auf, ohne dass etwas daneben geht. Ich empfehle trotzdem, als Back-up (vor allem zu Beginn) Stoffbinden oder einen Menstruationsslip zu tragen. Auch erfahrenen Träger*innen kann es passieren, dass sie einmal nicht perfekt sitzt und auch mal was danebengeht. Entfernt wird sie ebenfalls mit dem Pinzettengriff, indem man den untersten Teil der Tasse zusammendrückt und somit das Vakuum löst! Bitte niemals einfach so herausziehen, das kann wehtun und ist vor allem für Spiralenträger*innen nicht ideal. Die Menstruationstasse besteht im Idealfall aus medizinischem Silikon (bitte beim Kauf unbedingt darauf achten) und ist somit nicht nur weich in der Beschaffenheit, sondern tut dem Körper auch nichts Schlechtes. Sie kann ebenfalls wie Tampons und Schwämme 8 Stunden in der Vagina verweilen, was an schwachen Tagen durchaus ausreichend ist. An starken Tagen kann es schon mal sein, dass man sie 1- bis 2-mal entleeren muss. Wenn du sie entfernt hast, kannst du den Inhalt direkt ins WC leeren und anschließend die Tasse mit Wasser auswaschen und gleich wieder einführen. Wenn dein Zyklus zu Ende ist, einfach ein paar Minuten in einem Topf auskochen und schon ist sie wieder bereit für die nächste Periode.

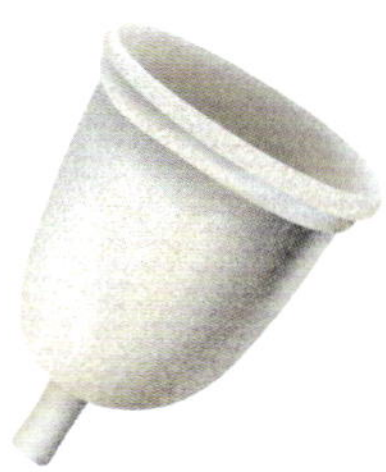

Es gibt die Menstruationstasse in verschiedenen Größen. Je nach Alter, Geburten, Stärke der Blutung und Anatomie kannst du herausfinden, welche Größe für dich passend ist. Auf den verschiedenen Herstellerseiten gibt es Anleitungen, wie du die Größe ermitteln kannst.

Wasser ist die Lösung: Toilette

Toilettenpapier: Verwende auf jeden Fall Recyclingpapier. Du kannst in diversen Fachgeschäften unverpacktes Toilettenpapier beziehen. Alternativ kannst du dich aber auch mit einem Waschlappen trocken und sauber wischen. Das benutzte Tuch kannst du in eine Wetbag (Seite 146) geben oder gleich in die Waschmaschine werfen.

Bidet: Die Idee, dich mit einem Waschlappen zu säubern, kommt dir vielleicht komisch vor. Das verstehe ich. Aber wenn du zuvor mit einem Bidet (ob nun eingebaut oder transportabel) alles sauber wäschst, brauchst du dich davor nicht zu ekeln, denn dein Untenrum wird so viel sauberer als mit herkömmlichem Toilettenpapier.

Klobürste: Kauf dir beim nächsten Mal eine Klobürste aus Holz mit Naturborsten oder steige auf eine um, bei der nur der Bürstenkopf ausgetauscht werden muss.

Kleine Gadgets, große Wirkung: Freizeit und Reisen

Wir wissen: in der Freizeit und auf Reisen entsteht oft überdurchschnittlich viel Müll. Doch wie kann man all diese Verpackungen umgehen? Die Antwort ist ganz klar: Bewusstsein schaffen und Prioritäten setzen. Ich kann zum Bäcker meinen eigenen Becher oder meine Thermoskanne mitbringen und dort mein Heißgetränk einfüllen lassen, so wie ich einen Beutel oder eine Lunchbox für das belegte Brötchen mitbringen kann, um auf die Verpackungen vor Ort zu verzichten. Ich kann einmal die Woche vorkochen, oder, sollte ich jeden Tag kochen, immer etwas mehr zubereiten, damit ich am nächsten Tag etwas davon mit in die Arbeit nehmen kann, anstatt in jeder Mittagspause zum Supermarkt zu hetzen. Auch mein Obst und Gemüse kann ich am Vorabend vorbereiten, ebenso wie einen Snack für die Uni oder die Schule meiner Kinder. Wenn ich am Wochenende meinen Wocheneinkauf erledige, muss ich nicht jeden Tag nach der Arbeit noch beim Supermarkt Halt machen.

▲
Mit Brotdosen für das Picknick und einer Wasserflasche zum Auffüllen bist du immer supergut ausgerüstet.

Es gehört natürlich ein wenig Planung dazu, aber hat man mal eine Routine gefunden, die zu einem passt, dann geht sich das zeitlich auch alles gut aus –versprochen. Denn abends noch schnell das Müsli mit Joghurt für das Frühstück am nächsten Tag vorzubereiten oder die Reste des Abendessens in eine Dose zu packen, dauert nur ein paar Minuten und man hat morgens trotzdem gleich viel Zeit wie früher auch. Und all diese kleinen Änderungen haben einen unglaublichen Mehrwert: Ich spare Müll durch das Umgehen der unnötigen Verpackungen, ich spare Zeit, indem ich nur einmal in der Woche einen großen Einkauf mache und das Nötigste zuhause habe und ich spare Geld, weil ich weniger oft in Situationen komme, in denen ich welches ausgeben könnte.

Damit du tipptopp vorausplanen und Müll vermeiden kannst, findest du hier noch eine Liste mit den Dingen, die du unterwegs – ob in der Freizeit oder auf Reisen – am besten immer mit dabei hast:

Wasserflasche oder Thermoskanne: um Wasser oder ein Heißgetränk im Café abzufüllen.

Stoffbeutel und Einkaufstasche: für Gebäck oder einen Einkauf.

Göffel: ein kleiner faltbarer Löffel hilft dir dabei, auf Einwegbesteck zu verzichten, solltest du unterwegs Hunger bekommen.

Stofftaschentuch: dient nicht nur als Taschentuch, sondern auch als Serviette oder wenn du dir mal die Hände schmutzig gemacht hast. Das Wasser in deiner Wasserflasche hilft dir zusätzlich, solltest du nicht umgehend die Hände waschen können.

Je nach Bedarf kannst du auch noch wiederverwendbare Strohhalme aus Glas, Bambus oder Metall mit dabei haben. Ebenso wie eine Brotdose oder ein anderes Behältnis für Speisen, die deinen Stoffbeutel schmutzig machen würden oder in deiner Tasche auslaufen könnten.

Von Kugelschreiber bis Mappe: Arbeit und Büro

Natürlich musst und sollst du jetzt nicht gleich loslaufen und all deine Büroartikel, die aus Kunststoff bestehen, ersetzen. Auch hier lautet die Devise: Erst einmal die vorhandenen Dinge aufbrauchen, bevor du überlegst, welche nachhaltigere Alternative du dir besorgen möchtest. Solltest du ein neues Produkt brauchen, achte beim Kauf auf verstecktes Plastik.

Zwar sind die meisten Schreibutensilien aus Kunststoff, aber auch hier gibt es wiederbefüllbare Alternativen, welche die Müllproduktion verringern. Auch andere gängige Büroutensilien kannst du plastikfrei beziehen.

Kugelschreiber: Ob es nun ein Stift, eine Füllfeder mit Patronen oder ein Kolbenfüller ist – an Alternativen mangelt es nicht. Ein Kolbenfüller ist eine Füllfeder, in die du durch die Feder Tinte aus einem Glas aufziehen kannst. Sie kommt ganz ohne Patronen aus.

Blei- und Buntstifte: Blei- und Buntstifte haben häufig eine Lackbeschichtung. Ohne diese Beschichtung sind die meisten Stifte plastikfrei und deine Spitzrückstände werden so kompostierbar.

Lineal: Lineale gibt es alternativ zu jenen aus Plastik auch aus Metall oder Holz. Sie halten um einiges länger, weil sie viel robuster sind.

Schere: Die Schere mit Plastikgriff kann durch eine mit Metall- oder Holzgriff ersetzt werden.

Radiergummi: Achte beim Kauf darauf, dass er aus Naturkautschuk besteht. Frag im Zweifelsfall nach.

Marker: Marker kannte ich gar nicht anders als in neonfarbenen Plastikgehäusen, aber man kann sie genauso gut mit Neonbuntstiften ersetzen, sollte man wirklich Marker benötigen. Ich persönlich unterstreiche wichtige Textzeilen oder kreise sie ein. Dafür braucht man dann nicht einmal einen Extrastift.

Spitzer: Spitzer gibt es aus Metall und oft auch mit einem Glas- oder Metallgefäß statt einem aus Plastik.

Hefteinband: Hefteinbände kennen vielleicht manche von uns noch aus Papier, aber Kunststoff wurde im Laufe der Zeit einfach beliebter, weil er etwas robuster ist – dennoch ist einem Hefteinband aus Papier nichts entgegenzusetzen. Wenn man stets bedacht mit den Objekten umgeht, dann halten auch diese ständiger Nutzung stand.

Mappen und Schnellhefter: Mappen und Schnellhefter sind entweder mit einer Plastikschicht überzogen oder bestehen durch und durch daraus. Hier ist die Alternative: Karton.

Büroklammern und Pinnadeln: Büroklammern und Pinnadeln gibt es in vielen bunten Farben, sie sind also alle mit einer Kunststoffschicht überzogen. Wenn man diese weglässt, sind diese Artikel ohne Kompromisse plastikfrei.

Heftzange: Sogar Heftzangen kommen mittlerweile ohne Metallklammer aus. Die Anzahl der Zettel, die man auf diese Weise aneinanderheften kann, ist zwar begrenzt (es gehen sich ungefähr 6 Seiten aus), aber in vielen Fällen braucht man ja nicht mehr. So ist geheftetes Papier leicht recycelbar, denn du musst nicht einmal die Heftzange entfernen.

Elektroartikel: Solltest du, wie die meisten von uns, die nicht mehr zur Schule gehen, vor allem auf deinem Computer, Laptop oder Tablet arbeiten, dann kannst du auch hier nachhaltige Schritte setzen, indem du deine Elektroartikel gebraucht beziehst. Wenn wir gut auf unsere Utensilien achtgeben, dann halten sie länger und nicht nur wir haben etwas davon, sondern auch unsere Umwelt.

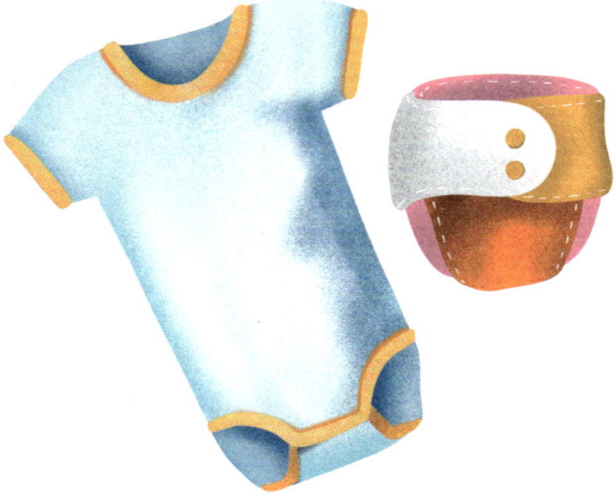

Mit oder ohne Windel, das ist hier die Frage: Babys, Kinder und Erziehung

Ein Neugeborenes braucht meiner Meinung nach nur drei Dinge: ein wenig Kleidung, Nahrung und ganz viel Liebe – der Rest kommt mit der Zeit von selbst dazu. Selbstverständlich hat das eine oder andere davon aus praktischer Sicht seine Berechtigung, aber ich kann euch versichern: Es geht auch gut ohne. Dem Baby ist es egal, ob es in dem teuren Body oder einem gebrauchten Baumwoll-Body liegt. Hauptsache, es hat es gemütlich und warm. Das Tragetuch muss es auch nicht in drei verschiedenen Farben zu Hause haben und es ist ihr*ihm auch einerlei, ob es mit einem Feuchttuch oder einem warmen Waschlappen abgewischt wird.

Ich habe mit eher wenigen Gegenständen für unser Baby begonnen. Ein paar Bodys, einem Schlafsack, Windeln, Waschlappen, einer Trage etc. Mehr habe ich in den ersten Tagen oder Wochen gar nicht gebraucht. Wenn man merkt, dass dann doch noch etwas fehlt oder praktisch wäre, kann man es ja schnell ausborgen oder besorgen.

Für mich war es teilweise wirklich sehr schwer, all der schönen Babykleidung, dem Spielzeug und den Gegenständen für die Kinderzimmereinrichtung zu widerstehen. Ich fühle sehr mit jenen Müttern, die auch gerne alles schön und kuschelig einrichten wollen. Aber ich kann euch aus Erfahrung versichern: Es kann auch mit wenig und Gebrauchtem schön und kuschelig werden. Spart euch lieber das Geld – die Zeit, in der jeder Besuch Kleidung oder eine kleine Aufmerksamkeit mitbringt, ist nach ein paar Wochen bzw. Monaten bald vorbei und plötzlich hat man ein einjähriges Kind, das aus allem rausgewachsen ist und denkt sich: Warum hat mir niemand was in Größe 86 geschenkt? Im Folgenden findest du ein paar Ideen, wie wir es schaffen können, auch mit einem Baby im Haus wenig Müll zu produzieren.

Für supersanfte Babyhaut: Pflege

Muttermilch als Allrounder: Die beste Pflege für dein Baby hast du im besten Fall in den ersten Monaten immer bei dir: Muttermilch. Sie ist ein unglaubliches Multitalent. Die Natur hat gut mitgedacht und so ist Muttermilch nicht nur die ideale Nahrung für dein Neugeborenes, sondern kann auch bei den ersten Wehwehchen hilfreich sein. Denn abgesehen davon, dass sie alle Nährstoffe für dein Baby enthält, ist sie auch noch immunstärkend und hautregenerierend. Sie enthält viel (gutes!) Fett und hat keimabwehrende und entzündungshemmende Eigenschaften. Muttermilch ist also auch für die äußere Anwendung zu empfehlen. Ich bin immer noch verblüfft, wie vielseitig man sie einsetzen kann.

So ist sie der perfekte Badezusatz für dein Baby. Einfach ein wenig von der Milch abpumpen, ausstreichen oder beim Stillen auffangen und dem warmen Badewasser zuführen. Auch bei Schnupfen kann Muttermilch helfen, denn sie wirkt antibakteriell und abschwellend. Geübte Mütter können sie direkt in die Nase tropfen, ich fand jedoch kleine Spritzen immer sehr hilfreich, mit denen die Muttermilch leicht aufgenommen und in die Nasenlöcher des Babys abgegeben werden kann. Durch die Nahrungsumstellung und die ersten Stuhlgänge der Muttermilch bekommen viele Babys einen wunden Po. Muttermilch auf die wunden Stellen auftragen und am nackten Babypo trocknen lassen. Auch für trockene Hautstellen eignet sich Muttermilch.

Badezusatz und Lotion: Neben Muttermilch kann sanftes Öl zum Baden oder Einmassieren verwendet werden, wie etwa Mandel- oder Jojobaöl. In den ersten Tagen und Wochen jedoch sollte alles mit Vorsicht angewendet werden, da sich die zarte Haut des Neugeborenen erst an das Leben an Land gewöhnt und sich somit in dieser Zeit akklimatisiert und auf die Umgebung einstellt. Am besten lasst ihr euch von einer Hebamme eures Vertrauens beraten.

Seife: Als Seife eignet sich sanfte Naturseife, die du unverpackt in der Drogerie oder im Unverpacktladen kaufen kannst.

▲
Stoffwindeln sind einfacher in der Handhabung, als du vielleicht glaubst.

Von Stoffwindeln und Tüchern: Wickeln

Stoffwindel: Diese Alternative finden viele sehr veraltet und stellen sie sich eher mühselig vor: Stoffwindeln. Vor allem die ältere Generation, die selbst noch mit Mullwindeln gewickelt hat, kann es meistens gar nicht fassen, dass ich mich dazu entschieden habe, meine Kinder in der heutigen Zeit und mit den derzeitigen Möglichkeiten in Stoff zu wickeln. Sie wissen nämlich nicht, wie fortgeschritten jene Stoffwindeln sind, die es heute gibt. Wie bunt und vielfältig die Auswahl ist und wie komplikationslos es ist, damit zu wickeln. Natürlich kann man immer noch mit Mullwindeln wickeln und für die ersten Wochen habe ich diese Methode auch gerne genutzt. Sie sind noch so winzig und zart, diese kleinen Babys, und alles andere kam mir riesig vor. Man kann aber aus so vielen verschiedenen Systemen eine Auswahl treffen, dass ich mir sicher bin, dass für jede*n etwas dabei ist.

Ob nun All-in-one-Windeln (AiO), die auf dem gleichen Prinzip wie Wegwerfwindeln beruhen, nur keinen Müll produzieren oder Höschenwindeln und Einlagen, für die man zusätzlich eine Überhose aus Wolle oder PUL braucht. PUL ist ein Polyesterstoff, welcher mit einer dünnen Schicht Polyurethan die Überhose versiegelt. Somit tritt keine Flüssigkeit aus und es bleibt alles schön trocken.

Die Vorteile von Stoffwindeln: Stoffwindeln verursachen fast keinen Müll, können wunderbar gebraucht erworben werden (vielleicht hat ja noch ein*e Bekannte*r welche zuhause). Auch neu kosten sie (als Richtwert) höchstens halb so viel wie Wegwerfwindeln – wenn man sie für mehrere Kinder verwendet, sogar noch weniger. Einige der Stoffwindeln, die ich für meine Kinder verwendet habe, sind schon über 20 Jahre alt und wurden mittlerweile von 4 Kindern getragen (Tendenz steigend, da ich sie gerade selbst wieder verliehen habe). Viele, mit denen ich über Stoffwindeln spreche, argumentieren, dass man dann ja aber viel mehr Wasser durch das Wäschewaschen verbrauche und das auch nicht umweltfreundlich sei. Schauen wir uns das einmal an: Man muss ungefähr 2- bis 3-mal in der Woche die Windeln waschen. Wenn wir davon ausgehen, dass man reine Windelwäsche macht (was nicht notwendig ist, ich habe meistens einfach zur Weiß- oder Handtuchwäsche auch die Stoffwindeln dazugegeben), dann sind das 7 000 Liter mehr Wasser, als wenn man keine Windeln wäscht, also ungefähr 28 Euro im Jahr. Wenn man dann noch den Strom dazu rechnet, der, je nach Wärmegrad und Modell der Waschmaschine, 80–100 Euro kostet und ungefähr 290–390 kWh verbraucht, kommen wir auf rund 130 Euro.

Natürlich kostet das Wäschewaschen etwas Geld und man verbraucht mehr Wasser und Energie. Etwas Wichtiges darf man jedoch nicht übersehen: Auch Wegwerfwindeln verbrauchen in der Herstellung Wasser und Energie. Die Ökobilanz für Stoffwindeln und Einwegwindeln schneidet ziemlich gleich ab, jedoch fällt bei Stoffwindeln einfach weniger Müll an (dieser wird bei der Ökobilanz nicht beachtet). Außerdem können Stoffwindeln – im Gegensatz zu Wegwerfwindeln – öfter und für mehrere Kinder verwendet werden. Somit schneiden sie in ihrer Ökobilanz natürlich weitaus besser ab. Aus diesem Grund würde ich mich trotzdem immer wieder für Stoffwindeln entscheiden – und empfehle sie auch jedem, der sie ausprobieren möchte. Denn abgesehen davon, dass viel Müll eingespart wird, kann ich bei Stoffwindeln noch viele andere Vorteile aufzählen.

Wie schon erwähnt, sind in Wegwerfwindeln Erdöl und andere Chemikalien gefunden worden. Stoffwindeln bestehen auch aus verschiedenen Materialien, aber am häufigsten sind es natürliche Stoffe wie Baumwolle oder Bambus. Diese Materialen sind atmungsaktiv und somit nicht nur besser für die zarte Babyhaut, sondern sie können auch (bei regelmäßigem Wechseln) einen wunden Po oder Pilz vorbeugen. Man muss zwar häufiger wickeln, um zu verhindern, dass das Baby nicht zu lange im Nassen liegt, dafür bekommt man aber ein viel besseres Gefühl für das Ausscheidungsverhalten des eigenen Kindes. Und auch die Kinder selbst spüren, wenn sie nass oder schmutzig sind, und können somit schneller lernen, wie der Harn- bzw. Stuhldrang mit den Ausscheidungen zusammenhängt. Das ist zwar kein Versprechen dafür, dass Stoffwickelkinder schneller trocken werden, aber das Körpergefühl wird dadurch besser geschult.

Der letzte Vorteil, der den etwas dickeren Windelpopo schnell vergessen lässt: Sie sehen einfach echt schön aus.

Wetbag: Eine Wetbag ist eine wasserdichte Tasche, in die du die feuchten Windeln (aber auch nass gewordene Kleidung etc.) hineingeben kannst. So hast du unterwegs eine gute Möglichkeit, die Windeln nach Hause zu transportieren.

Windelvlies: Muttermilchstuhl ist wasserlöslich, das bedeutet, dass die Windel genau so, wie sie ist, in die Waschmaschine kann, ohne Vorwaschen oder sonstiges. Wenn dein Baby anfängt, feste Nahrung zu sich zu nehmen, ist ein Windelvlies zu empfehlen. Dies ist ein dünnes Zellulosetuch, das du in die Windel gibst, um den Kot aufzufangen. Das Windelvlies inklusive Inhalt kann in die Toilette geworfen werden, anschließend kannst du die Windel wie gewohnt waschen.

▼
Hier hat alles Platz:
die Wetbag.

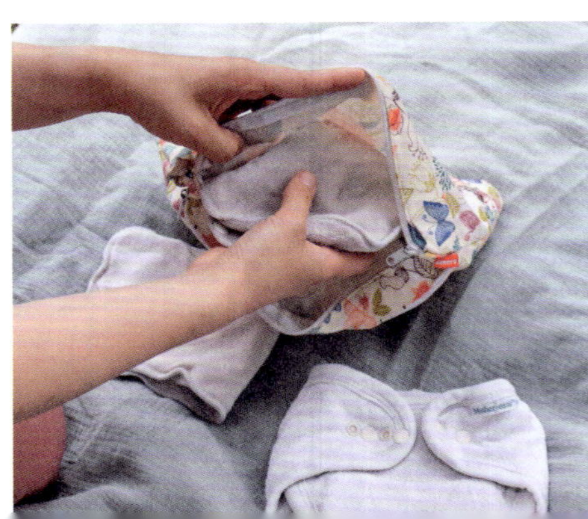

▲
Nasse Stofftüchlein zum Abwischen ersetzen gewöhnliche Feuchttücher und sind schnell vorbereitet und in einer Box verstaut.

Feuchttücher: Angefeuchtete Waschlappen eignen sich hervorragend zum Sauberwischen des Baby- und Kleinkindpopos. Aber auch für schmutzige Hände oder Münder sind sie ein Muss! Für unterwegs kannst du schon angefeuchtete Tücher in eine verschließbare Box geben.

Po-Creme: Bei einem roten Po ist auf jeden Fall der Kinderarzt/die Kinderärztin aufzusuchen. Manchmal helfen auch ein wenig Luft und Muttermilch, sollte die Rötung aber nach ein paar Tagen noch immer da sein und schlimmer werden, wende dich an Fachpersonal.

Es geht auch ohne: windelfrei

Windelfrei oder auch „Elimination Communication" ist eine uralte Form, mit den Ausscheidungen der Babys umzugehen. Bei Naturvölkern und in asiatischen Ländern ist diese noch immer sehr verbreitet und auch in der Stoffwindel-Community gibt es viele, die Windelfrei mit Stoffwindeln kombinieren.

Aber was genau bedeutet Windelfrei und wie funktioniert es? Dein Baby kommt mit vielen verschiedenen Kompetenzen zur Welt. Einiges muss es noch lernen, wie Sprechen, Krabbeln oder Laufen, aber seine Ausscheidungen wahrnehmen und bis zu einem gewissen Grad kontrollieren kann es schon von Anfang an. Unglaublich, oder? Wird uns doch von der Windelindustrie erzählt, dass das gar nicht möglich sei. Anfangs ist es zwar mit viel Arbeit verbunden, weil dir dein Baby noch nicht einfach mal so sagen kann: „Hey, ich muss mal!" Aber man kann lernen, die Zeichen zu erkennen, die dein Kind setzt, wenn es mal auf die Toilette muss. Grundsätzlich kann davon ausgegangen werden, dass sich dein Baby nach dem Wachwerden und ungefähr 30–60 Minuten nach der Nahrungsaufnahme erleichtern muss. Viele urinieren auch während des Stillens – das macht die Sache dann etwas komplizierter, aber nicht unmöglich. Man kann ein kleines Töpfchen verwenden oder das Baby über Waschbecken, Toilette oder Badewanne vor sich in Hockstellung abhalten. Dabei sollte ein Laut oder Wort von sich gegeben werden, den das Baby dann mit dem Toilettengang verbindet. Mit der Zeit lernt das Baby, dass es dann darf und wartet auch so lange es kann ab, bis du es wieder in dieser gewohnten Umgebung abhältst. Viele Kinder werden so schon sehr früh „sauber", ohne sich mit Worten ausdrücken zu können – es gibt ja schließlich mehrere Arten der Kommunikation.

Ich konnte das am Anfang natürlich selbst nicht glauben. Aber dann habe ich es ausprobiert und lasst mich euch sagen: ich bin immer noch erstaunt, wie gut es funktioniert.

Am liebsten gebraucht: Kleidung

Kinderkleidung gibt es gebraucht in Hülle und Fülle zu erwerben. Ob im Secondhandladen oder auf diversen Onlineplattformen. Man kann natürlich auch unter Freunden und Verwandten tauschen und aus- und verborgen. Da Babys im ersten Jahr ständig Wachstumsschübe haben und man ihnen sprichwörtlich beim Wachsen zusehen kann, tragen diese kleinen Wesen die Kleidung meistens um die drei Monate, bevor man schon zur nächsten Größe greifen muss. Ich habe gelernt, dass vor allem bei Baby- und Kinderkleidung Vorsorge der Schlüssel ist, um das meiste secondhand zu beziehen. Was meine ich damit? Ich muss für diverse Jahreszeiten sowie Wind- und Wetterlagen im Vorfeld ausgestattet sein, damit ich dann, wenn vielleicht unerwartet der erste kalte Tag des Jahres vor der Tür steht, die passende Strumpfhose oder der Schneeanzug in der richtigen Größe im Schrank vorhanden ist. Im Stress gebrauchte Kleidung zu kaufen ist nicht nur unglaublich mühsam, man findet vielleicht genau an diesem Tag und genau in diesem Laden nicht das richtige Kleidungsstück in der passenden Größe. Das bedeutet zwar, dass man sich vielleicht im Sommer schon nach der nächsten Regenhose oder Handschuhen umsieht, man dafür aber rechtzeitig alles parat hat und Schnelleinkäufe bei diversen Fast-Fashion-Geschäften (Seite 152) vermeiden kann.

Von Muttermilch bis Babybrei: Nahrung

Ob du nun stillst oder das Fläschchen gibst, dein Baby schon seinen ersten Brei bekommt oder mit dir vom Teller isst – Hauptsache, es ist satt und es wird geliebt.

Fläschchen: Verwende ausschließlich Fläschchen aus Glas, damit dein Baby nicht schon so früh mit Kunststoff in Berührung kommt.

Sauger und Schnuller: Kaufe diese Gegenstände aus Naturkautschuk. So kommen keine Chemikalien und Giftstoffe an dein Baby und Kleinkind.

Kinderbesteck und Kindergeschirr: Solltest du zu Beginn lieber nicht deine Porzellanteller in Gefahr bringen wollen, so verwende Teller und Besteck aus Holz. Dieses ist hitzebeständig und gefährdet die Gesundheit sowie die Umwelt nicht.

Beikost: Bevor du Beikost einführst, musst du unbedingt darauf achten, ob dein Baby dafür schon bereit ist. Die „Beikostreifezeichen" geben dir eine Anleitung, wann es so weit ist, mit Beikost zu starten:

- Dein Baby hat Interesse an der Nahrungsaufnahme. Es beobachtet dich genau, wie du isst und ahmt Kaubewegungen nach.
- Es kann entweder selbstständig oder mit etwas Unterstützung sitzen und seinen Kopf selber halten.
- Der Zungenstoßreflex ist abgeschwächt oder verschwunden.
- Dein Baby kann nach Dingen greifen und sie zum Mund führen.

Breie: Wir kennen sie alle: die kleinen bunten Gläschen mit den vielen verschiedenen Breimischungen. Ab dem 4. Monat können Babys schon Breie essen und sollen das auch – so ist es noch in vielen Köpfen verankert. Aber: es geht auch anders. Du kannst Obst einfach dünsten und danach pürieren. Dies muss nicht jeden Tag frisch passieren. Mach es einmal die Woche und friere den Brei portionsweise ein.

Breifrei: Bei der Methode „Breifrei" isst dein Baby von Beginn der Beikosteinführung mit dir mit – und zwar in den meisten Fällen wirklich einfach das, was du isst. Auf gewisse Dinge muss man natürlich achtgeben:

- Beobachte dein Baby genau und lass es niemals mit dem Essen allein. Sollte es sich verschlucken, kannst du sofort Hilfe leisten.
- Wie auch bei der Herstellung von Breien sollte das Essen nicht gesalzen und nur wenig gewürzt sein.

- Biete deinem Baby nur weiche Lebensmittel an, die es auch mit dem Gaumen zerdrücken oder zermalmen kann (also keine rohen Karotten oder Nüsse etc.)

Wie wir nachhaltige Werte weitergeben können: Kindererziehung

Natürlich bleibt der Nachwuchs nicht immer klein, und somit kommen auch immer mehr müllfreie Herausforderungen auf die Eltern zu. Ob es nun das weit verbreitete Quetschie ist, das Pausenbrot für den Kindergarten oder das eine oder andere Naschzeug, ob Sammelsticker oder -karten, die kleinen bunten Plastikbausteine oder die Plastikfiguren und Spielhäuser.

Ich finde es schön, die Möglichkeit zu haben, meinen Kindern von Beginn an eine müllfreie Welt zu zeigen. Meine Kinder kennen es nicht anders, aber selbst wenn du erst den Weg in die müllfreie Welt wagst, wenn deine Kinder schon geboren oder größer sind, kannst du ihnen so einiges mitgeben. Denn aus meiner Erfahrung haben vor allem Kinder diesen Urinstinkt, dass man der Welt und deren Bewohner*innen nicht schaden soll. Sie wollen von sich aus helfen, sind offen für Ideen und Denkweisen und freuen sich, wenn sie einen Beitrag leisten können. Sie verstehen so viel mehr mit ihrer kindlichen Leichtigkeit, als wir Erwachsene oft annehmen oder sogar selbst verstehen.

Mir ist es immer wichtig, nicht zu dogmatisch zu sein, denn meistens fängt man dann irgendwann an, gegeneinander zu „kämpfen", und innerhalb der Familie möchte ich das auf jeden Fall vermeiden. Vielmehr möchte ich als Ratgeber und Lexikon dienen, als gute Stimme in ihrem Inneren. Ihnen erklären und mit ihnen besprechen, was Müll ist und was er mit unserem Planeten macht, und Alternativen vorzeigen. Denn nur wenn ich an dem, was ich tue, Freude empfinde wird sich diese Freude auch auf sie übertragen und sie werden wie selbstverständlich auch zu kleinen Umweltheld*innen.

Ich kann Quetschies ganz leicht selbst herstellen und befüllen, kann das Pausenbrot in eine Edelstahldose packen (die ich vielleicht mit meinen Kindern gemeinsam verziere) und Naschzeug im Unverpacktladen kaufen. Müsli- und Fruchtriegel selbst machen. Kann ihnen den Wert und die Schönheit von Holzspielzeug nahebringen, indem ich ihnen zeige, wie schön es sich damit spielen lässt. Ich kann aber auch auf ihre Wünsche eingehen und mit ihnen nach gebrauchten bunten Plastikbausteinen suchen, sollten sie irgendwann entscheiden, dass sie gerne damit spielen möchten.

Es ist unheimlich wichtig, in ihrem Sinne zu handeln, Gefahren (auch von diversem Spielzeug) abzuwägen und einschätzen zu können. Aber auch in diese Gedankengänge und Hintergründe können und sollten wir unsere Kinder einbinden. So werden sie etwas nicht als ein Verbot sehen, sondern vielmehr als eine Chance, ein gesundes Leben zu führen. Dies mag vielleicht nicht immer so stattfinden, wie wir uns das vorstellen, aber ab einem gewissen Alter müssen wir Eltern ohnehin loslassen und sie ihre eigenen Entscheidungen treffen lassen.

Das Wichtigste in meinen Augen ist, dass wir ihnen einen nachhaltigen Konsum lehren, sie über die Gefahren von gewissen Gegenständen aufklären und, und vor allem: als Vorbild vorangehen. Denn durch unser Vorbild und wie wir leben – mit all den Möglichkeiten und dem Wissen, das wir unseren Kindern mitgeben, können wir das meiste bewirken. Und so werden sie hoffentlich zu Jugendlichen und Erwachsenen, die aus dem Bauch heraus

hugs

Babyausstattungsliste

In den letzten Jahren konnte ich einiges an Wissen und Erfahrung zusammentragen, welche Gegenstände man für ein Neugeborenes wirklich braucht. Ich stelle dir hier meine reduzierte Liste vor – bitte ergänze oder kürze gegebenenfalls nach eigenem Ermessen:

- *5–7 Bodys in den Größen 56 und 62–68*
- *je nach Jahreszeit 3–4 Strumpfhosen und 1 Overall*
- *3–4 Babysöckchen*
- *Frühling und Sommer 3–4 Strampler, Herbst und Winter 5–7*
- *Weste oder 1 Jäckchen*
- *25–30 Stoffwindeln*
- *2–3 Überhosen*
- *Wetbag oder einfach ein Kübel mit Deckel*
- *5–6 Spucktücher*
- *2 Hauben (egal zu welcher Jahreszeit)*
- *Tragetuch oder Babytrage*
- *Beistellbettchen, Leintuch, Schlafsack*
- *Babyschale (kann ggf. bei einem Verkehrsclub ausgeliehen werden, der ÖAMTC in Österreich etwa bietet das an)*

Mach Secondhand zu deiner First Choice

Viele Gegenstände, von denen wir es gewohnt sind, sie neu zu kaufen, können wir ganz leicht auch gebraucht ergattern. Damit sparen wir nicht nur sehr viele Ressourcen ein, sondern tun unserer Gesundheit genauso etwas Gutes wie der Gesundheit unserer Mitmenschen und unseres Planeten.

Schenken wir gerne ein zweites Leben: Kleidung

Neben diversen Secondhand-Geschäften gibt es auch Online-Möglichkeiten, um an gebrauchte Kleidung in guter Qualität zu gelangen. Ob dies nun herkömmliche Fast-Fashion-Marken sein mögen oder auch nachhaltige Hersteller*innen, man wird auf jeden Fall fündig – mit etwas Geduld und etwas Glück. Es gibt sogar Internetseiten, auf denen man Kleidung (z. B. für Kinder oder besondere Anlässe) mieten kann. Aber im Grunde brauchen wir Kleidung ja auch nur sehr selten und haben länger Zeit dafür, die richtige Hose oder die perfekte Winterjacke zu finden. Wir wissen ja schon im Frühling, dass der nächste Winter kommt und man hat im besten Fall auch mehr als eine Hose im Schrank, sodass man nicht sofort losziehen und eine neue kaufen muss, sollte eine einmal wirklich den Geist aufgeben und selbst eine Reparatur ausgeschlossen sein. Shoppen zum Zeitvertreib und für das kurzlebige Glücksgefühl, das wir alle kennen und eventuell auch gewöhnt sind, schadet ja nicht nur unserem Geldbeutel, sondern auch dem Planeten. Niemand braucht 50 T-Shirts oder 30 Hosen. Überlege, welche Kleidungstücke dir wichtig sind und habe das in deinem Schrank, was du wirklich gerne anziehst. Vor allem beim Secondhand-Kleidungskauf können wir wieder sehr gut üben, uns auf das zu reduzieren, was wir wirklich brauchen und womit wir wirklich zufrieden sind und uns wohlfühlen.

▲
Im Secondhandladen lässt es sich wunderbar stöbern.

Das Gute an gebrauchter Kleidung? Sie ist in den meisten Fällen schon einige Male gewaschen worden. Das ist aus diesem Grund vorteilhaft: Bei der Herstellung von Kleidung kommen viele verschiedene Toxine zum Einsatz, die zum Beispiel dem Kleidungsstück das schöne knallige Rot verpassen. Farbtoxine können jedoch Hautallergien erzeugen. Je enger die Kleidung anliegt, desto leichter gelangen diese Toxine auf unsere Haut und somit in unseren Körper. Aber nicht nur Allergien, sondern auch Genveränderungen können die Folge von zu aggressiven Inhaltsstoffen der Textilfarben sein.

Neben den Farbtoxinen wird unsere Kleidung aber noch mit diversen anderen Chemikalien behandelt. So zum Beispiel mit Flammschutzmittel (das Gemisch aus Baumwolle und Polyester ist sehr leicht entzündlich) oder Schimmelschutzmittel (das bei langen Strecken zum Einsatz kommt). Wir alle kennen den Geruch von frisch gekaufter Kleidung, hinterfragen den Grund für diesen jedoch nicht und ziehen oftmals neu gekaufte Kleidung sofort an. Es ist aber auf jeden Fall dazu zu raten, neu erstandene Kleidung vor dem Tragen einige Male zu waschen, damit viele der Toxine ausgewaschen werden können. Durch das Waschen gelangen wiederum die Chemikalien in unser Abwasser und somit in unsere Umwelt.

Aber nicht nur die Chemikalien stellen ein großes Problem dar, sondern auch das Mikroplastik, das sich bei Kleidung aus Polyester, also Kunststoff, von den Fasern löst und somit gemeinsam mit den Chemikalien in unser Grundwasser gelangt. Deshalb sollte auch bei Kleidung zweiter Hand auf den gesundheitlichen Aspekt geachtet werden. Denn egal, wie oft diese gewaschen wurde: Kleidung, die aus Polyester besteht, wird immer Mikroplastik absondern. Ebenso wird Polyester, egal wie oft es gewaschen wurde, immer ein Gesundheitsproblem darstellen, denn die enthaltenen Chemikalien können während des Tragens auf und in unseren Körper übergehen.

Das Problem mit Fast Fashion

Wir alle kennen diverse Fast-Fashion-Marken und sind dort bestimmt schon regelmäßig für einen Shopping-Trip gelandet. Der Preis ist erschwinglich, die Ware folgt immer dem neuesten Trend und man gönnt sich halt auch gern mal was – vor allem, wenn das neue T-Shirt nur 9,99 Euro kostet und auch noch „Conscious" draufsteht – da kann man ja gar nicht danebenliegen, oder? Ich war früher auch oft gesehener Gast in solchen Läden und habe als Teenagerin gerne mein Taschengeld dort ausgegeben. Mit Wissen kommt jedoch

Verantwortung, und seitdem ich so einiges über eben besagte Geschäfte erfahren habe, meide ich diese so weit wie möglich.

Das oben angeführte T-Shirt, das stellvertretend für sämtliche Kleidungsstücke aus dieser Industrie steht, kann nämlich nur so preiswert sein, weil Millionen von Menschen in Billiglohnländern den Aufpreis für mein günstiges Kleidungsstück zahlen. Unter menschenunwürdigen Bedingungen werden dort Arbeiter*innen ausgebeutet, die am Ende des Tages mit ein paar Cent Lohn nach Hause gehen. Außerdem wird das meiste in Massenproduktion hergestellt, was wiederum unglaublich viel Energie und Wasser verbraucht – ja, verschwendet.

Aber die Hersteller*innen brauchen die Massenproduktion. Warum? Im Gegensatz zu früher, als es vier Kollektionen – nämlich pro Jahreszeit eine – gab, gibt es mittlerweile bis zu 24 Kollektionen im Jahr. Kannst du dir das vorstellen? Alle zwei Wochen kommt eine neue Kollektion heraus, und weshalb? Um Profit zu machen. Jedoch wird so viel produziert, dass die Hersteller*innen auf Kollektionsware sitzen bleiben – denn der Verkaufszeitraum dieser einfach viel zu kurz. Meist bleibt so viel Kleidung unverkauft, dass sie einfach verbrannt wird. Aber nicht nur die Inhaber der Kleidungsgeschäfte sind verschwenderisch, sondern viele der Kund*innen auch. Weil die Kleidung so billig ist, wird meist viel zu viel eingekauft – was dazu führt, das rund 40 % davon nicht einmal getragen werden. Das hat verschiedene Gründe, aber in jedem Fall ist es verschwenderisch.

Dazu kommt, dass Kleidung nicht mehr wertgeschätzt wird – das hängt vor allem mit dem geringen Preis zusammen. Kleidungsstücke, die ein Loch haben, werden nicht etwa geflickt, sondern schnell in den Müll geworfen und durch neue ersetzt.

Im Jahr 2019 wurden allein in den USA 15 Millionen Tonnen an Kleidung weggeworfen. Die LKW-Kolonne, die man braucht, um das zu transportieren, würde von New York bis nach San Francisco und den halben Weg zurück reichen.

Hier ein paar Lösungswege für dich, damit du nicht mehr Teil des Problems bist:

- Ausgemistete Kleidung kann in Maßen gespendet werden. Am besten fragst du aber im Secondhandladen nach, ob und wie viel Kleidung sie aufnehmen.

- Kleidertauschpartys haben in den letzten Jahren sehr an Beliebtheit gewonnen und sind eine hervorragende Möglichkeit, um alte, nicht mehr gebrauchte Kleidung loszuwerden und gleichzeitig vielleicht sogar etwas Neues zu finden – und das ganz ohne einkaufen zu müssen.

- Für besondere Anlässe kannst du Kleidung auch mieten – oder du fragst eine*n Freund*in, ob er*sie etwas für deinen nächsten Ball im Schrank hat.

- Kaufe deine Kleidung hauptsächlich gebraucht, z. B. in einem Secondhandladen.

- Kaufe und besitze nur das, was du auch wirklich brauchst und gerne anziehst. Impuls- oder Frustkäufe machen nur kurz glücklich und du und ich wissen es ja genau: meistens sind es Kleidungsstücke, die nicht zu unseren Lieblingen gehören und somit in unserem Kleiderschrank verstauben.

- Weniger ist auch in diesem Fall mehr!

Reduzieren und kombinieren: Capsule Wardrobe

Eine weitere Möglichkeit, dein Konsumverhalten bei Kleidung überschaubar zu halten, ist es, eine „Capsule Wardrobe" anzulegen. Was genau bedeutet das und wie kannst du dir eine solche zusammenstellen? Im Grunde ist es so, dass eine gewisse Anzahl an Kleidungsstücken ausgewählt wird, die du in der jeweiligen Jahreszeit tragen kannst. Die Zahlen variieren, man kann aber von ca. 35 Teilen pro Jahreszeit ausgehen. Diese dürfen und sollen untereinander kombinierbar sein, um eine so vielfältige Garderobe wie möglich kreieren zu können. Ausgenommen von dieser Stückzahl sind Unterwäsche, Socken, Loungewear sowie Schlafkleidung und Accessoires wie Gürtel, Hüte und Schmuck. Am besten wählt man eine Farbpalette, die gut miteinander kombinierbar ist, überlegt sich im Vorhinein verschiedene Outfits oder sucht im Internet nach Inspiration.

So kannst du in 5 Schritten deine Capsule Wardrobe zusammenstellen:

1. Verschaffe dir einen Überblick: Lege all deine Kleidungsstücke auf dein Bett, einen Tisch oder den Boden und ordne sie nach Kategorie.

2. Spende, verkaufe oder verschenke die Kleidungsstücke, die du schon lange nicht mehr getragen hast oder die dir nicht mehr gefallen/passen.

3. Kleidungsstücke, die du schon lange nicht mehr getragen hast, von denen du dich aber nicht trennen kannst, legst du für ein paar Monate zur Seite. Wenn du sie vermisst, behalte sie. Wenn du vergessen hast, was du verstaut hast, gib sie weg.

4. Mit den Teilen, die übrig bleiben, kannst du nun deine Capsule Wardrobe aufbauen. Achte darauf, dass du genügend Basics hast, um deine Statement Pieces (also besonders schöne oder auffällige Kleidungsstücke) damit zu kombinieren.

5. Räume die Kleidung, die für die aktuelle Jahreszeit passt, in den Schrank und verstaue jene für die nächsten Jahreszeiten.

Im Sinne der Nachhaltigkeit ist eine Capsule Wardrobe zu empfehlen. Du verwendest, was du hast, bewusst und kaufst nur etwas ein, wenn du wirklich etwas brauchst. Andere Vorteile sind, dass du nur Kleidungsstücke in deinem Schrank hast, die dir gut gefallen und die dir auch passen, weshalb du auch wirklich jedes Kleidungsstück trägst und im besten Fall vieles miteinander kombinieren kannst – das spart morgens Zeit und Nerven. Durch die reduzierten Kleidungsstücke schaffst du außerdem Platz in deinem Kleiderschrank und somit in deinem Leben.

Reparieren statt wegwerfen: Elektroartikel

Smartphones sind erst seit etwas mehr als einem Jahrzehnt im Umlauf und dennoch wurden zwischen 2007 und 2017 weltweit über 7 Milliarden davon produziert. Eine Zahl, die man sich gar nicht vorstellen kann.

Ein Smartphone ist beim Durchschnittsverbraucher 2,7 Jahre in Verwendung. Warum aber ist deren Verwendungsdauer so kurz, und warum denken wir, dass wir immer wieder ein neues Modell brauchen?

Es ist die Konsumgesellschaft, die uns dazu motiviert, einen Gegenstand nicht so lange zu gebrauchen, bis er nicht mehr zu gebrauchen ist, sondern auf ein besseres, schöneres, schnelleres Modell umzusteigen, sobald es unser Vertrag erlaubt oder die Brieftasche es hergibt. Kaum hat man ein neues Smartphone gekauft, wird doch das nächste gelauncht, mit einer noch höher auflösenden Kamera und einem größeren Speicher. Teilweise wird sehnsüchtig auf das nächste iPhone gewartet und es wird sogar Wochen bis Monate im Vorhinein vorbestellt, damit man es auch ja schon bei sich zu Hause hat, sobald es endlich auf dem Markt ist.

Ein Smartphone besteht aus ungefähr 60 Materialien. Unter anderen Zinn (für die Lötstellen), Gold (für die Kontaktstellen), Lithium (in der Batterie), Tantal, Cobalt und seltene Erden. Die meisten der verwendeten Materialien sind aus verschiedenen Gründen problematisch, denn die Arbeitsbedingungen bei der Gewinnung der Rohstoffe sind oft menschenunwürdig und verstoßen gegen internationale Standards. Bergarbeiter*innen setzen ihr Leben dafür aufs Spiel und Kinderarbeit ist an der Tagesordnung. Abgesehen davon, dass die Arbeitsbedingungen unglaublich problematisch sind, kommt es auch zu bewaffneten Konflikten um die Rohstoffe, wie zum Beispiel im Kongo. Wenig überraschend steht es um die Transparenz der Smartphone-Hersteller*innen hinsichtlich Herkunft der Rohstoffe also nicht gerade gut. Man kann also nicht zurückverfolgen, aus welchen Gebieten diese bezogen werden.

Nicht nur die Gewinnung der Rohstoffe ist ethisch höchst problematisch. Es wird davon ausgegangen, dass die Arbeiter*innen in der Produktion ein menschenunwürdiges Arbeitspensum von 90 Stunden pro Woche haben. Die meiste Montagearbeit wird in China geleistet – wo ein Arbeits- und Gesundheitsschutz wie auf europäischer Ebene einfach nicht existent ist. Arbeiter*innen sind so gefährlichen Chemikalien ausgesetzt – ohne ausreichende Schutzausrüstung zur Verfügung zu haben. Aber auch die energieaufwändige Produktion ist problematisch und verursacht große Umweltauswirkungen. Beim Lebenszyklus eines Smartphones wird in der Produktionsphase der größte Umweltschaden angerichtet. Die meisten Materialien sind, sollte das Smartphone dann doch einmal kaputt gehen oder ausrangiert werden, nur unzureichend recycelbar, weshalb auch die Müllberge von Elektrogeräten wachsen und wachsen. Reparaturen sind oftmals teurer als ein neues Produkt.

Aber nicht nur die oft unzureichenden Reparaturmöglichkeiten lassen das Elektrogerät künstlich altern, sondern auch die Software lässt einem manchmal keine andere Wahl, als auf ein neues Produkt umzusteigen, wenn man noch effizient mit dem Elektrogerät arbeiten möchte.

▶
… weiter geht's auf Seite 157.

Kapitalismus par excellence:

Obsoleszenz

> Wenn man ständig den Drang hat, sich das neueste Modell anschaffen oder die neueste Version besitzen zu müssen, oder sich ein abgefahrenes technisches Gerät kaufen zu müssen, spricht man von „Spürbarer Obsoleszenz" (Englisch: „Perceived Obsolescence").

Wieder geht es um das kapitalistische Prinzip. Was nützt es den Firmen, wenn jede*r sein*ihr Smartphone über 10 Jahre lang verwendet? Besser ist es doch, wenn man sich nach kurzer Zeit wieder das neueste Modell holt – auch, wenn dessen Vorteile gegenüber dem Vorgänger verschwindend gering sind. Es ist schon erschreckend: Die Werbung hat es geschafft, uns Bedürfnisse einzutrichtern, die es gar nicht wirklich gibt.

Die bewusste Herbeiführung von Verschleiß nennt man hingegen „Geplante Obsoleszenz" (Englisch: „Planned Obsolescence"). Elektrogeräte oder sonstige Apparate werden so hergestellt, dass sie nach kurzer Gebrauchszeit, oft schon nach wenigen Jahren, kaputt werden und ausgetauscht werden müssen.

Ich habe mir zum Beispiel 2012 ein Tablet gekauft und es viele Jahre verwendet. Es ist fast zehn Jahre später noch immer in einwandfreiem Zustand, ist nicht beschädigt und funktioniert im Grunde noch hervorragend. Leider werden aber 2018 keine Software-Updates mehr zur Verfügung gestellt, weshalb jetzt viele Apps nicht mehr funktionieren und es bedienungsunfreundlich geworden ist. Natürlich muss man sich deshalb nicht sofort ein neues Produkt anschaffen, dennoch finde ich es erschreckend, wie schnell ein Gerät künstlich veraltet ist.

Was kannst du nun tun? Konsumiere bewusst! Benutze dein Gerät, so lange es funktionstüchtig ist und lass es reparieren, solltest du die Möglichkeiten dazu haben. Ansonsten kannst du auch ein gebrauchtes Gerät erwerben, wie zum Beispiel auf der Plattform „refurbed". Dort werden alte Smartphones, Tablets etc. aufgearbeitet und zu einem günstigeren Preis angeboten. Mittlerweile gibt es auch schon Smartphonehersteller*innen, die ihre Rohstoffe aus konfliktfreien Minen beziehen und problematische Stoffe durch unproblematische ersetzt haben (zum Beispiel wird bei „Shiftphone" anstatt Tantal Keramik verwendet), die klimafreundlich produzieren und deren Smartphones repariert und aufgerüstet werden können (wie bei „Fairphone").

Unsere Kinder spielen mit Secondhand-Sandkastenformen.

Nachhaltig wohnen und Leben: Möbel, Spielzeug und Co.

Neben Kleidung und Elektronik kannst du Produkte aus zweiter Hand in fast all deinen Lebensbereichen beziehen. Möbel kommen so meist schon aufgebaut und ohne Verpackung, das Spielzeug und die Bücher wurden schon bespielt und gelesen und du schenkst ihnen durch deine Entscheidung, kein neues Produkt zu kaufen, ein zweites Leben. Dabei werden nicht nur viele Ressourcen geschont, sondern auch Geld gespart. Deine Produkte kommen mit Geschichte und zu einem günstigen Preis. Nebenbei reduzierst du auch noch den Müll, der weltweit produziert wird.

Aus alt mach neu: das kannst du mit deinem Müll tun

Das oberste Ziel ist und bleibt, die Müllproduktion einzudämmen. Sollte jedoch dennoch Müll anfallen, gibt es noch Möglichkeiten, den Müll anders zu verwerten, bevor er früher oder später möglicherweise wirklich Abfall wird.

Da ist der Wurm drin: In die Wurmkiste geben wir unsere Küchenabfälle.

Flicken statt wegwerfen – oder gleich was Neues draus machen.

Hallo Würmer, jetzt gibt's was zu Futtern: Kompostieren

Wenn du einen Garten hast, dann geht das ganz einfach, indem du einen Komposthaufen anlegst. Aber auch auf deinem Balkon oder sogar in deiner Wohnung gibt es mittlerweile die Möglichkeit, einfach und bequem den eigenen Biomüll zu kompostieren – und zwar mit einer Wurmkiste.

Das klingt anfänglich vielleicht etwas befremdlich, aber es ist genau das, was das Wort bereits vorwegnimmt: eine Kiste, in der Würmer hausen. Es gibt Modelle, die auf der Oberseite gepolstert sind, sodass du sie gleichzeitig als Hocker verwenden kannst. Platzsparend!

Diese Regenwürmer ernähren sich liebend gern von biologischen Abfällen und fressen somit die Küchenabfälle, die du hineinwirfst. Es gibt unterschiedliche Arten der Wurmkompostierung, aber eines haben alle gemeinsam: die Würmer kompostieren deinen Müll und produzieren nebenbei auch noch Biodünger für deine Pflanzen, nämlich durch ihre Ausscheidungen. Ich selbst habe mittlerweile seit Jahren eine Wurmkiste und bin immer noch begeistert von dem Konzept, dass ich zu Hause meinen Biomüll kompostieren kann. Es riecht nicht, solange die Kiste verschlossen ist und die Würmer hauen natürlich auch nicht ab – denn die bleiben lieber dort, wo ihr Futter ist.

In neuem Gewand: Re- und Upcycling

Viele der Gegenstände, die wir wegwerfen, können wir selbst einfach wiederverwerten, anstatt sie in den Müll zu befördern. Ob du sie nun recycelst oder upcycelst, bleibt dir überlassen. Der Unterschied zwischen Recycling und Upcycling ist, wie der Name schon sagt, dass man die Gegenstände im Falle des Letzteren nicht nur einfach wiederverwendet, sondern andere hochwertige Produkte aus ihnen macht.

Leere Schraubgläser: eignen sich perfekt, um darin Marmelade oder Holundersirup einzukochen. Es gibt für mich keinen Grund, diese Gegenstände neu zu kaufen.

Stoffreste und kaputte Kleidung: Eine kaputte Pyjamahose muss nicht unbedingt im Müll landen. Wenn du sie wirklich nicht mehr reparieren kannst, dann nähe Stoffbeutel daraus, um diese beim Einkauf für Obst oder Gemüse zu verwenden – oder auch: Putzlappen, Wattepads oder Slipeinlagen (Seite 180).

Metalldosen: Da diese innen mit einer Plastikschicht überzogen sind, kannst du sie für verschiedene Dinge verwenden, z. B. als Pflanzengefäß oder Stiftehalter. Du kannst daraus auch eine nette Laterne mit deinen Kindern basteln.

Zeitungspapier: Aus Zeitungspapier kannst du wunderbar Laternen oder Pappmaché-Figuren herstellen.

Dein

TRANS FORMA TIONS STATUS

nach Schritt 2

Wenn du jetzt an deine früheren Gewohnheiten denkst, schüttelst du den Kopf. Du bist so weit, dass Verpackungsvermeidung normal und die Stofftasche deine ständige Begleiterin ist. Außerdem entdeckst du dauernd neue verpackungsfreie Einkaufsmöglichkeiten und denkst auch bei deiner Freizeitgestaltung und deinen Reisen immer daran, Müll möglichst zu vermeiden. Du triffst nachhaltige Entscheidungen, die über die Müllproduktion hinausgehen. So kaufst du das Notwendigste secondhand ein und planst gut voraus.

Schritt 3:
Du nimmst es selbst in die Hand – Rezepte

Du hast nun bereits die verschiedenen Möglichkeiten eines müllreduzierten Lebens ausprobiert und bist bereit für das nächste Level? Wunderbar – lass die Selbermacherin und den Bastler in dir heraus. Im letzten Schritt stelle ich dir Rezepte für unterschiedliche Lebensbereiche vor. Teste dich durch und erkunde so die ultimativ müllfreie Welt. Damit sparst du nicht nur Abfall, Geld und Zeit, sondern machst dich außerdem unabhängiger. Ein Befreiungsschlag!

Aufwändig und zeitintensiv? Im Gegenteil!

Im Supermarkt ist nicht nur alles schon abgepackt und in verschiedenen Größen oder Mengen erhältlich, es ist auch vieles vorgekocht und so weit vorbereitet, dass wir es nur noch in den Ofen oder die Mikrowelle zu schieben brauchen. Nach ein paar Minuten haben wir ein fertiges Gericht vor uns, ohne auch nur einen Topf schmutzig gemacht zu haben. Was einerseits fortschrittlich und zeitsparend sein mag, ist andererseits vor allem eines: sehr viel Müll. (Abgesehen von dem gesundheitlichen Aspekt: Je prozessierter ein Lebensmittel ist, desto weniger Nähr- und Ballaststoffe enthält es, die für eine gesunde Verdauung essenziell sind.)

Wenn wir über den Tellerrand der Fertiggerichte hinausschauen, gibt es immer noch sehr vieles, was für die Konsument*innen in irgendeiner Weise schon vorbereitet wurde, was man aber ganz einfach und ohne große Umstände oder Kosten selbst machen kann. Und stell dir vor: es macht sogar richtig Spaß. Auf jeden Fall ist es ein Erlebnis, den Produkten auf den Grund zu gehen und zu sehen, wie einfach es ist, vieles selbst herzustellen.

Selbermachen: tolle Ergebnisse, Freude und Stolz inklusive

Von vielen Dingen wissen wir, dass man sie selbst machen kann, aber es fehlt uns das Know-how und die Zeit. Bei anderen Sachen war ich wiederum sehr überrascht, dass man sie überhaupt selbst machen kann und wunderte mich, warum ich nicht viel früher angefangen habe, sie selbst zu produzieren.

So lernte ich durch diese große Umstellung Schritt für Schritt, wie man die verschiedensten Dinge selbst herstellt. Etwa, wie schnell, unkompliziert, günstig und verpackungsarm ich pflanzliche Milch herstellen kann. Wie simpel und doch effektiv Reinigungsmittel sein können. Oder wie wenig es braucht, um die eigene Haut glücklich zu machen. Für mich schließt sich der Kreis damit in gewisser Weise. Probiere das eine oder andere Rezept einmal aus und du wirst sehen, dass vieles, was du bis jetzt nicht ohne Verpackung finden konntest, ganz leicht selbst herzustellen ist. Und das, ganz ohne Müll zu produzieren.

Über die Jahre hinweg sind in meinem Haushalt immer mehr Dinge dazugekommen, die ich mittlerweile lieber selbst herstelle, als sie zu kaufen. In jedem Fall solltest du dich nicht übernehmen, sondern Schritt für Schritt die verschiedensten Bereiche abklappern und neue Rezepte entdecken und ausprobieren. Und wer weiß – vielleicht entdeckst du sogar ein neues Hobby für dich. Denn eines habe ich auf jeden Fall gelernt: Dinge mit den Händen selbst zu machen bereitet Spaß und lässt einen auch ein klein wenig stolz auf sich sein.

Von Allzweckreiniger bis Zahnpulver: Rezepte für Selbermacher*innen

Wenn du jetzt denkst, dass all dieses Selbermachen sehr aufwändig ist – das kann natürlich durchaus sein, je nachdem, welche Prioritäten man setzt. Es kann aber auch herrlich einfach sein: Das Simple und Minimalistische, das ein Leben ohne Verpackungen mit sich bringt, kann sich auch in den Rezepten und Zutaten, die verwendet werden, widerspiegeln. Mir ist es somit wichtig, dass Rezepte schnell umgesetzt werden können und nur wenige Zutaten beinhalten, die ich im besten Fall im Lebensmittelgeschäft oder in der Apotheke bekomme. So wenig Umwege wie möglich zu gehen und das zu verwenden, was man sowieso im Küchenschrank findet, ist mir ein großes Anliegen. Denn komplizierte Rezepte und schwer erhältliche Zutaten sprechen für mich gegen ein leichtes, freies Leben. Was bleibt mir da noch zu sagen? Viel Spaß beim Ausprobieren!

Wer die Dinge **SELBST MACHT**, *weiß ihren* **WERT** *zu* **SCHÄTZEN**.

Bringen mich zum Kochen: Lebensmittel

Hier stelle ich dir einige meiner Lieblingsrezepte vor. Was sie verbindet? Sie sind supereinfach und ruckzuck zubereitet. Einige unter ihnen liebe ich, weil sie so lange haltbar sind und man ruhig einfach mal große Mengen davon für mehrere Wochen und Monate vorbereiten kann: z. B. Sirup (Seite 167) und Gemüsebrühe-Pulver (Seite 166). Mit anderen wiederum vollbringst du eine großartige Resteverwertung: Belege die Pizza (Seite 168) oder fülle den Burrito (Seite 168) mit dem, was du noch zuhause hast. Nudelauflauf (Seite 169) und Kartoffelgratin (Seite 170) sind easy peasy Rezepte, die man auch mit wenig Zeit und Aufwand schnell gebacken bekommt. Die meisten Rezepte lassen dir den Spielraum, genau das hinzuzufügen, was dir schmeckt oder du zuhause hast. Na, dann: Ran an die Töpfe!

▶ Gemüse schnippeln, mit Resten mixen und neue Geschmäcker erkunden!

Hält alles frisch: Bienenwachstuch

Du brauchst:

- **3–4 EL** Bienenwachspastillen oder geriebenes Bienenwachs
- **1** Stoffrest in gewünschter Größe (z. B. 30 x 30 cm)
- **2** Backpapierblätter
- Topf und Schüssel für Wasserbad
- Bügeleisen und Bügelbrett
- **1** breiter Pinsel

So geht's:

Erhitze in einem Wasserbad das Bienenwachs, bis es flüssig ist. Lege in der Zwischenzeit deinen Stoffzuschnitt auf ein Backpapier und auf dein Bügelbrett. Nun pinselst du das geschmolzene Bienenwachs auf den Stoff auf. Bedecke den Stoff anschließend mit dem 2. Backpapierblatt und bügle nur ein paar Mal darüber, um das Wachs nochmals gleichmäßiger zu verteilen. Achte darauf, dass die Vorder- und Rückseite mit Wachs versehen wird. Bei richtiger Handhabung kann dein Bienenwachstuch einige Jahre halten. Zum Reinigen mit lauwarmem Wasser und optional etwas Geschirrspülmittel waschen.

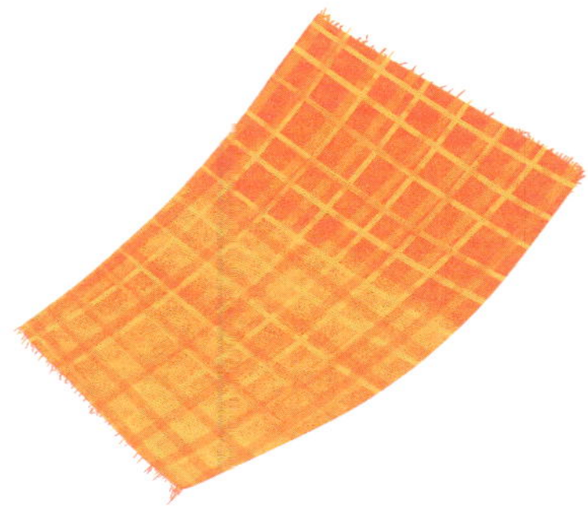

Nussig und süß: Mandelmilch

Du brauchst:

- **1 Teil** Mandeln
- **3 Teile** Wasser
- **optional:** Datteln, Ahornsirup oder Honig als Süßungsmittel
- feines Sieb, Küchenmaschine (mit Hochleistungsmixer), Nussmilchbeutel oder Geschirrtuch

So geht's:

Weiche die Mandeln ca. 8–12 Stunden oder über Nacht in Wasser ein. Schäle sie anschließend (wenn du blanchierte Mandeln verwendest, fällt dieser Schritt weg). Gib sie mit der 3-fachen Menge an Wasser in deinen Mixer und füge das Süßungsmittel deiner Wahl hinzu. Mixe die Zutaten etwa 1 Minute, sodass eine glatte Mischung entsteht. Anschließend kannst du die Flüssigkeit durch einen Nussmilchbeutel oder ein Geschirrtuch abseihen. Fülle die Mandelmilch in eine Flasche und bewahre sie im Kühlschrank auf. Sie sollte in wenigen Tagen aufgebraucht werden.

Tipp:

Die Mandel-Überreste kannst du in deinen nächsten Kuchen oder in ein Brot verbacken. Oder du machst Mandelmehl daraus: Lass dazu die Masse einfach im Ofen auf geringster Stufe trocknen und brösle sie anschließend in ein Glas zur Aufbewahrung.

Eines meiner Lieblings-Ratzfatz-Rezepte: Hafermilch.

Hab ich zum Schlürfen gern: Hafermilch

Du brauchst für 1 Liter Hafermilch:

- **150 g** Haferflocken
- **1 l** Wasser
- **optional:** Datteln, Ahornsirup oder Honig als Süßungsmittel
- feines Sieb, Küchenmaschine (mit Hochleistungsmixer), Nussmilchbeutel oder Geschirrtuch

So geht's:

Weiche die Haferflocken 20 Minuten in kaltes Wasser ein und seihe sie dann ab. Fülle sie in deinen Mixer und füge das Wasser sowie das Süßungsmittel deiner Wahl hinzu. Mixe die Zutaten etwa 30 Sekunden, sodass eine glatte Mischung entsteht. Anschließend kannst du die Flüssigkeit durch einen Nussmilchbeutel oder ein Geschirrtuch abseihen. Fülle die Hafermilch in eine Flasche und bewahre sie im Kühlschrank auf. Sie sollte in wenigen Tagen aufgebraucht werden.

Crunchy: Frühstücksmüsli

Du brauchst:

- **300 g** Haferflocken
- **120 ml** Honig
- **120 ml** Kokosöl
- **1 TL** Zimt
- Nüsse und Kerne deiner Wahl (meine Lieblings-kombi: Walnüsse und Sonnenblumenkerne)

So geht's:

Vermische alle Zutaten in einer Schüssel und verteile die Masse anschließend auf einem mit Backpapier ausgelegten Backblech. Backe das Müsli ca. 20 Minuten bei 150 °C Ober- und Unterhitze. Lass die Mischung auskühlen und brich sie anschließend in kleine Teile. Genieße dein Müsli mit Joghurt oder Milch und frischen Früchten. Das Müsli ist sehr gut und lange haltbar. Bewahre es in einem luftdichten Behältnis auf.

Passt überall dazu: Gemüsebrühe

Du brauchst:

- **500 g** Zwiebeln
- **500 g** Tomaten
- **300 g** Karotten
- **300 g** Knollensellerie
- **100 g** Lauch
- **1 Bund** Petersilie
- **200 g** Salz
- Küchenmaschine oder Stabmixer

So geht's:

Schneide die Zutaten in kleine Würfel und häcksle sie anschließend in deiner Küchenmaschine oder mit einem Stabmixer zu einem glatten Brei. Füge das Salz hinzu und mische alles nochmals gründlich durch. Streiche die Masse dünn auf ein mit Backpapier ausgelegtes Backblech und gib sie 6–8 Stunden bei 80 °C Ober- und Unterhitze in den Ofen.

Stecke dabei einen Kochlöffel in die Tür des Ofens, damit die Feuchtigkeit entweichen kann. Wenn es gut ausgetrocknet ist, kannst du es mir der Hand fein zerbröseln und in einem luftdichten Gefäß aufbewahren. Durch das Trocknen ist das Gemüsebrühe-Pulver gut haltbar und kann ohne weiteres auch ein Jahr lang in deiner Lade auf seinen Einsatz warten.

Tipp:

Halbiere die Menge, wenn du weniger Pulver zubereiten willst.

Ein Gedicht: Holunderblütensirup

Du brauchst für 4 Liter Sirup:

- **ca. 80** Holunderblüten-dolden
- **3 l** Wasser
- **5** Bio-Zitronen oder Bio-Orangen
- **3 kg** Zucker
- **50 g** Zitronensäure
- Sieb, großer Topf, Trichter, verschließbare Flaschen zum Auffüllen

Tipp:

Du kannst die Holunderblüten auch in das Zuckerwasser einlegen. Lass sie dann am besten 2–3 Tage ziehen. Anschließend wie gewohnt abkochen und in Flaschen füllen.

So geht's:

Schüttle die Holunderblüten aus, um Ungeziefer zu entfernen. Fülle das Wasser in eine große Schüssel und gib anschließend die Holunderblüten und die in Scheiben geschnittenen Zitronen und Orangen hinzu.

Lass nun die Blüten an einem kühlen (!), dunklen Ort für 1–2 Tage ziehen.

Seihe die Holunderblüten ab, fange die Flüssigkeit in einem großen Topf auf und mische den Zucker sowie die Zitronensäure hinzu.

Bring alles unter Rühren zum Kochen, bis die Flüssigkeit wieder klar und etwas dickflüssiger wird.

Fülle anschließend den noch heißen Sirup in ausgekochte und vorgewärmte Flaschen ab.

Der Sirup ist ungeöffnet gut lagerbar, geöffnet sollte er im Kühlschrank aufbewahrt werden. Durch den hohen Zuckergehalt und die Kühle ist der Holundersirup sehr lange haltbar. Sollte sich Schimmel bilden, ist seine Zeit jedoch vorbei. Ansonsten kannst du ihn unbegrenzt genießen.

Im Juni blühen die Holundersträucher. Zeit für Sirup!

Mach dich mal platt: Pizzateig

Du brauchst für 2 Teigstücke:

- **250 ml** lauwarmes Wasser
- **500 g** Mehl
- **1 Pkg.** Trockenhefe (**7 g**) oder 1/2 Würfel frische Hefe (**21 g**)
- **1 TL** Salz
- **2 EL** Öl

So geht's:

Füge alle Zutaten in eine große Schüssel und knete sie 10 Minuten zu einem glatten Teig. Wenn du eine Küchenmaschine besitzt, verwende den Knethaken. Bedecke die Schüssel mit einem Tuch und lass den Teig 40 Minuten lang gehen. Anschließend kannst du den Teig in 2 Teile teilen und auf je einem Backpapier ausrollen. Belege die Pizzen nach Belieben und backe sie ca. 15 Minuten bei 180 °C Heißluft.

Jetzt wird gewickelt: Burritoteig

Du brauchst für 8 Stück:

- **200 g** Mehl
- **100 ml** Wasser
- **1 TL** Salz
- **1,5 EL** Öl
- **3 g** Backpulver

So geht's:

Füge alle Zutaten in eine Schüssel und knete den Teig, bis er glatt ist.

Kühle den Teig anschließend für 10 Minuten im Kühlschrank, so kannst du ihn später leichter weiterverarbeiten.

Teile den Teig in 8 gleichmäßige Stücke. Rolle die Teile aus, bis der Teig ca. 2–3 mm dick ist.

Gib den Teig in eine Pfanne und backe ihn darin, bis sich kleine Blasen bilden, dann wendest du ihn und wiederholst den Schritt. Fülle die Burritos nach Belieben.

Tipp:

Da der Teig schnell aushärten kann, am besten gleich füllen, rollen und servieren.

Ab in den Ofen: Nudelauflauf

Du brauchst für 4 Personen:

- **300–400 g** Nudeln vom Vortag
- **250 ml** saure oder süße Sahne
- **1–2** Eier
- Gemüsereste, wenn vorhanden (z. B. Paprika, Tomaten, Karotten, Mais, Lauch ...)
- Salz und Pfeffer
- Gewürze nach Wahl (z. B. geriebene Muskatnuss)
- Käse nach Belieben

So geht's:

Vermische in einer Schüssel die Nudeln mit der sauren oder süßen Sahne, den Eiern, dem Gemüse und den Gewürzen.

Gib die Mischung in eine Auflaufform und bestreue sie mit Käse.

Backe den Auflauf 30 Minuten bei 180 °C Ober- und Unterhitze.

Cremig: Nudelsalat

Du brauchst für 4 Personen:

- **300–400 g** Nudeln vom Vortag
- Gemüse nach Wahl (z. B. Gurke, Paprika, Mais, Tomate, Zwiebel ...)
- **125 g** saure Sahne
- Salz und Pfeffer
- Gewürze und Kräuter nach Wahl (z. B. Petersilie, Oregano, Cayennepfeffer)
- **optional:** Feta, Schinken oder Wurstaufschnitt

So geht's:

Mische alle Zutaten und schmecke deinen Nudelsalat ab.

Dies ist nur eine Möglichkeit – man kann je nach Geschmack und vorhandenen Lebensmitteln viele verschiedene Varianten ausprobieren. Versuch's doch einfach!

Tipp:

Für eine vegane Variante ersetze die saure Sahne z. B. durch eine Joghurt-Alternative oder weiche ca. 100–150 g Cashewkerne über Nacht ein, püriere sie im Hochleistungsmixer und misch sie unter den Nudelsalat.

Knusprig und wandelbar: Gebratener Reis

Du brauchst:

- **1** Zwiebel
- Pflanzenöl nach Wahl (z. B. Sesamöl für eine asiatische Note)
- **300–400 g** gekochter Reis vom Vortag
- Gemüse nach Wahl (z. B. Brokkoli, Erbsen, Karotten, Zucchini)
- **1–2** Eier
- Salz und Pfeffer
- optional: Sesam und gebratenes/gekochtes Hühnerfleisch vom Vortag

So geht's:

Hacke die Zwiebel klein und schwitze sie in Öl an, bis sie glasig ist. Füge den Reis und das Gemüse hinzu. Gieße genügend Öl nach, brate alles scharf an und rühre die Eier unter. Verfeinere alles mit den Gewürzen und füge nach Belieben Sesam und Hühnerfleisch hinzu.

Zum Schlemmen: Kartoffelgratin

Du brauchst:

- **300–400 g** gekochte Kartoffeln vom Vortag
- **1** Ei
- **250 g** Sahne
- Salz und Pfeffer
- Oregano
- Käse nach Belieben
- Backform; Öl zum Ausstreichen

So geht's:

Schneide die Kartoffeln in dünne Scheiben und lege sie in eine gefettete Backform. Mische in einer Schüssel das Ei, die Sahne sowie die Gewürze und übergieße damit die Kartoffelscheiben.

Bedecke alles gut mit geriebenem Käse und backe es ca. 30 Minuten bei 180 °C Heißluft oder bis der Käse goldbraun wird.

Hier kommt alles rein: Restepfanne

Sie ist so leicht herzustellen, wie sie klingt – die Restepfanne.

Hier sollst und kannst du ganz kreativ sein und alles, was noch aufgebraucht gehört, in einen Topf werfen. Du kannst z. B. eine kohlenhydrathaltige Basis wie übrig gebliebene Kartoffeln, Nudeln oder Reis verwenden und Gemüse deiner Wahl hinzufügen. Gut gewürzt und mit Ei oder Käse verfeinert wird bestimmt etwas Wunderbares daraus!

Für Küche, Bad und Klo: Reinigungsmittel

Es kann so herrlich einfach sein – das trifft vor allem auf Haushaltsreiniger zu. Diese Rezepte kannst du schnurstracks umsetzen, oftmals mit Zutaten, die bereits im Vorratsschrank auf dich warten. Kannst du es dir schon vorstellen: kein mit Plastikflaschen vollgestopfter Schrank mehr? Natürliche und unkomplizierte Sauberkeit? Leg gleich los!

▲
Seife raspeln, mit Wasser mischen …

▲
… schütteln und fertig ist der Allzweckreiniger (Seite 171).

Einer für alle(s): Allzweckreiniger

Du brauchst:

- **40 g** geraspelte Seife (Seife auf Pflanzenbasis)
- **750 ml** Wasser
- Flasche mit Pumpaufsatz

So geht's:

Vermische die beiden Zutaten in der Flasche. Eventuell musst du sie vor Gebrauch schütteln.

Alternativ: Für Flächen kannst du auch einfach etwas Natron (oder Backpulver) verwenden und mit einem nassen Putzlappen sauber wischen. Dazu das Natron am besten in einen Zuckerstreuer oder Salzstreuer einfüllen und die zu reinigenden Flächen damit bestreuen.

Tipp:

Keine Seife parat? Auch Zitronensäure hilft wunderbar bei Verschmutzungen (v.a. Kalk und Wasserflecken). Dafür einfach ein paar Spritzer (1–2 TL) Zitronensäure in 1 l Wasser mischen.

Bye-bye Eingebranntes: Ofenreiniger

Vor allem bei hartnäckigem Schmutz, wie wir ihn im Ofen oder oft auf unserer Herdplatte finden, wird auf Extrareiniger verwiesen. Mit diesem bewährten Hausmittel schaffst du es aber, jeden eingebrannten Topf im Handumdrehen wieder sauber zu bekommen.

Du brauchst:

- etwas Wasser
- Natron (oder Backpulver)

So geht's:

Streue das Natron auf die betroffenen Flächen, z. B. auf die verschmutzten Stellen im Ofen oder auf die Herdplatte. Gieße anschließend heißes Wasser darüber und lass alles gut einwirken. Danach kannst du alles mit einem Schwamm sauberschrubben.

Damit's wieder flutscht: Abflussreiniger

Verwende für jeden Abfluss ein Haarfangsieb und du wirst (fast) keine Probleme mehr haben. Sollte dennoch mal was verstopfen, kannst du mit diesem Hausmittel den Abfluss reinigen:

Du brauchst:

- **100 g** Natron
- **100 g** Essig
- **1 l** aufgekochtes Wasser

So geht's:

Streue als ersten Schritt das Natron in den Abfluss und gieße anschließend den Essig großzügig darüber. Es wird zu schäumen beginnen, was ein gutes Zeichen ist. Spüle nach ca. 30 Minuten mit heißem Wasser nach.

Packt alles: Mittel für hartnäckigen Schmutz

Du brauchst:

- **45 g** Maisstärke
- **1 l** Essig

So geht's:

Vermische die Maisstärke mit dem Essig und leere die Mischung in eine Sprühflasche.

Verwendung: Schüttle den Reiniger vor Gebrauch gut und sprühe ihn auf verschmutzte Flächen. Lass ihn dann am besten über Nacht einwirken, bevor du sauberwischst.

Tipp:

Als Urinsteinlöser eignet sich diese Mischung hervorragend. Einfach 2–3 EL davon in die Toilette leeren und über Nacht ziehen lassen. Am Morgen mit der Klobürste putzen.

Waschpulver Universal

Du brauchst:

- **300 g** Seife
- **300 g** Waschsoda
- **150 g** Natron
- **optional:** 40 Tropfen ätherisches Öl deiner Wahl
- Schraubglas

So geht's:

Vermische alle Zutaten in deinem Glas. Fülle pro Waschgang ca. 100 g in das Waschmaschinenfach ein und wasche deine Wäsche wie gewohnt.

Kastanienwaschmittel
(für bunte/dunkle Wäsche geeignet)

Du brauchst für das Kastanienwaschmittel:

- frische Rosskastanien

So geht's:

Es gibt 2 Varianten: Du kannst frische Kastanien gleich für den nächsten Waschgang verwenden. Dann gehe vor wie hier beschrieben, lass aber den Trocknungsschritt aus – mische die gehäckselten Kastanien also gleich mit dem Wasser (siehe „Anwendung").

Ich empfehle dir aber, die Kastanien zu trocknen, dann kannst du sie auf Vorrat anlegen und ganzjährig verwenden.

Nach dem Sammeln der Kastanien überprüfst du sie am besten kurz auf dreckige Stellen. Wasche sie ggf. und tupfe sie trocken. Dann häckselst du die Kastanien in deiner Küchenmaschine und verteilst sie anschließend auf einem mit Backpapier ausgelegten Backblech, sodass sie gut verteilt sind und nicht zu eng aufeinander liegen. Erhitze den Backofen auf 80 °C Heißluft und lass die Kastanien ungefähr 6–8 Stunden darin trocknen. Damit die Feuchtigkeit entweichen kann, stecke einen Kochlöffel in die leicht geöffnete Backofentür. Prüfe immer wieder, wie trocken die Kastanien schon sind und achte darauf, dass nichts anbrennt.

Du kannst sie auch ohne Backofen trocknen: Breite die Kastanienstücke auf einem Tuch in der Sonne aus und lasse sie ca. 1 Tag trocknen. In Innenräumen benötigt dieser Trockenvorgang bis zu 3 Tage.

Wenn die Kastanien vollständig getrocknet sind, fülle sie in ein Glas und verwende sie das ganze Jahr.

Du brauchst pro Waschgang:

- **2–3 EL** geraspelte Kastanien
- **500 ml** warmes Wasser

Anwendung:

Vermische die gehäckselten Kastanien mit dem warmen Wasser und lass die Mischung 20 Minuten stehen. Schon beim Mixen wirst du merken, dass die Masse schäumt. Das liegt an den Saponinen, die in den Kastanien enthalten sind.

Nach der Einwirkzeit kannst du die Flüssigkeit abseihen und in die Waschmaschinenkammer füllen.

Wichtig:

Seihe die Kastanienstücke stets vollständig ab, sie dürfen auf keinen Fall in die Waschmaschine gelangen.

▶ Gehäckselte Kastanien mit Wasser mischen – und später abgeseiht in das Waschmaschinenfach geben.

Für einen guten Durchblick: Glasreiniger

Du brauchst:

- **2–3 TL** loser Schwarztee (alternativ: 2 Teebeutel)
- **5 l** Wasser
- Saft einer halben Zitrone
- Abzieher

So geht's:

Lass den Schwarztee 10 Minuten lang im heißen Wasser ziehen, seihe ihn ab (wenn du losen Tee verwendest) und tröpfle anschließend den Zitronensaft in das Wasser. Mit einem Lappen kannst du mit dieser Mischung die Fenster putzen. Verwende einen Abzieher zum Trockenziehen. Die Fenster sind dann streifenfrei sauber.

Keine Chance für Schmutz: Fleckenlöser

So geht's:

- Feuchte den Fleck etwas an und reibe ihn sorgfältig mit Gallseife ein bzw. bestreue ihn mit Natron. Wasche das Kleidungsstück anschließend wie gewohnt.

Für Kuschelwäsche: Weichspüler

So geht's:

- Füge **2 EL** Essig ins Weichspülfach zu jedem Waschgang hinzu. Optional kannst du noch ein paar Tropfen ätherisches Öl deiner Wahl beimengen.

Zeit, zu glänzen: Körperpflege und Kosmetik

*Paraffine, Silikone, Parabene, Aluminium, Weichmacher … die Liste an dubiosen Inhaltsstoffen in handelsüblichen Pflegeprodukten ist lang. Viel besser für die Haut und stressfreier für dich ist es, wenn du auch in Sachen Hygiene Selbermacher*in wirst. Damit sparst du auch noch jede Menge Geld. Probier's aus!*

Schutz und Pflege: Sonnencreme

Es gibt viele verschiedene Öle, die von Natur aus vor der Sonne schützen. Sie bieten allerdings nur bedingt Schutz und sind keine Alternative zu Sonnencreme. Ihr Lichtschutzfaktor (LSF) kann wie folgt angegeben werden:

Kokosöl: LSF 2–8

Olivenöl: LSF 7–8

Avocadoöl: LSF 4–15

Sesamöl: LSF 1–2

Als sichereren Sonnenschutz kann man Zinkoxid mit einem beliebigen Pflanzenöl mischen. Zinkoxid ist ein UV-Blocker und in der Apotheke erhältlich – leider kommt es in einer Plastikverpackung.

1 g Zinkoxid entspricht einem LSF von 2. Um einen LSF von 20 zu erreichen, brauchst du 20 % Zinkoxid und 80 % Pflanzenöl.

Wenn du mal ins Schwitzen kommst: Deo

Du liebst es minimalistisch? Dann trag einfach Backpulver in deinen Achselhöhlen auf. Solltest du damit nicht zufrieden sein, probiere doch dieses Rezept aus:

▲ Im Handumdrehen fertig: selbst gemachtes Deo.

Du brauchst:

- **50 ml** Wasser
- **1 EL** Maisstärke
- **1 EL** Natron
- optional: ätherisches Öl nach Wahl (z. B. Lavendel oder Minze)
- kleiner Topf, leerer Deo-Roller

So geht's:

Bring das Wasser mit der Maisstärke im Topf zum Kochen, bis eine sirupartige Substanz entsteht. Lass diese abkühlen und füge das Natron sowie 5 Tropfen ätherisches Öl deiner Wahl hinzu. Fülle die Mischung in einen leeren Deo-Roller – verwende das Deo wie gewohnt.

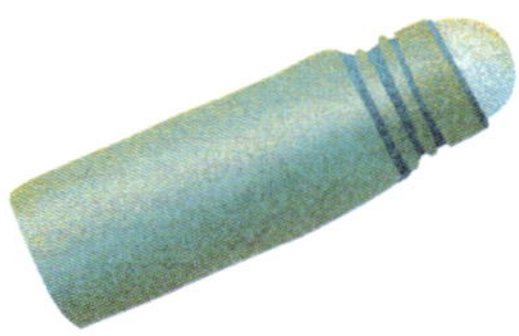

Für ein strahlendes Lächeln: Zahnpulver

Zahnpasta kannst du ganz leicht mit einem Zahnpulver aus Backpulver ersetzen. Wenn du doch etwas experimentieren möchtest, findest du hier ein einfaches und individuell anpassbares Rezept:

Du brauchst:

- **1 EL** Backpulver
- **1 EL** Heilerde
- **1 EL** Xylit
- **10** Tropfen eines ätherischen Öls deiner Wahl (z. B. Pfefferminze)
- Schraubglas

So geht's:

Mische alle Zutaten in einem kleinen Schraubglas zusammen. Tauche deine nasse Zahnbürste in das Pulver und putze dir wie gewohnt die Zähne. Der Schaum wird dir anfangs möglicherweise fehlen, aber du gewöhnst dich schnell daran.

Achtung:

Bitte besprich Änderungen deiner Mundhygiene mit deinem Zahnarzt oder deiner Zahnärztin.

Sanftes Prickeln: Gesichtspeeling

Du brauchst:

- **2 EL** Zucker
- **2 EL** Olivenöl
- Schüssel

So geht's:

Vermenge die beiden Zutaten in einer Schüssel und trage die Masse anschließend auf deine Haut auf. Du kannst sie kurz einwirken lassen oder gleich in kreisenden Bewegungen einmassieren. Danach einfach abwaschen.

Beruhigt und tut gut: Reinigende Gesichtsmaske

Du brauchst:

- **3 EL** Heilerde
- **2 EL** Wasser
- Schraubglas

So geht's:

Verrühre die beiden Zutaten, bis eine glatte Masse entsteht. Trage sie auf deine Haut auf und lass sie so lange einwirken, bis sie vollständig getrocknet ist. Wasche die Maske anschießend mit warmem Wasser und einem Waschlappen ab. In einem Schraubglas kannst du die Maske gut aufbewahren.

Nährender Klecks: Feuchtigkeitsspendende Gesichtsmaske

Du brauchst:

- **1 TL** Joghurt
- **2 TL** Honig

So geht's:

Vermische die Zutaten in einer Schüssel. Die Maske ist sehr dünnflüssig, weshalb sie nur sehr dünn aufgetragen wird. Lass sie 10 Minuten lang einziehen und wasche sie dann mit warmem Wasser ab.

Augen zu und durch: Sugaring

Du brauchst:

- **1 Teil** Zucker
- **1/4 Teil** Wasser
- **1/4 Teil** Zitronensaft
- Topf, Schraubglas

So geht's:

Vermenge die Zutaten im Topf und bringe sie unter ständigem Rühren auf mittlerer Stufe zum Kochen. Köchle die Mischung eine Weile und teste immer wieder, ob die Paste fertig ist, indem du eine Teelöffelspitze entnimmst und nach dem Abkühlen prüfst, ob die Masse schon etwas fester, aber dennoch formbar und honigfarben ist. Wenn die Masse dem entspricht, entferne den Kochtopf von der Herdplatte. Fülle die Masse anschließend in das Schraubglas und lass sie abkühlen. Am nächsten Tag kannst du die Paste mit der Hand entgegen der Wuchsrichtung aufragen und anschließend mit der Wuchsrichtung ruckartig abziehen.

Duftiges fürs Köpfchen: Haarspray aus Zitronen

Du brauchst:

- **500 ml** Wasser
- **3** Zitronen
- **2 EL** Wodka
- **1** leere Sprühflasche, Topf, Trichter, feines Sieb

So geht's:

Gib das Wasser und die in Scheiben geschnittenen Zitronen in einen Topf und lass sie für rund 20 Minuten köcheln. Anschließend kannst du mithilfe von Sieb und Trichter die Flüssigkeit in eine Sprühflasche füllen. Füge anschließend den Wodka hinzu. Dieser dient dazu, dein Haarspray länger haltbar zu machen.

Sweet: Haarspray aus Zuckerwasser

Du brauchst:

- **400 ml** abgekochtes, noch warmes Wasser
- **2 EL** Zucker (optional etwas mehr)
- **1** leere Sprühflasche

So geht's:

Vermische das Wasser sowie den Zucker in deiner Sprühflasche. Je nachdem, wie stark das Haarspray halten soll, kannst du nach Bedarf mehr Zucker hinzufügen.

Shampoo? No-Poo!

Du brauchst:

- Roggenmehl oder Lava- bzw. Heilerde
- Wasser

So geht's:

Das Mehl bzw. die Lava- oder Heilerde in einer Schale mit Wasser zu einer geschmeidigen Paste verrühren, diese in die Haare einmassieren und anschließend gut auswaschen.

Achtung:

Bei den ersten Waschgängen hat die Mischung eventuell eine etwas „klebrige" Wirkung. Das Haar braucht ein paar Wochen, bis es sich daran gewöhnt hat.

Einmal Wasser einlassen, bitte: Badesalz

Du brauchst:

- grobes Meersalz
- ätherisches Öl deiner Wahl (z. B. Lavendel, Rose, Orange oder Eukalyptus)
- optional: getrocknete Blüten
- Schraubglas oder anderes Behältnis

So geht's:

Befülle dein Schraubglas mit dem Salz und füge 15–20 Tropfen ätherisches Öl hinzu.

Um es optisch etwas ansprechender zu gestalten, kannst du noch ein paar getrocknete Blüten beimengen. Fülle die Mischung in ein Schraubglas.

Anwendung:

2–3 EL Badesalz pro Badegang sind völlig ausreichend.

Halten dicht: Slipeinlage und Binde

Du brauchst:

- **1** Altpapier für eine Schablone
- Baumwollstoffreste
- **1** altes Handtuch
- Nähmaschine und Garn

So geht's:

Fertige eine Schablone in der gewünschten Größe an. Am besten malst du den Umriss einer Binde oder Slipeinlage, die du noch zuhause hast, nach. Schneide den Stoff auf die richtige Größe zu.

Für die Slipeinlage: Schneide 3 Stoffstücke zu. Für die Binde: Verwende den Baumwollstoff außen, schneide also 2 Stoffstücke zu. Für das Futter kannst du ein passendes Stück aus einem alten Handtuch zuschneiden (oder mehr, je nach Wunsch).

Nähe nun den Stoff zusammen und säume ihn anschließend. Optional kannst du in der Mitte der Binde noch 3 Nähte anbringen, damit die Innenschicht nicht verrutscht.

Wenn du möchtest, kannst du mit weiteren Stoffresten Flügel hinzufügen.

Für einen schönen Teint: Puder

Du brauchst:

- **1 EL** Maisstärke
- Zimt oder Backkakao nach Bedarf
- Schraubglas

So geht's:

Um den gewünschten Hautton zu erlangen, mische Maisstärke mit etwas Zimt oder Backkakao, bis du eine Farbe erreichst, die deinem Hautton am nächsten kommt. Achte darauf, dass du mit wenig beginnst und nach und nach mehr hinzufügst.

Für einen dunkleren Teint: Füge nur ein wenig Maisstärke hinzu, damit die Mischung nicht zu hell wird.

Für einen helleren Teint: Manchmal reicht Maisstärke aus. Füge nach und nach Zimt oder Kakao hinzu.

Fülle alles in ein Schraubglas zur Aufbewahrung. Einfach mit einem Pinsel auftragen.

Die Maisstärke wirkt als Stabilisator und nimmt außerdem überschüssiges Fett auf.

▲ Mein Make-up? Mach ich mir inzwischen selbst!

Wie sonnengeküsst: Bronzer

Du brauchst:

- **1 EL** Maisstärke
- **1–2 EL** Backkakao oder Zimt
- Schraubglas

So geht's:

Du kannst den Backkakao/ das Zimt für sich allein verwenden oder mit der Maisstärke vermischt anwenden, je nach gewünschter Intensität und nach Hauttyp. Fülle alles in ein Schraubglas zur Aufbewahrung. Einfach mit einem Pinsel auftragen.

Rosa Bäckchen: Rouge

Du brauchst:

- **1 EL** Maisstärke
- **1–2 EL** Rote-Bete- oder Hibiskus-Pulver
- Schraubglas

So geht's:

Vermenge einen Teil der Maisstärke mit dem Pulver. Die Maisstärke dient als Stabilisator. Füge so viel Pulver hinzu, bis du die gewünschte Farbintensität erreicht hast. Fülle alles in ein Schraubglas zur Aufbewahrung. Für die Anwendung einfach mit einem Pinsel auftragen.

Immunbooster: Gutes für deine Gesundheit

Manchmal plagt uns ein Husten oder wir fühlen uns einfach nicht ganz fit. Dann können diese Hausmittel zur Tat schreiten – und schon fühlst du dich gleich wieder wohler. (Sie ersetzen aber keinen Arztbesuch bei stärkeren Symptomen oder länger anhaltender Krankheit.)

Beruhigt: Topfenwickel (bei Halsweh)

Du brauchst:

- **250 g** Topfen (Quark)
- Geschirrtuch, Schal

So geht's:

Bestreiche ein Geschirrtuch mit dem Topfen und lege das Tuch mit der Unterseite kurz auf eine Wärmflasche. Umwickle dann den Hals damit – achte darauf, dass der Wickel gut auf der Haut aufliegt und sich keine Zwischenräume bilden. Umwickle alles nochmals mit einem warmen Schal und lass den Wickel 15–20 Minuten lang einwirken.

Kühlt: Wadenwickel bei Fieber

Du brauchst:

- Geschirrtücher oder andere dünne, passende Tücher
- lauwarmes Wasser
- Handtücher

So geht's:

Tauche die Geschirrtücher in lauwarmes Wasser und wringe sie anschließend gut aus. Lege sie um die Waden (Knöchel und Knie aussparen) und umhülle alles nochmals mit trockenen Handtüchern. Nach 10 Minuten kannst du den Wadenwickel wieder entfernen.

Zauberkünstler: Maiwipferlsirup

Du brauchst:

- **4 Handvoll** Wipferl (junge Fichtentriebe)
- **1 kg** brauner Zucker
- Schraubgefäße
- Zeit

So geht's:

Um deinen eigenen Hustensirup selbst herzustellen, brauchst du nur wenige Zutaten.

Im Mai, wenn die Maiwipferl zu wachsen beginnen, ist genau die richtige (und leider auch einzige) Zeit im Jahr, um den Hustensirup herzustellen.

Pflücke die Maiwipferl und wasche sie. Bedecke den Boden deines Schraubglases mit Zucker. Anschließend wechselst du jeweils ab: füge eine Schicht Wipferl hinzu, anschließend wieder eine Schicht Zucker. Achte darauf, dass die Wipferlschicht immer doppelt so dick ist wie die Zuckerschicht. Du schließt mit einer Zuckerschicht ab und stellst das Schraubglas anschließend in die Sonne, z. B. auf eine helle Fensterbank – dort bleibt es, bis der Zucker vollständig geschmolzen ist (ca. 2 Wochen). Lass den Sirup danach noch 1 Monat in einem Schränkchen ziehen. Filtere ihn danach mit einem Sieb und fülle die zähe Flüssigkeit in dunkle Schraubflaschen. Durch den hohen Zuckergehalt wird der Sirup nicht schlecht, du kannst ihn also guten Gewissens bis zum nächsten Mai verwenden. Bewahre den Sirup im Kühlschrank auf

Bei Husten 1 Esslöffel davon schlucken. Kann beliebig oft wiederholt werden.

Wunderbar wohltuend, dieser süße Sirup.

Steamy: Dampfinhalation

Du brauchst:

- **500 ml** Wasser
- **50 Tropfen** ätherisches Thymianöl oder 2 EL getrockneten Thymian
- großer Topf, Handtuch

So geht's:

Koche das Wasser auf und füge das ätherische Öl oder die getrockneten Kräuter hinzu. Lass die Flüssigkeit etwas abkühlen. Beuge dich mit deinem Kopf über den Topf und lege ein Handtuch darüber. Atme nun den wohltuenden Dampf 5–10 Minuten lang ein. Das kannst du 2- bis 3-mal täglich wiederholen.

▲ So macht Kneten Spaß. Und wenn mal etwas gekostet wird, kann man beruhigt sein – sind ja nur natürliche Inhaltsstoffe.

Für die Kleinen: Nachhaltiger Spielespaß

Kinder erfreuen sich an den einfachsten Dingen. Gemeinsames Basteln und Kneten macht superviel Spaß und sorgt für strahlende Kindergesichter. Das Tolle: Gerade bei Kinderspielzeug kann man alte Papierreste, Gläser oder Sonstiges wunderbar upcyceln und so alten Gegenständen eine neue Bestimmung geben. Auch hier gilt: Get creative!

Nimmt Formen an: Knete

Du brauchst:

- **4 Tassen** Mehl
- **1 Tasse** lauwarmes Wasser
- **2 Tassen** Salz
- **2 EL** Öl
- optional: Gewürze zum Färben
- verschließbarer Behälter

So geht's:

Vermische alle Zutaten in einer großen Schüssel und knete sie so lange, bis alles gut durchmischt ist.

Anschließend kannst du die Masse in kleinere Teile teilen und sie mit Gewürzen färben. Dazu die Gewürze in etwas Wasser auflösen und gut untermischen. In einem gut schließenden Behälter ist die Knete monatelang haltbar.

Ganz schön klebrig: Kleister

Du brauchst:

- **75 g** Mehl
- **250 ml** Wasser
- Schraubglas

So geht's:

Vermische in deinem Schraubglas Mehl mit etwas Wasser, bis eine glatte Paste entsteht. Im Kühlschrank ist der Kleister ein paar Tage haltbar.

Für die gefiederten Freunde:
Vogelfutterbehang

Du brauchst:

- Vogelfutter oder ein Gemisch diverser Körner (Sonnenblumenkerne, Hanfkörner, Getreidekörner, Hirse, Distelsamen, Haferflocken und Mohn)
- Pflanzenfett (Kokosfett)
- Keksausstecher, kleine Backförmchen, Zapfen oder kleiner Blumentopf

So geht's:

Erhitze das Kokosfett, bis es flüssig geworden ist und füge die Körner hinzu. Nimm den Topf vom Herd und lass die Mischung auskühlen, bis eine formbare Masse entsteht.

Anschließend kannst du die Masse in Keksausstecher oder kleine Backförmchen eindrücken, den Zapfen damit bedecken oder einen kleinen Blumentopf damit bestreichen. Befestige den Behang mit einer Schnur an einem Baum oder Strauch. Schau immer wieder mal vorbei und freu dich, dass die Vögel zu Naschen haben. Nach ein paar Tagen oder Wochen bzw. wenn alles aufgebraucht ist, kannst du die Behältnisse wieder einsammeln und mit nach Hause nehmen.

Tipp:

Warum selber machen? Es bleiben keine (oder wenig) Reste zurück, anders als bei Meisenknödel-Netzen.

Nach dem Aufhängen kannst du mit deinen Kindern beobachten, wie die Vögel sich an diesem Leckerbissen erfreuen. Du wirst nicht lange auf sie warten müssen.

Es ist zum In-Die-Luft-Werfen: Konfetti

Du brauchst:

- getrocknete Blätter oder Altpapier (z. B. Zeitungen)
- Stanzer oder Locher

So geht's:

Umweltfreundliches Konfetti ist schnell selbst gemacht und das aus Sachen, die man ohnehin zuhause hat.

Stanze mit einem Stanzer oder einem Locher einfach Blätter oder Altpapier aus – und schon kann die Party losgehen.

Zum Basteln: Salzteig

Du brauchst:

- **2** Teile Mehl
- **1** Teil Salz
- **1** Teil Wasser
- optional: **1 TL** Pflanzenöl

So geht's:

Alles in einer Schüssel vermischen und gut durchkneten.

Nach dem Formen und Basteln an der Luft trocknen oder je nach Dicke ca. 1 Stunde bei ca. 120–150 °C Heißluft im Backofen backen, bis der Teig hart ist.

Aus Salzteig lassen sich allerhand Dinge herstellen. Ob nun Weihnachtsschmuck, kleine Schüsseln für die Spielküche oder eine Form zum Anmalen.

Rabimmel, rabammel, rabumm: Laternen aus Altpapier

Du brauchst:

- Altpapier
- Kleister (Seite 185)
- Luftballon aus Naturkautschuk
- Pinsel

So geht's:

Reiß das Altpapier (am besten eignet sich Zeitungspapier) in kleine Stücke. Blase den Luftballon auf die gewünschte Größe auf. Bestreiche immer eine kleine Fläche mit Kleister und beklebe sie dann mit Papier. Achte darauf, dass sich die Papierstücke überlappen. Mach mehrere Schichten, bis eine relativ robuste Schicht entsteht und lass alles trocknen. Anschließend kannst du die Laterne vom Ballon lösen, bemalen und verzieren.

Schaukelt so schön: Windlicht aus Altglas

Du brauchst:

- Altglas
- Kleister (Seite 185)
- Blätter
- breiter Pinsel
- Teelicht

So geht's:

Bestreiche dein Glas mit dem Kleister und klebe die Blätter darauf. Bestreiche danach nochmals alles mit Kleister und lass es trocknen.

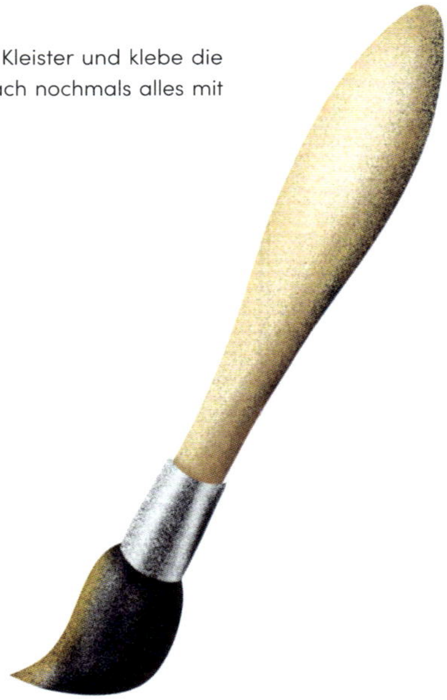

Dein

TRANSFORMATIONS STATUS

nach Schritt 3

Die Transformation ist vollendet. Du kaufst nur noch Dinge, die du brauchst (und diese natürlich unverpackt), machst vieles selbst und schmeckst und spürst den Unterschied: weniger Fastfood, weniger Chemie und weniger Überforderung durch Überangebot.

Eine unverpackte Welt – ein Nachwort

*Wir alle haben Träume. Ich träume von einer unverpackten Welt. Einer Welt ohne unnötiges Plastik. Ohne Konsumzwang. Ohne verleitende Werbung und Profitgier. In Supermärkten gibt es ein Unverpacktangebot, damit wirklich jede*r die Möglichkeit hat, sich zu entscheiden. Firmen und Hersteller*innen haben endlich erkannt, dass fast alles ohne Verpackung und mit natürlichen Inhaltsstoffen produziert werden kann. Es wird nur noch so viel hergestellt, wie konsumiert wird.*

Das Geld, das dabei gespart wird, investieren wir in den Kampf gegen Armut, Hunger und die Klimakatastrophe. Um Chancengleichheit zu gewähren. Um Menschenleben zu retten. Die Meere sind frei von Plastik, ebenso wie unsere Straßen, Felder und Wälder. Die Natur atmet auf – und wir Menschen mit ihr. Es ist eine Welt, in der man nur mit dem Auto fährt, wenn man unbedingt muss. Eine Welt, in der öffentliche Transportmittel die erste Wahl sind und die „First Class" abgeschafft wurde. Frei von Angst um unsere Umwelt und unsere Zukunft können wir unser Leben genießen und haben mehr Zeit, Dinge selbst herzustellen und unser Leben zu gestalten.

Es ist ein großer Traum und ich weiß nicht, ob dieser jemals in Erfüllung gehen kann. Wenn ich an unsere Zukunft – an die Zukunft unseres Planeten – denke, wird mir oft klamm ums Herz, meine Luftröhre schnürt sich zu und das Atmen fällt mir schwer. Wir müssen heute etwas tun.

Jetzt.

Hier.

Packen wir es gemeinsam an, damit wir eine Welt schaffen, die lebenswert ist. Damit wir eine Welt schaffen, die bestehen kann.

Mit Sack und Pack:
Anhang

Du möchtest wissen, ob es auch in deiner Nähe einen Unverpacktladen gibt? Du möchtest dich gerne noch weiter in das Thema Müllvermeidung einlesen? Oder bist du auf der Suche nach einem bestimmten Begriff? Dann bist du hier richtig. Hier habe ich dir die wichtigsten Infos (umweltfreundlich!) verpackt.

Für den nächsten Shopping-Trip:

Unverpacktläden im deutschsprachigen Raum

Österreich

KÄRNTEN

UniKorn
Ledererergasse 9, 9500 Villach

NIEDERÖSTERREICH

Gabi's Naturkostladen e.U.
Wiener-Neustädterstrasse 18,
2542 Kottingbrunn
www.gabis-naturkost.at

d'Greisslerei
Hauptplatz 6,
3243 St. Leonhard am Forst
www.d-greisslerei.at

Tante Hanna Laden
Werkstraße 13, 4300 St. Valentin
www.tante-hanna-laden.at

Unverpackt Wieselburg
Neumühl 6, 3250 Wieselburg
www.unverpacktaustria.at

OBERÖSTERREICH

Unpackbar
Harrachstraße 46, 4020 Linz
www.unpackbar-laden.at

Sieringer Kerndlgreisslerei
Kirchenpl. 2, 4522 Sierning

SALZBURG

Bruno unverpackt OG
Zanderweg 6,
5201 Seekirchen am Wallersee

Wild & Nackig
Rainerstraße 11, 5020 Salzburg
www.wildundnackig.at

Genuss pro Gramm
Paris-Lodron-Straße 15,
5020 Salzburg
www.genussprogramm.at

STEIERMARK

Das Gramm
Neutorgasse 7, 8010 Graz
www.dasgramm.at

Das Dekagramm
Joanneumring 16, 8010 Graz
www.dasgramm.at

Kornwaage
Theodor-Körner-Straße 47,
8010 Graz
www.bio-laden.at

Le Naturel
Eibiswald 126, 8552 Eibiswald
www.lenaturel.at

Offen-sichtlich unverpackt
Hauptplatz 51, 8570 Voitsberg
www.offen-sichtlich-unverpackt.at

unFairpackt
Grazer Vorstadt 19, 8570 Voitsberg
www.unfairpackt.at

TIROL

greenroot
Marktgraben 14, 6020 Innsbruck
www.greenroot.at

Zua Woog
Dorfstraße 41, 6364 Brixen im Thale
www.zua-woog-unverpackt.at

VORARLBERG

Frida Bio
Marktstraße 28, 6845 Hohenems
www.frida-bio.at

Cori's unverpackt-Laden
Wiesleweg 18, 6822 Satteins
www.plastikfreier.com

WIEN

Lunzer's Maß-Greißlerei
Heinestraße 35, 1020 Wien
www.mass-greisslerei.at

Warenhandlung
Marxergasse 13, 1030 Wien
www.warenhandlung.at

Lieblings-Laden
Hörnesgasse 18, 1030 Wien
www.lieblings-laden.at

Der Greißler- unverpackt.ehrlich
Margaretenstraße 44, 1040 Wien;
Albertgasse 19, 1080 Wien
www.der-greissler.at

Lieber Ohne
Otto-Bauer-Gasse 10, 1060 Wien
www.lieberohne.at

holis market
Neubaugasse 88, 1070 Wien

Weitere Läden mit unverpacktem Sortiment in Österreich

Basic
www.basicbio.at

Bio-Sphäre
www.bio-sphaere.at

Denn's Biomarkt
www.denns-biomarkt.at

Maran Vegan
www.maranvegan.at

Reformhaus Prokopp
www.prokopp.co.at

Sonnengrün
www.sonnengruen.com

Deutschland

BADEN-WÜRTTEMBERG

Unverpackt im Kubus
Marktplatz 26, 73430 Aalen
www.unverpackt-gd.de/unverpackt-aa/

AnNa unverpackt
Hauptstraße 16, 74354 Besigheim
www.anna-unverpackt.de

Tante Nellis
Hauptstraße 49,
73054 Eislingen/Fils
www.tante-nellis.de

Glaskiste
Moltkestraße 15,
79098 Freiburg im Breisgau
www.glaskiste.com

Tante Emma's Bruder
Friedrichstraße 11,
88045 Friedrichshafen
www.tante-emmas-bruder.de

Annas Unverpacktes
Ladenburger Str. 37,
69120 Heidelberg
www.annas-unverpacktes.de

Liva unverpackt
Allee 73, 74072 Heilbronn
www.unverpackt-heilbronn.de

Ganz Ohne
Stuttgarter Straße 2,
71083 Herrenberg
www.ganz-ohne.de

Unverpackt Karlsruhe
Bahnhofplatz 8, 76137 Karlsruhe
www.unverpackt.de

Silo
Obere Laube 65, 78462 Konstanz
www.silo-konstanz.de

Unverpackt Konstanz
Mosbruggerstraße 16,
78462 Konstanz
www.unverpacktkonstanz.de

Maggi's unverpackt
Hauptstraße 48, 68526 Ladenburg

Unverpackt Landau
Kronstraße 34,
76829 Landau in der Pfalz
www.unverpacktlandau.de

happyend
Marktstraße 28,
88399 Leutkirch im Allgäu
www.happyendstore.de

ohne PlaPla
Lindenstraße 2, 71634 Ludwigsburg;
Fürstenstraße 5, 70173 Stuttgart
www.ohneplapla.de

Eddie's
Seckenheimer Str. 21, 68165
Mannheim

Heimatliebe
Hauptstraße 3, 88677 Markdorf
www.heimatliebe-unverpackt.de

Glas & Beutel
Marktstraße 10, 72622 Nürtingen
www.glasundbeutel.de

Wohlgefühl – plastikfrei & unverpackt
Untere Breite Str. 23,
88212 Ravensburg
www.wohlgefuehl-unverpackt.de

Fridi unverpackt
Weibermarkt 3, 72764 Reutlingen;
Eisenbahnstraße 31,
72072 Tübingen

Unverpackt Schw. Gmünd
Kalter Markt 12,
73525 Schwäbisch Gmünd
www.unverpackt-gd.de

herzlich unverpackt
Herz-Jesu-Platz 3, 78224 Singen
www.herzlich-unverpackt.de

Schüttgut
Vogelsangstraße 51, 70197 Stuttgart
www.schuettgut-stuttgart.de

Tante M. unverpackt
Eduard-Steinle-Straße 6,
70619 Stuttgart
www.tantem-unverpackt.de

Speicher umgedacht
Beim Nonnenhaus 3,
72070 Tübingen
www.speicher-tuebingen.de

Tante Lose
Paradiesstraße 9,
88239 Wangen im Allgäu
www.tantelose.de

weil.unverpackt
Hauptstraße 116,
79576 Weil am Rhein
www.weil-unverpackt.de

BAYERN

Monikas Laden
Baumburger Leite 7,
83352 Altenmarkt an der Alz
www.monika-wagner.net/monikas-laden

Ansbach unverpackt
Schaitbergerstraße 1,
91522 Ansbach
www.ansbach-unverpackt.de

rutaNatur
Prinzregentenstraße 7,
86150 Augsburg
www.rutanatur.de

Unverpackt Aschaffenburg
Landingstraße 22,
63739 Aschaffenburg

nurINpur UG
Am Pulverl 13, 85051 Ingolstadt
www.nurinpur.de

Freilich unverpackt
Rothenfelsstraße 6,
87509 Immenstadt im Allgäu
www.freilich-unverpackt.de

Ois Ohne
Hindenburgstraße 11,
83646 Bad Tölz
www.ois-ohne.de

freiZeit Bairawies
Dorfstraße 30, 83623 Dietramszel
www.freizeit-bairawies.de

Unverpackt Bamberg
Luitpoldstraße 36, 96052 Bamberg
www.unverpackt-bamberg.de

Lebenskunst
Rindermarkt 11, 85354 Freising
www.bioladen-lebenskunst.de

Fräulein Lose
Johannisstraße 1, 85354 Freising
www.fraeuleinlose.de

Lecker Unverpackt
Schulstraße 20, 88131 Lindau
www.lecker-unverpackt.de

Green Vood
Fraunhoferstraße 5, 87700
Memmingen
www.greenvood.de

happyend
Herrenstraße 9, 87700 Memmingen
www.happyendstore.de/memmingen/

Abgefüllt und unverpackt
Fraunhoferstraße 23, 80469
München
www.aundu.net

Mutternaturladen
Grünwalder Str. 244, 81545 München

nebenan & unverpackt
Willibaldstraße 18, 80687 München
www.nebenan-unverpackt.de

Ohne Laden
Rosenheimer Str. 85, 81667 München;
Schellingstraße 42, 80799 München
www.ohne-laden.de

Servus Resi
Kistlerhofstraße 111, 81379 München
www.servus-resi.de

Ohne Umweg
Schäfflesmarkt 1, 86720 Nördlingen
www.ohneumweg.com

bioundnah
Rosenaustraße 16, 90429 Nürnberg
www.bioundnah.de

Zero Hero – ehrlich & unverpackt
Obere Kanalstraße 11A,
90429 Nürnberg
www.zerohero-nuernberg.de

Tante Emmer
Grabengasse 23, 94032 Passau
www.tante-emmer.com

Füllgut Regensburg
Obere Bachgasse 21, 93047
Regensburg
www.fuellgutregensburg.de

nimm's lose
Gillitzerstraße 4, 83022 Rosenheim
www.nimmslose.bio

FüllWerk
Maximilian-Philipp-Straße 1,
86842 Türkheim
www.fuellwerk-tuerkheim.de

alge unverpackt
Admiral-Hipper-Straße 7, 82362
Weilheim in Oberbayern
www.alge.de/unverpackt-weilheim

Unverpackt Weißenburg
Obertorstraße 4, 91781 Weißenburg
in Bayern
www.unverpacktweissenburg.business.site

Klare Kante
Hauptstraße 22, 89264 Weißenhorn
www.klarekanteunverpackt.de

Unverpackt Würzburg
Sanderstraße 5, 97070 Würzburg
www.wuerzburg-unverpackt.de

Deine Alternative
Anzinger Str. 3, 85604 Zorneding
www.deine-alternative.com

BERLIN

FAIR unverpackt
Düsseldorfer Str. 12, 10719 Berlin
www.fair-unverpackt.de

Original Unverpackt
Wiener Straße 16, 10999 Berlin
www.original-unverpackt.de

Berlin Erbsenzählerei
Kolonnenstraße 48–49, 10829 Berlin
www.erbsenzaehlerei-berlin.de

Der Sache wegen
Lychener Str. 47, 10437 Berlin
www.der-sache-wegen.de

BRANDENBURG

maß.Voll
Zeppelinstraße 1, 14471 Potsdam
www.potsdam-unverpackt.de

Kathi und Käthe FairVerpackt
Garnstraße 20, 14482 Potsdam
www.fairverpackt-babelsberg.de

Tante Emma Unverpackt
Präsidentenstraße 54, 16816 Neuruppin
www.tante-emma-unverpackt.de

BREMEN

Füllkorn
Kornstraße 12, 28201 Bremen
www.füllkorn.de

L'Epicerie Bio Unverpackt
Rückertstraße 1, 28199 Bremen

SelFair
Vor dem Steintor 187, 28203 Bremen
www.selfair.de

Füllerei Findorff
Borgfelder Straße 17, 28215 Bremen
www.fuellerei.de

Glückswinkel
Bürgermeister-Smidt-Straße 196, 27568 Bremerhaven
www.deinglueckswinkel.de

HAMBURG

Bio.lose
Osterstraße 81, 20259 Hamburg
www.biolose.de

LOKO - unverpackt
Erikastraße 57, 20251 Hamburg
www.loko-unverpackt.de

Ohne Gedöns
Kattjahren 1c, 22359 Hamburg
www.ohnegedoenshamburg.de

Stückgut
Am Felde 91, 22765 Hamburg; Neuer Kamp 31, 20359 Hamburg
www.stueckgut-hamburg.de

Seppels Laden
Bramfelder Dorfpl. 4D, 22179 Hamburg
www.seppels-laden.de

HESSEN

Unverpackt Lorsch
Darmstädter Str. 190, 64625 Bensheim;
Bahnhofstraße 14, 64653 Lorsch
www.unverpackt-lorsch.de

Unverpackt Darmstadt
Gutenbergstraße 5B, 64289 Darmstadt;
Karlstraße 98, 64285 Darmstadt
www.unverpacktdarmstadt.com

Die Auffüllerei
Höhenstraße 40, 60385 Frankfurt am Main
www.dieauffuellerei.de

Gramm.Genau
Adalbertstraße 11, 60486 Frankfurt am Main
www.grammgenau.de

Emmas Unverpackt Laden
Luckenberg 1, 36037 Fulda
www.unverpackt-fulda.de

Unverpacktes Gießen
Johannette-Lein-Gasse 24, 35390 Gießen
www.unverpacktes-giessen.de

natürlicherfrei
Bahnhofstr. 35, 63165 Mühlheim;
Puiseauxplatz 2C,63110 Rodgau Nieder-Roden
www.natuerlichfrei.kaufen

KiKe's unverpackt
Austraße 7a, 65527 Niedernhausen
www.kikes-unverpackt.de

Bio-unverpackt
Dotzheimer Str. 19, 65185 Wiesbaden
www.bio-unverpackt.com

Unverpackt Wiesbaden
Albrechtstraße 31, 65185 Wiesbaden
www.unverpackt-wiesbaden.de

MECKLENBURG-VORPOMMERN

uver Greifswald
Lange Str. 49, 17489 Greifswald
www.uver-greifswald.de

Lulu unverpackt
Schloßstraße 29, 19288 Ludwigslust
www.lulu-unverpackt.de

Green Goldi Rostock
Am Vögenteich 25a, 18057 Rostock
www.greengoldi-unverpackt.de

Müritz Unverpackt
Str. des Friedens 50, 17207 Röbel/Müritz
www.unverpackt-kiel.de/unverpacktakademie/mueritz-unverpackt

NIEDERSACHSEN

sOHNEnschein
Lange Str. 13, 26345 Bockhorn
www.sohnenschein.de

Wunderbar unverpackt
Fallersleber Str. 36, 38100 Braunschweig;
Groner-Tor-Straße 22, 37073 Göttingen
www.wunderbar-unverpackt.de

LoLa - der LoseLaden
Stephansplatz 13, 30171 Hannover;
Teichstraße 1, 30449 Hannover;
Lister Meile 64, 30161 Hannover
www.lola-hannover.de

Lingen Unverpackt
Kirchstraße 2, 49808 Lingen
www.lingen-unverpackt.de

Rubio - Unverpackt in Oldenburg
Blumenstraße 44, 26121 Oldenburg
www.rubiounverpackt.de

Veggiemaid
Damm 34, 26135 Oldenburg
www.veggiemaid.de

Tara - unverpackt genießen
Hasestraße 37, 49074 Osnabrück
www.tara-unverpackt.de

Stück vom Glück
Am Neuen Markt 4, 27356 Rotenburg
www.stueckvomglueck.net

NORDRHEIN-WESTFALEN

Unverpacktes Glück
Friedrich-Wilhelm-Platz 5-6, 52062 Aachen;
Oberstraße 15, 52349 Düren;
Marktstraße 9, 52428 Jülich
www.unverpacktes-glück.de

Frau Lose
Rheinische Str. 24, 44137 Dortmund
www.frau-lose.de

Duisburg Unverpackt
Blumenstraße 4, 47057 Duisburg
www.duisburg-unverpackt.de

FLinse & Co. - unverpackt einkaufen
Lindenstraße 165, 40233 Düsseldorf
www.flinse.co

BIOKU
Herner Str. 14, 44787 Bochum
www.bioku.org

Et Bönnsche Lädche
Wilhelmspl. 4, 53111 Bonn
www.lieberunverpackt.de

Im Körbchen
Heidebroichstraße 15, 50374 Erftstadt
www.erftstadt-unverpackt.de

glücklich unverpackt
Rosastraße 38, 45130 Essen

Lieber unverpackt
Karlspl. 20, 47798 Krefeld
www.lieber-unverpackt.de

natürlich unverpackt
Lange Str. 29,58089 Hagen
www.natuerlichunverpackt.de

Randvoll
Kaarster Str. 45, 41564 Kaarst
www.randvoll-unverpackt.de

migori
Bonner Str. 66, 50677 Köln
www.migori.de

Tante Olga
Berrenrather Str. 406, 50937 Köln;
Viersener Str. 6, 50733 Köln
www.tante-olga.de

Veedelskrämer
Venloer Str. 270, 50823 Köln;
Neusser Str. 44, 50670 Köln
www.veedelskraemer.de

Tante LeMi
Gasthausstraße 68, 41061 Mönchengladbach
www.tantelemi.wordpress.com

Tante Pati
Unterwallstraße 14, 47441 Moers
www.tantepati.de

Prüngel und Prütt
Löhberg 68-70, 45468 Mülheim an der Ruhr
www.puengel-pruett.de

Einzelhandel zum Wohlfühlen
Hammer Str. 60, 48153 Münster;
Langemarckstr 10, 48147 Münster
www.einzelhandel.ms

Natürlich Unverpackt
Warendorfer Str. 63, 48145 Münster
www.natuerlich-unverpackt.de

Kernidee
Dörener Weg 72, 33100 Paderborn
www.kernidee-paderborn.de

locker flockig
Kilianstrasse 5, 33098 Paderborn
www.lockerflockig-pb.de

Local unverpackt
Lintorfer Straße 27-29, 40878 Ratingen
www.local-ratingen.de

Sandy's Unverpackt-Laden
Augustinessenstraße 2A, 45657 Recklinghausen
www.sandys-unverpacktladen.com

Theo Tütenlos
Hammer Str. 49, 59457 Werl
www.theo-tuetenlos.de

Füllbar
Ruhrstraße 10, 58452 Witten

Ohne Wenn & Aber
Am Brögel 32, 42283 Wuppertal
www.ohnewennundaber.jetzt

Grünkorn
Wilhelmstraße 139, 42489 Wülfrath
www.gruenkornunverpackt.de

RHEINLAND-PFALZ

MehrWert - unverpackt einkaufen
Rathausstraße 2, 57610 Altenkirchen

Unverpackt Bad Kreuznach
Zimmergasse 4, 55543 Bad Kreuznach
www.unverpackt-badkreuznach.de

gutes unverpackt
Hunsrück, Marktstraße 5, 56288 Kastellaun
www.gutes-unverpackt.de

Unverpackt Kirn
Steinweg 29, 55606 Kirn
www.unverpackt-kirn.de

Unverpackt Koblenz
Pfuhlgasse 15, 56068 Koblenz
www.unverpacktkoblenz.de

Unverpackt Mainz
Heidelbergerfaßgasse 16a, 55116 Mainz
www.unverpackt-mainz.de

foi - Unverpackt Neustadt
Hauptstraße 86, 67433 Neustadt an der Weinstraße
www.unverpackt-neustadt.de

Unverpackt Trier
Simeonstraße 3, 54290 Trier
www.unverpackt.kaufen/trier

Ellas Dubbes
Herrnsheimer Hauptstraße 62A, 67550 Worms
www.ellas-dubbes.de

Saarland
Unverpackt in Eppelborn
Bahnhofstr. 12, 66571 Eppelborn
www.eppelkischd.de

Unverpackt leben
Saarbrücken Straße 39, 66299 Friedrichsthal
www.unverpacktleben.de

Die Kornblume
Alte Bahnhofstraße 12, 66386 St. Ingbert
www.unverpackt-igb.de

Unverpackt Saarbrücken
Bruchwiesenstraße 6, 66111 Saarbrücken
www.unverpackt-saarbruecken.de

Unverpackt Saar
Zeughausstraße 2, 66740 Saarlouis
www.unverpackt.kaufen/unverpacktsaar

SACHSEN

Lose Dresden
Böhmische Str. 14, 01099 Dresden

binnes unverpackt für jedermann
Dornblüthstraße 7, 01277 Dresden
www.binnes-unverpackt.de

Emma's Tante
Jakobstrasse 40, 02826 Görlitz
www.emmastante.com

Einfach Unverpackt Südvorstadt
Kochstraße 6, 04275 Leipzig
www.einfach-unverpackt.de

Einfach Unverpackt Schleußig
Könneritzstraße 95, 04229 Leipzig
www.einfach-unverpackt.de

natürlich & unverpackt
Poststraße 1, 08412 Werdau
www.natuerlich-und-unverpackt.de

Mr. Cornfill
Innere Schneeberger Str. 12, 08056 Zwickau
www.unverpackt-zwickau.de

SACHSEN-ANHALT

Abgefüllt
Kardinal-Albrecht-Straße 36, 06108 Halle
www.abgefuellt-halle.de

my Unverpackt
Breite Straße 30, 39576 Hansestadt Stendal
www.my-unverpackt.de

Frau Ernas loser LebensMittelPunkt
Arndtstraße 38, 39108 Magdeburg
www.frau-ernas.de

SCHLESWIG-HOLSTEIN

Moin Unverpackt Ahrensburg
Große Straße 34a, 22926 Ahrensburg
www.unverpackt-ahrensburg.de

Nixdrumrum
Hamburger Str. 12, 23795 Bad Segeberg
www.nixdrumrum.de

frei-handel
Rathausmarkt 2, 24340 Eckernförde
www.frei-handel.de

Unverpackt Kiel
Adelheidstraße 28, 24103 Kiel
www.unverpackt-kiel.de

Unverpackt Lübeck
Fleischhauerstraße 40, 23552 Lübeck
www.unverpackt-luebeck.de

THÜRINGEN

Unverpackt Gera
Markt 10, 07545 Gera

Jeninchen
Sophienstraße 37-39, 07743 Jena
www.unverpackt-jena.de

Weitere Läden mit unverpacktem Sortiment in Deutschland

Basic Bio-Supermarkt
www.basicbio.de/Maerkte.aspx

Chez Mamie
www.chez-mamie.de

Denn's Biomarkt
www.denns-biomarkt.de

Erdkorn Bio-Supermarkt
www.erdkorn.de

Plietsch im Edeka
www.plietsch-unverpackt.de

Veganz
www.veganz.de

Schweiz

Abfüllerei Basel
Güterstrasse 169, 4053 Basel
www.abfuellerei-basel.ch

Basel unverpackt
Feldbergstrasse 26, 4057 Basel
www.baselunverpackt.ch/de/

La Portion Magique
Kirchgässli 5, 2502 Biel-Bienne
www.portion-magique.ch/?lang=de

Zollfrei
Freilagerstrasse 71, 8047 Zürich
www.foifi.ch

Foifi
Gartenhofstrasse 27, 8004 Zürich
www.foifi.ch

Chez Mamie
11 Standorte
www.chezmamie-biovrac.ch/de/

Mix it and try it:

Rezeptregister

Hier findest du alle Rezepte aus dem Buch auf einen Blick – eingeteilt in ihre Anwendungsgebiete. Einfach auf die Seite blättern und losmixen!

ZUM WOHLFÜHLEN: GESUNDHEIT

SPIELZEUG UND CO.: KINDERERZIEHUNG

EINMAL ENTSPANNEN, BITTE: KÖRPERPFLEGE UND KOSMETIK

ZUM REINBEISSEN: LEBENSMITTEL

EINFACH ALLES SAUBER BEKOMMEN:

*Für Wortjongleur*innen:*

Stichwortregister

Du hast einen bestimmen Begriff im Kopf und möchtest ihn nachschlagen? Dann bist du hier richtig. Hier kannst du dich ganz einfach durchblättern und zurechtfinden.

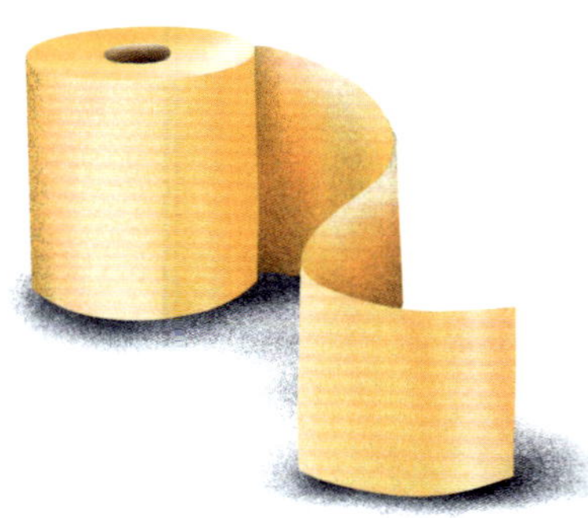

Spannende Lesestunden:

Literaturempfehlungen

Lust auf noch mehr Lesestoff? In diesen Büchern lässt sich schmökern und ganz viel Wissen ansammeln:

BAUER, Ingrid: Es geht auch ohne Windeln!: Kösel, 2001.

BEAVAN, Colin: Alles Öko!: Aufbau Verlag GmbH & Co. KG, 2012.

CARSON, Rachel: Der stumme Frühling: C.H.Beck, 1987.

HOFLACHER, Barbara: Du darfst auf meine Haut: Löwenzahn, 2019.

JOHNSON, Bea: Zero Waste Home: Scribner, 2013.

KRAUTWASCHL, Sandra: Plastikfreie Zone: Wilhelm Heyne Verlag, 2012.

OBERBEIL, Klaus: Die tägliche Dosis Gift: Wilhelm Heye Verlag, 2011.

SCHRÖDER, Heike: Plastik im Blut: VAK Verlags GmbH, 2017.

THUNBERG, Greta: No One is Too Small to Make a Difference: Penguin Random House UK, 2019.

FÜR KLEINE LESETIGER: BÜCHER FÜR KINDER

Du möchtest deinen Kindern eine umweltfreundliche, verpackungsfreie Welt näherbringen? Dann blätter dich doch mal durch diese Bücher:

FRENCH, Jess: So viel Müll!: Wie du die Umwelt schützen kannst: Dorling Kindersley, 2019.

INTEMANN Nicole: Plastian, der kleine Fisch: oekom verlag, 2015.

LAYTON, Neal: Für eine Umwelt ohne Plastik: Carlsen, 2020.

WILSON, Hannah: Weniger ins Meer - was du tun kannst, um Plastik und Müll zu vermeiden (Natur- und Umweltschutz): arsEdition, 2019.

WOLDANSKA-POLCINSKA, Ole: Schütze die Natur: Beltz & Gelberg, 2020.

Klicken und spicken:

Internetquellen

Fakten über Fakten: Unser Müllverhalten, die Müllwirtschaft, Inhaltsstoffe von Verpackungen oder coole Initiativen, die gegen den Müllwahnsinn angehen – du möchtest mehr dazu herausfinden? Dann schau mal bei diesen Webseiten und Datenbanken vorbei:

- www.abenteuer-regenwald.de/bedrohungen/papier
- www.agr.at/glasrecycling/glasrecyclingdaten
- www.agrar.at
- www.alpenverein.at/tk-innsbruck_wAssets/docs/Verrottungstabelle-filled.pdf
- www.ara.at/gesellschaft-bildung/recycling
- www.blauer-engel.de/de/produktwelt/papier-druck
- www.bmlrt.gv.at/dam/jcr:909b907d-e688-4572-afcd-6f6727573014/BAWP_Statusbericht_2019.pdf
- www.bmu.de/faqs/coffee-to-go-becher
- www.boell.de/sites/default/files/2019-11/Plastikatlas_2019_3._Auflage.pdf
- www.bund.net/themen/chemie/hormonelle-schadstoffe/bisphenol-a/lebensmittelkonserven
- www.bvse.de/gut-informiert-kunststoffrecycling/nachrichten-recycling/6441-pet-getraenkeflaschen-hohe-recyclingquote-und-steigender-einsatz-von-recyceltem-material.html
- www.careelite.de/fast-fashion
- www.careelite.de/verstecktes-plastik-im-alltag
- www.chemie.de/lexikon/Erdöl.html
- www.chemie.de/lexikon/Kunststoff.html
- www.codecheck.info
- www.codecheck.info
- www.de.statista.com/statistik/daten/studie/1077980/umfrage/recyclingquote-von-siedlungsabfaellen-in-der-eu
- www.derstandard.at/story/2000078188353/recycling-in-europa-deutschland-top-oesterreich-rang-2
- www.destatis.de/DE/Themen/Gesellschaft-Umwelt/Umwelt/Abfallwirtschaft/_inhalt.html
- www.dw.com/de/das-problem-mit-der-schnellen-mode/l-52203621
- www.eu-fusions.org/
- www.eu-refresh.org

- www.europarl.europa.eu/news/de/headlines/priorities/plastikmull-bekampfen/20181212STO21610/plastikmull-und-recycling-in-der-eu-zahlen-und-fakten
- www.fairphone.com/de
- www.fastfashion-dieausstellung.de/de/konsum
- www.fcc-group.eu/de/fcc-cee-group/abfall-als-ressource/abfallbehandlung/mechanisch-biologische-abfallbehandlung.html
- www.gesundheit.gv.at/leben/umwelt/chemikalien/aluminium
- www.gesundheit.gv.at/leben/umwelt/chemikalien/aluminium
- www.glasaktuell.de
- www.glasaktuell.de/nachhaltigkeit/recycling/
- www.global2000.at/warum-wird-bpa-nicht-verboten
- www.greenpeace.de/sites/www.greenpeace.de/files/publications/s01951_greenpeace_report_konsumkollaps_fast_fashion.pdf
- www.independent.co.uk/life-style/health-and-families/period-sanitary-products-plastic-pollution-flush-toilet-marine-environment-natracare-a8425256.html
- www.muttererde.at/fakten
- www.netdoktor.de/haarentfernung/mit-laser
- www.nuernberg.de/internet/abfallwirtschaft/faq_mva.html
- www.oesterreich-isst-informiert.at/industrie/die-geschichte-der-lebensmittelverpackung
- www.plasticpreneur.com
- www.regenwald-schuetzen.org/unterricht/schuelerwettbewerb/paper-angels-blaue-engel/schueler-seiten-fuer-recherchen/woher-kommt-das-holz-fuer-papier
- www.shiftphones.com
- www.smarticular.net/deodorant-ohne-aluminium-selbst-herstellen-einfach-gehts/
- www.sozialministerium.at/Themen/Gesundheit/Verbrauchergesundheit/Studie---Aluminium-Toxikologie-und-gesundheitliche-Aspekte-körpernaher-Anwendungen-.html
- www.swissrecycling.ch/wissen/kennzahlen-und-quoten/
- www.swissrecycling.de
- www.t-online.de/digital/smartphone/id_85684302/oekologisch-und-fair-das-sollten-smartphone-kaeufer-wissen.html
- www.toogoodtogo.at
- www.umweltbundesamt.de
- www.umweltbundesamt.de/biobasierte-biologisch-abbaubare-kunststoffe#21-konnen-biobasierte-kunststoffe-recycelt-werden
- www.umweltbundesamt.de/daten/ressourcen-abfall/ablagerungsquoten-der-hauptabfallstroeme
- www.unverschwendet.at
- www.utopia.de/greenpeace-test-mindesthaltbarkeitsdatum-118836
- www.utopia.de/neue-studie-teebeutel-mikroplastik-158332
- www.utopia.de/ratgeber/thermopapier-entsorgen-kassenbons-kassenzettel-altpapier-sondermuell
- www.verbraucherzentrale.de/wissen/lebensmittel/lebensmittelproduktion/aluminium-7609
- www.verbraucherzentrale.de/wissen/umwelt-haushalt/wohnen/gefahren-fuer-die-gesundheit-durch-plastik-7010
- www.wienenergie.at/eportal3/ep/channelView.do/channelId/-49065
- www.wwf.de/fileadmin/user_upload/WWF-Report-Aufnahme_von_Mikroplastik_aus_der_Umwelt_beim_Menschen.pdf
- www.zerowasteaustria.at
- www.zerowasteeurope.eu
- www.zerowastegermany.de
- www.zerowasteswitzerland.ch/de/

... und zum Schluss ein

großes Dankeschön

Dieses Buch wäre nicht möglich gewesen, wenn ich nicht viele helfende, inspirierende, liebende und stützende Hände gehabt hätte.

Als Erstes möchte ich meinem Mann Matthias danken, der mich mit Zeit, Liebe, Mut und Zuversicht unterstützt hat. Der mich nun schon seit 12 Jahren auf all meinen Wegen begleitet, und mich bei Stolperstellen auffängt, bevor ich fallen würde. Danke für deine immerwährende Unterstützung dabei, meine Träume zu verwirklichen. Danke für deine bedingungslose Liebe. Du bist wirklich so gut wie der Frühling selbst.

Ich möchte dieses Buch insbesondere meinen Kindern widmen, die immer den Wunsch in mir wecken, besser zu sein. Ihr seid die Zukunft! Ich liebe euch mehr als ihr euch vorstellen könnt und bin erst vollkommen, seit es euch gibt. Ihr seid das größte Geschenk in meinem Leben.

Ich danke meinen Eltern, Günter und Rozalia, die mir Achtsamkeit und Dankbarkeit lehrten. Meinem Vater, auf den immer Verlass ist. Dein Stolz auf mich bedeutet mir so viel und ich bin endlos dankbar für dich. Vor allem meiner Mutter, die für mich so viele große Träume und Pläne hatte. Anyukám, du gabst mir das Wichtigste im Leben mit: Liebe. Ich kann es nicht erwarten, dich irgendwann wieder in die Arme schließen zu können.

Meinen großen Schwestern, Alexandra und Veronika, die mir in so vielem ein großes Vorbild sind. Danke, dass es euch gibt. Ich trage euer Herz in meinem Herzen. Meiner Schwester Veronika, von der ich immer noch so viel lerne. Du hast ein Herz aus Gold und ich bin so dankbar dafür, dass du meine Schwester bist. Meiner ältesten Schwester Alexandra, die mich nach dem Tod unserer Mutter mit großzog und bei der ich viele Jahre wohnen durfte. Du hast mir nicht nur ein Zuhause gegeben, sondern mich immer darin bestärkt, dass ich alles schaffen kann. Dass kein Ziel zu fern und kein Weg zu weit ist. Danke, dass du immer an mich glaubst. Für immer ... und immer.

Meinen Schwiegereltern, Sonja und Ali, die die herzlichsten und wärmsten Menschen sind, die ich kenne. Danke für eure Unterstützung, euer Interesse und eure Liebe. Danke, dass ihr immer für mich da seid. Euch ist kein Weg zu weit, keine Uhrzeit zu spät und ich kann immer auf euch zählen. Ich bin sehr dankbar, zu eurer Familie zu gehören.

Einen großen Dank an all die lieben Freundinnen und Freunde, die mich in meinem Leben geprägt und beeinflusst haben. In denen ich Wegbegleiter*innen und vertraute Seelen gefunden habe. Ich hoffe, ihr wisst, wer ihr seid.

Einen besonderen Dank auch an alle Löwenzähne, die an diesem Projekt mitgearbeitet und es ermöglicht haben. Danke Katharina, Magdalena, Kathi und insbesondere Julia. Ohne euch wäre es nicht das, was es heute ist. Ihr seid großartig!

Danke Sonja, für deine wunderschönen Fotos und dein großes Herz.

Danke Amber, für die hervorragenden Illustrationen und das tolle Cover.

Ein letztes Danke geht an euch. An alle Weltverbesser*innen, Anpacker*innen und Müllvermeidungsheld*innen. Danke!

Über die

Autorin

Annemarie Miesbauer (geb. Petersell) ist Volksschullehrerin und Müllvermeidungsexpertin. Sie kam 1990 in Wien zur Welt, wo sie heute auch lebt und arbeitet. Mit ihrem Mann Matthias hat sie einen Sohn und eine Tochter. Seit 2014 befasst sie sich intensiv mit dem Problem „Müll", nachdem sie durch eine Dokumentation über Umweltverschmutzung erkannt hat, dass wir jetzt handeln müssen, bevor es zu spät ist. Ihr Selbstexperiment „Ein Jahr im Glas" hat sie 2016 gestartet und erfolgreich abgeschlossen. Dennoch wird sie nicht müde, so viel Müll wie möglich zu vermeiden. Was Annemarie sonst noch mag: die Natur, Bücher und Ausschlafen.

Löwenzahn-Bücher werden auf höchstem ökologischen Standard gedruckt, ausschließlich mit Substanzen, die wieder in den biologischen Kreislauf rückgeführt werden können. Cradle to Cradle™-zertifiziert by gugler*, klimapositiv, auf Papier, das in Österreich produziert wurde, und ohne Plastikfolie, die dein Lieblingsbuch unnötig einhüllt – für unsere Umwelt und unsere Zukunft.

1. Auflage

Erlerstraße 10, A-6020 Innsbruck
E-Mail: loewenzahn@studienverlag.at
Internet: www.loewenzahn.at

Inhaltliche Betreuung: Löwenzahn Verlag/Katharina Schaller
Konzept: Löwenzahn Verlag/Magdalena Schweissgut
Lektorat: Löwenzahn Verlag/Julia Zachenhofer
Projektleitung: Löwenzahn Verlag/Julia Zachenhofer

Umschlag- und Buchgestaltung, Illustrationen sowie grafische Umsetzung:
Amber Catford | Illustration | Lettering | Design
www.ambercatford.com

Fotografien: Sonja Priller, www.sonjapriller.com

Bibliografische Information Der Deutschen Nationalbibliothek

Die Deutsche Nationalbibliothek verzeichnet diese Publikation in der Deutschen Nationalbibliografie; detaillierte bibliografische Daten sind im Internet über <http://dnb.dnb.de> abrufbar.

ISBN 978-3-7066-2695-8

CERTIFIED cradletocradle SILVER
Umschlag und Bindung ausgenommen
www.gugler.at

greenprint* klimapositiv gedruckt

Gedruckt nach der Richtlinie „Druckerzeugnisse" des Österreichischen Umweltzeichens. gugler* print, Melk, UWZ-Nr. 609, www.gugler.at

Und jetzt? Auf in ein Leben ohne unnötigen Ballast.